Anna Silvia

KREIDE FRESSEN

Mein zerfetztes Leben

Rowohlt Taschenbuch Verlag

Originalausgabe
Veröffentlicht im Rowohlt Taschenbuch Verlag,
Reinbek bei Hamburg, März 2017
Copyright © 2017 by Rowohlt Verlag GmbH,
Reinbek bei Hamburg
Lektorat Susanne Frank
Umschlaggestaltung ZERO Werbeagentur, München
Umschlagabbildung plainpicture / Emma McIntyre
Gesetzt aus der Joanna MT PostScript, InDesign
Gesamtherstellung CPI books GmbH, Leck, Germany
ISBN 978 3 499 63170 2

«Ich bevorzuge meine Methode.»
«Welche?»
«Gewalt.»

Ich tue es ebenso, wie es die Wölfe meiner Kindheit getan haben:
Kreide fressen.
Den Wolf verbergen.
Ich fresse Kreide, um meine Stimme süß und verführerisch zu machen.
Ich verberge kein Raubtier.
Ich verberge das Lamm hinter der Hure.

INHALT

Mein erstes Mal 11

Sonnengleiches Gelb 21

Der Klavierlehrer 30

Wachsen 46

Die Klinik 53

Das zweite erste Mal 72

Engelchen 81

Schmerzdistanz 99

Der Taxifahrer 101

Ausgestiegen 125

Fachkraft für angewandte Bulimie 136

Die Bizarre Welt 144

Herrenjahre 161

Eheglück 170

Tiere 185

Leben lernen 195

Pingu auf Malle 205

Auf fremdem Planeten 210

Kündigung 231

Baustellen 234

Zorn 247

Marathon 251

Danke 254

MEIN ERSTES MAL

Als der erste Mann meinen Mädchenkörper auseinanderriss, sagte er: «Du hast großes Glück, dass ich der erste Mann in deinem Leben bin.»

Seitdem lebte ich jahrelang mit der Angst, irgendwann auf etwas noch viel Schlimmeres zu treffen. Gut zehn Jahre später, an meinem ersten Arbeitstag als Prostituierte, freute ich mich, dass der erste Freier des Tages so viel netter gewesen war.

Die ersten Männer, die meine Welt zerfetzten, hatten vorher meine ganze Bewunderung. Sie waren sportlich und fröhlich, sprachen aber auch ernsthaft mit mir und lobten meinen Bruder für seine Erfolge – und wer meinen Bruder gut fand, war automatisch ein netter Mensch. Das war so in meiner kindlichen Gedankenwelt.

Mein Bruder war mein Held, ich liebte ihn mit aller Hingabe, zu der eine kleine Schwester fähig ist – und er nahm diese Zuneigung nie als selbstverständlich hin, sondern erwiderte sie, indem er mir die Welt erklärte.

Zu dieser Welt gehörten auch Uli und Bernd, die engsten Freunde meines Vaters. Ehemalige 68'er, die die politische Entwicklung meines Bruders lobten und seine sportlichen Leistungen wertschätzten. Manchmal dachte ich, sie wären neidisch auf meinen Vater, weil er einen so aufgeweckten und großen Sohn hatte, während ihre eigenen Kinder nichtssagend und – ehrlich gesagt – ziemlich dämlich waren.

Wenn Uli und Bernd oder beide mit ihren Familien zu Besuch kamen, teilten wir uns in Lager. Die Frauen machten meine Mutter in der Küche nervös, die Kinder spielten im Garten auf unserem Klettergerüst oder jagten im Keller Autos über die Carrera-Bahn. Mein großer Bruder Freddie saß bei den Männern, hörte zu und diskutierte mit. Ich schnappte mir ein Buch und kauerte mich in ihre Nähe, um alles mitzubekommen und hin und wieder naive Fragen zu stellen, die alle zum Lachen brachten. Es war keine Überraschung, dass, je älter wir wurden, der Kontakt mit Uli und Bernd enger wurde. Nur an den Skat-Abenden der Erwachsenen nahmen wir nie teil, und diese Abende wurden häufiger.

Wenn kleine Kinder nicht einschlafen können, nuckeln sie am Daumen. Angeblich. Tatsächlich habe ich das, wenn man den Aussagen meiner Mutter Glauben schenken darf, nie gemacht. Ich habe auch nie einen Schnuller benutzt. Daher konnte ich es auch nicht verstehen, als mir Hausfreund Bernd seinen Daumen zum Nuckeln anbot. Es war einer dieser Tage, an denen ein Kind nicht müde wird.

Draußen ist es dunkel, und ich komme die Treppe hinuntergetapst. Die Fliesen im Flur sind kalt, ich öffne die Tür zum Wohnzimmer. Durch die Glastür sehe ich Licht: Papa hat Besuch.

«Ich kann nicht schlafen», sage ich.

Papa lässt mich ein paar Minuten auf seinem Knie sitzen, dann sagt er, ich soll wieder ins Bett gehen. Ich zögere.

«Aber ich kann nicht einschlafen», sage ich erneut.

«Wenn ich dich bis zum Bett die Treppe hochtrage, dann kannst du doch bestimmt schlafen!», sagt Bernd.

Ich muss kichern. Mein Vater ist schon lange zu unbeweglich, um mich hochzutragen, das Angebot ist verlockend.

«Ja, vielleicht.»

Bernd trägt mich nach oben, es fühlt sich fremd, aber

auch irgendwie lustig an. Ich habe keine Angst und gucke über die Schulter. Oben lässt er mich aufs Bett fallen und deckt mich rundum zu. Ob ich meinen Nuckeldaumen brauche? *Hä? Nein.*

«Weißt du denn nicht, dass man besser schlafen kann, wenn man am Daumen nuckelt?»

«Nein, das habe ich noch nie gemacht.»

«Dann haben deine Eltern dir das nicht erzählt? Du bist doch alt genug für Geheimnisse? Pass auf, ich gebe dir meinen Daumen. Lutsch mal dran.»

Ich liege auf dem Rücken, meine Hände sind unter der Decke, Bernd sitzt auf der Bettkante und hält mich an der Schulter fest. Er guckt lustig und nett, die Augenbrauen hochgezogen, er zwinkert. Ich finde die Situation merkwürdig, doch ich will ihn nicht enttäuschen. Also mache ich den Mund auf. Sein Daumen schmeckt nach Männerhaut.

«Jetzt musst du so tun, als ob du Cola durch einen Strohhalm saugen willst», sagt er. «Dann träumst du auch etwas Schönes, aber das bleibt unser Geheimnis, das nicht weitererzählt wird! Verstanden?»

Ich sauge an seinem Daumen. Es ist seltsam, ich wage aber nicht, es nicht zu tun – ich bin ein nettes und artiges Kind und ertrage es nicht, wenn jemand böse auf mich ist. Er sagt mir gute Nacht und geht.

In meinem Mund bleibt ein Geschmack zurück, den ich nicht haben will. Staub? Schmutz? Ich nehme mein Schnuffeltuch und reibe mir damit über Zahnfleisch, Zähne und Zunge. Ich habe ein schlechtes Gewissen, weil ich das Geheimnis, das Bernd mir anvertraut hat, nicht zu schätzen weiß, sondern es mir wieder abwasche. Ich schäme mich, bis ich irgendwann einschlafe. Am nächsten Morgen mag ich nicht mit meinem Tuch kuscheln, es muss in die Wäsche.

Schleichend, mit jedem Besuch von Uli und Bernd verändert sich alles. Das Durchkitzeln, mit dem Uli oder Bernd mir schrille Schreie der Begeisterung entlockten, fand immer häufiger in meinem Zimmer oder im Spielkeller statt. Abseits der anderen. Ulis und Bernds Gute-Nacht-Sagen wird zum Ritual.

Ich war arglos und vom Wunsch nach Anerkennung beseelt. Ein Kind, eben. Unverdorben. Kinder wachsen durch Lob. Meine Eltern lobten mich nicht, nie. Da waren plötzlich diese beiden erwachsenen Menschen, die von sich aus meine Gesellschaft suchten und meine Artigkeit schätzten. Die mir sagten, wie vernünftig und erwachsen ich sei, weil ich meine Eltern nicht mit meinen kindlichen Problemen belastete und ihnen nie Anlass zur Sorge gab. Ich vertraute ihnen. Ich war mit ihnen aufgewachsen. Zwei Männer, die meine Mutter überredeten, mir ein Haustier zu schenken, «*weil Streicheln doch etwas Schönes ist*». Für mich sah es aus, als stünden sie auf meiner Seite, als wären sie der Schutz, den eigentlich Eltern ihren Kindern bieten sollten.

Meine Eltern küssten sich nie auf den Mund, sie küssten sich überhaupt nie. Die Küsse unserer Hausfreunde irritierten mich, aber viel Beachtung schenkte ich der Sache nicht. Ich war überzeugt, dass sie es gut mit mir meinten. Bei anderen Eltern hatte ich beobachtet, wie sie ihre Kinder auf den Mund küssten, und da ich manchmal heimlich hoffte, Uli wäre mein Vater – er war so viel agiler und aufmerksamer als mein lethargisch-depressiver Papa –, kamen mir die ersten Küsse von ihm wie eine Auszeichnung vor. Dass es mir nicht gefiel, stürzte mich mehr und mehr in Traurigkeit: Da will jemand nett zu mir sein – und ich finde es doof. *Was bin ich doch für ein schlechter Mensch!* Immer suchte ich die Schuld bei mir. Ich dachte, wenn ich nur nett genug zu ihnen wäre, würde es sich bestimmt irgendwann nicht mehr komisch anfühlen.

In meinen geliebten Biedermeier-Büchern wurden Mädchen immer dazu angehalten, fügsam und vor allem freundlich zu sein. Ich identifizierte mich mit den Heldinnen von Agnes Sapper und Bertha Clément und sah es als meine oberste Pflicht an, alle Menschen zufriedenzustellen.

Nacktsein war mir immer schon fremd gewesen. Ich war schüchtern und schamhaft, hatte selbst im Kindergarten das Wort «Po» nicht über die Lippen gebracht, weil es mir peinlich war. So war ich erzogen worden. Als ich mal einen Wespenstich am Po hatte, konnte ich es niemandem sagen – ich wusste nicht, wie ich darauf hinweisen sollte, ohne peinliche Worte zu benutzen.

Die großen Hände, die mich nun kitzelten und streichelten, berührten diese Stellen, deren Namen ich nicht auszusprechen wagte. Der Nuckeldaumen wanderte. Ich begann zu ahnen, dass etwas nicht richtig war – aber ich hatte von all diesen Dingen noch keine Ahnung, weil ich vollkommen unaufgeklärt war. Der Unterschied zwischen den Geschlechtern interessierte mich nicht, für mich verlief die Schamgrenze zwischen «nackt» und «angezogen», nicht zwischen «Penis» und «Scheide».

Mit der Zeit wurden die Hände zudringlicher. Intimer. An manchen Abenden übernachtete ich bei Bernds Tochter, und nachdem sie eingeschlafen war, holte er mich aus ihrem Kinderzimmer zu sich ins Wohnzimmer, wo ich neben ihm sitzen und fernsehen durfte. Dieses Privileg war natürlich auch «unser großes Geheimnis».

An einem dieser Abende blieb die Hand nicht auf meinen Schenkeln liegen. Bernd sah ruhig auf den Bildschirm, als seine Hand in meine Pyjamahose glitt. Ich war starr vor

Schreck, unfähig, etwas zu sagen. Ich glaube, in diesem Moment verstand ich, dass es widerlich, falsch und schlecht war. Ich wollte weinen, schreien, weglaufen, alles gleichzeitig. Ekel, Panik, Scham und vollkommene Irritation – ich war vollkommen überfordert. Kein Gefühl gewann die Oberhand, ich konnte nur entsetzt sitzen bleiben und die Angst in meinen Ohren rauschen hören. Und so machte er weiter; ich wagte nicht, ihn anzusehen. Irgendwann nahm er die Hand zurück, hob mich hoch und trug mich ins Kinderzimmer zurück. Ich krabbelte unter die Decke, Bernd kniete sich neben das Gästebett und flüsterte: «Wenn du unser Geheimnis verrätst, muss dein Bruder sterben.»

Ich sagte nichts, ich hörte nichts, ich fühlte nichts. Ich hatte nur Angst, Angst, Angst. Meine Kinderwelt war tot.

Als ich Uli das nächste Mal sah, konnte ich sofort spüren, dass er von dem Vorfall wusste. Ich sah es in seinen Augen. All der Spaß, die Freundlichkeit war aus seinem Blick verschwunden. Das Streicheln wurde weniger mit der Zeit und verebbte ganz, als die Fronten definiert waren. Ich wusste, es ist böse, was mit mir geschieht. Ich war zum Schweigen verdammt, denn sie hatten deutlich formuliert, meinem Bruder etwas anzutun, wenn ich jemals etwas sagen oder dagegen unternehmen würde.

Zärtlichkeit brauchte es ab da nicht mehr.

Die Rituale gingen weiter – wie hätte ich auch erklären sollen, dass ich auf einmal nicht mehr mit Bernd oder Uli allein sein wollte? Es hätte meiner Mutter Sorgen gemacht, und sie wäre misstrauisch geworden. Meine Mutter vermutete immer alle Schuld bei mir. Und mich meinem Bruder anzuvertrauen, kam nicht in Frage. Ich verging jedes Mal vor Angst, wenn er zu spät nach Hause kam. Wie sollte ich ihm sagen, dass er vielleicht durch meine Schuld in ständiger Gefahr leben musste? Mit all diesen Gedanken war ich allein. Ein Kind von zehn Jahren ist zu jung, um zu wissen, was Einsamkeit bedeuten kann.

Ich habe sie in dieser Zeit kennengelernt, die einschneidende Gewissheit, alleine vor einem Problem zu stehen und keinen Ausweg zu wissen. Keiner würde mir helfen können, am allerwenigsten mein Vater. Die beiden Männer waren seine besten Freunde, und mehr als einmal hatte Papa mir anvertraut, wie glücklich er sei, dass wir uns alle so gut verstünden, weil es alleine mit meiner Mutter oft langweilig und trist sei. Und weil das Lieblingsthema meiner Mutter das Schlechtmachen meines Vaters war, konnte ich ihm doch nicht die Freude an seinen Freunden nehmen.

Mein Vater war wie ein großes, gemütliches Sofa. Eines, in das man sich reinkuscheln, aber keines, hinter dem man sich verstecken kann. Zu weich, um Halt zu geben.

Eines Abends passte Uli auf mich auf. Meine Mutter war beim Chor, mein Vater auf einem Abendtermin in der Schule, mein Bruder bei seiner Clique. Ich war in meinem Zimmer, als er hereinkam. Er fing sofort an, mich zu küssen, seine Bartstoppeln bohrten sich in meine Wangen.

Er hob mich hoch und trug mich zum Bett, schob meine beiden Lieblingspuppen zur Seite und legte sich neben mich. Sein Kopf streifte meine hellblaue Leselampe mit dem Blütenschirm. Ich erstickte fast unter seinem Gewicht, als er sich halb auf mich drehte, wortlos, aber immer heftiger atmend.

Ich war augenblicklich wie betäubt. Zu ohnmächtig, mich zu bewegen. Es war falsch, was passierte, es war FALSCH! Mir traten Tränen in die Augen. Sie liefen an den Schläfen herunter in meine Ohren. Ich hatte Angst. So viel Angst! Wie gelähmt ließ ich ihn gewähren und rührte mich nicht. Wenn ich nur stillhielt, war es vielleicht bald vorbei.

In meinem Kopf wirbelten tausend Fragen umher, ich starrte auf die Poster an meiner Zimmerdecke, unfähig, die Augen zu schließen. Uli machte irgendwelche Sachen mit mir, an sich, dann wieder mit mir. Er zog mich aus, stützte seine Hand auf meine Scham und erhob sich halb, um sich seine Hosen auszuziehen. In diesem kurzen Moment sah ich ihm in die Augen. Ich dachte, er würde aufstehen und gehen – aber der Blick, mit dem er mich auf dem Bett festhielt, der Griff zwischen meine Beine – in diesem Augenblick hatte ich verloren. Niemals wieder habe ich so viel Schwärze in einem Blick gesehen, so viel, vor dem man Angst haben muss. Ich wandte den Kopf zur Wand und konnte ihm nicht mehr in die Augen sehen.

Auf mir lag ein Ungeheuer, und diesem Ungeheuer bedeutete ich nichts.

Er berührte sich, mich, bewegte sich, wälzte sich von einer Seite auf mich und wieder zurück, spreizte meine Beine, spuckte auf seine Hand und rieb die Spucke in meine Scheide. Ich schämte mich entsetzlich.

Er schwitzte, und als er sich erneut auf mich drehte, fielen die Schweißtropfen von seiner Stirn in mein Gesicht. Alles, was ich konnte, war weinen. Tonlos. Ohne Schluchzen, ohne lautes Atmen, ohne eine Bewegung der Lippen. Ich wagte es nicht, den Mund aufzumachen. Die Tränen rannen einfach aus mir heraus wie tausend ungesagte Worte. Das Ungeheuer drehte meinen Kopf wieder in seine Blickrichtung.

«Was heulst du denn? Du bist nichts wert. Also gibt es auch nichts, worüber du weinen müsstest! Verstanden?»

Speichelspritzer trafen meine Lippen, ich konnte all seine Verachtung spüren.

Ich sagte nichts, aber in meinen Augen muss so viel Angst gewesen sein, dass er nicht weitersprach. Er schlug mich nicht. Er würgte mich nicht und zog mir nicht an den Haaren. Trotzdem lag eine unaussprechliche Gewalt in der Luft. Und in meinem Kinderbett. Mein Blick hing starr an den Helden Karls Mays an meiner Kinderzimmerwand, ich suchte bei ihnen Hilfe, stellte mir vor, sie würden lebendig. Meine Tränen versiegten. Ich entschwand in eine Welt der Träume.

Er, der Mann auf meiner Mädchenbettwäsche, riss mich auseinander. Was passierte hier? Woher kam dieser Schmerz? Wie kann es so sehr brennen, wenn nirgendwo ein Feuer ist? Wollte er mich umbringen? Was hatte ich getan? Warum, warum? Warum tat alles so weh, was er tat? Was tat er überhaupt? Ich verstand nichts, nur der Schmerz war Realität. In meinem Kopf schrie eine Stimme: *Du machst mich kaputt, hör auf, hör auf! Lass mich in Ruhe!* Immer wieder. Dann wurde sie immer leiser, bis mit seinen langsamer werdenden Bewegungen sein Schnaufen verebbte, und die Stimme in meinem Kopf weinte lautlos. Und ich wusste, dass ich nie mehr meine Tränen zeigen durfte, denn sie hatten ihn wütend gemacht.

Das Ungeheuer sackte auf mir zusammen. Kalte, schweißnasse Haut berührte meinen Hals. Ich spürte das Pochen seines fremden, bösen Herzens auf mir. Er hob seine Hand und betrachtete zufrieden das Blut an seinen Fingern, und ich begann zu glauben, dass es vorbei war. Mit einer Stimme, die ich von jetzt an als DAS BÖSE bezeichnen würde, sagte er: «Du wirst nichts sagen, niemals, zu niemandem. Du hast großes Glück, dass ich der erste Mann in deinem Leben bin.»

Keinen Augenblick stellte ich diese Aussage in Frage. Er hatte recht. Und was er bis dahin nicht gehabt hatte, hatte er sich jetzt genommen.

Er stand auf und ging aus dem Zimmer, ohne mich noch einmal anzusehen. Warum auch. Ich war es nicht wert. So ließ er mich allein zurück. Erstarrt vor Angst.

Ich hörte ihn die Treppe runtergehen. Als ich den Klang seiner Schuhsohlen auf den Fliesen unserer Diele hörte, setzte ich mich auf. Mit einer einzigen Bewegung schmiss ich meine Puppen aus dem Bett. Dann rannte ich ins Bad, schloss die Tür ab, zog den Schlüssel aus dem Schloss und behielt ihn fest in der Hand. Auch noch, als ich in der Badewanne kniete und das Wasser über mich laufen ließ. Kalt? Warm? Ich weiß es nicht mehr. Es war still in meinem Kopf. Die Tränen flossen, das Blut, mein Urin, Rotze – alles vermischte sich, formte sich zu einem Strudel und verschwand langsam im Dunkel des Abflusses.

Ich wollte nicht verstehen, was passiert war. Ich wollte es nicht wahrhaben. Ich ließ das Wasser so lange über mich laufen, bis es nur noch klar in den Abfluss lief.

Was blieb, waren Angst und Schuld. Und die Gewissheit, dass ich keine Chance haben würde, mich zur Wehr zu setzen.

Die Nacht verbrachte ich in ein Handtuch gewickelt auf dem Fußboden vor der kalten Heizung. Einmal stand ich auf, wie in Trance, und riss alle meine Poster ab. Ich habe nie wieder welche über meinem Bett aufgehängt.

Meine Mutter schimpfte am nächsten Tag mit mir. Sie verdächtigte mich, ungehörig in der Nase gebohrt zu haben, als ich die Flecken auf meiner Bettwäsche mit Nasenbluten erklärte.

Der Morgen ist hell und klar und voller Farben. Bald, nach den Ferien, werde ich die Schule wechseln. Ich komme dann in die sechste Klasse.

SONNENGLEICHES GELB

Gelb ist meine Hassfarbe. War es schon immer. Zuerst einfach nur aus Protest. Protest gegen meine Mutter. Ich war der Ansicht, alles, was meiner Mutter gefällt, müsse mir missfallen. Ich war überzeugt, dass sie mich nicht mag, und deshalb wollte ich nichts mögen, was sie mochte. Nur bei meinem Lieblingskuscheltier machte ich eine Ausnahme – wobei mein Teddy Michael ein Geschenk von Mamas Bruder Erik war, und wenn sie auch den Teddy hübsch fand, so blieb mir doch die Genugtuung, dass sie zumindest meinen Onkel Erik nicht leiden konnte.

Warum ich so entfremdet von ihr war, kann ich nicht mehr sagen. Im Wesentlichen spürte ich genau, dass sie meinen Vater verachtete, und den wollte ich in Schutz nehmen. Umgekehrt allerdings auch. Als mich eine Frau als «Vaterkind» bezeichnete, gefiel mir das nicht – ich spürte, dass die Frau recht hatte, und schämte mich dafür. Ich hatte meiner Mutter gegenüber ein schlechtes Gewissen und hoffe bis heute, dass sie diese Bemerkung nicht gehört hat. Denn weh tun, physisch oder psychisch, wollte ich ihr nie. Ich wurde dazu erzogen, lieb zu sein. Wahrscheinlich kompensierte ich diese erzwungene Elternliebe, indem ich vor allem die Vorlieben meiner Mutter ablehnte.

Mamas Lieblingsfarbe war Gelb. Wie die Sonne, sagte sie, und so stand es auch auf ihrer Seite in meinem Poesiealbum. Also fand ich gelb grässlich. Furchtbar. Genauso wie das Wort *Sonne*. Ich hätte nie gelbe Sachen angezogen oder mir einen Stift, ein Buch, ein Spielzeug genommen, das gelb war.

Sogar die Sonnen auf meinen Kinderbildern waren orangerot, wobei ich sehr selten Sonnen malte, sondern meistens Elefanten im Gras. Dafür brauchte ich kein Gelb. Auf meiner Kinderzimmertapete stand das Alphabet in bunten Buchstaben, und der Buchstabe «J» war mir unsympathisch, weil er gelb war, ebenso wie das «V». Diese Abneigung machte sich sehr früh bemerkbar, schon im Kindergarten war ich todunglücklich, weil er «Das Gelbe Haus» hieß. Und ich aß konsequent keine gelben Gummibärchen, Nimm2-Bonbons oder Smarties.

Als ich zwölf Jahre alt war, begann sich dieser harmlose kindliche Trotztick in eine neuen Dimension zu bewegen. Wenn ich benutzt, verängstigt und gedemütigt in der Ecke auf dem Bett kauerte, die Knie an die Brust gezogen und den Kopf dahinter versteckt, versuchte, so unsichtbar wie möglich zu sein, erholten sich die Männer, die mich gebraucht hatten, von ihrer Anstrengung. Es ist mit Sicherheit sehr ermüdend, ein schüchternes, hässliches Kind zu vergewaltigen. Waren sie zu mehreren, gingen oft einer oder zwei von ihnen zum Rauchen. Sie waren klug genug, nicht in meiner Nähe zu rauchen, meistens zumindest nicht. Heute denke ich, dass sie befürchteten, meine Mutter hätte den Rauch in meinen Haaren riechen können. Es blieb stets einer bei mir, was in der Regel bedeutete, dass ich nur eine Pause zu erwarten hatte. Hätte ich «Feierabend» gehabt, dann wäre ich ins Badezimmer geschickt worden, um mich zu waschen. Ja, natürlich sollte ich mich waschen. Die Männer sollten mich über Jahre benutzen. Da war es nur natürlich, dass sie darauf achteten, ihren Besitz zu pflegen. Ich hätte mir gewünscht, dass sie das mit ihren eigenen Körpern auch konsequent getan hätten.

Hatte ich also eine Pause zwischen Angst, Schmerz und

Scham, dann konnte ich Glück haben, und einer der Männer – meistens war es Ingo – gab mir etwas zu trinken. War ich in einem Haus, in dem Kinder wohnten, bekam ich selten etwas. Aber in der Wohnung von Rainer gab es alles. Er war alleinstehend, er musste nichts verstecken. Es war alles da und alles möglich. Es gab Seile, Ketten, Kleidchen, Gegenstände, die man in meinen Körper stecken konnte, Handtücher zum Unterlegen, böse, beißende Werkzeuge und *Fanta*. In meiner Pause, die die Angst steigerte und den Schmerzen erlaubte, sich lokalisieren zu lassen, bekam ich *Fanta* gereicht. Keine *Cola*.

«*Cola* ist nichts für kleine Mädchen, dann kannst du heute Nacht nicht schlafen.»

Na, ein Glück, dass darauf geachtet wurde, dass ich schlafen konnte. Ich glaube, kein Koffein der Welt hätte mich je so wach halten können wie die erstickten Schreie in meinem Kopf. Für das kleine vergewaltigte Mädchen gab es *Fanta*. Mit Strohhalm. Ich weiß nicht, wie viele bunt-weiß gestreiften Strohhalme mit Gelenk ich in diesen Stunden so oft auseinanderzog, bis Löcher in den Gelenkfalten waren. Wie viele *Fanta*-Schilder ich von den kleinen Glasflaschen pulte. Und wie viele 0,3-l-Normsaftgläser ich mit meinen Daumen vermaß. *Fanta*. Gelb. Widerlich. *Fanta* mischt sich mit Blut, Spucke, Sperma. Ich musste mit der *Fanta* runterschlucken, was mir die Freunde meines Vaters in den Mund spritzten, spuckten, tropften. Diese süße klebrige Limonade, ich hasse sie, ich will sie nicht, nein! Ich will überhaupt nichts trinken, ich will meinen Mund mit einem Frotteehandtuch ausreiben, bis meine Wangen von innen bluten! Aber kleine Mädchen dürfen nicht nur keine *Cola* trinken, damit «deine Mami nicht schimpft» (sollte das etwa bedeuten, *Cola* trinken wäre für meine Mutter eine Unartigkeit, aber das, was hier geschah, war in Ordnung?). Kleine Mädchen dürfen auch keine Wünsche äußern. Und vor allem dürfen sie keine Geschenke ablehnen. Das ist undankbar.

Dieses besondere kleine Mädchen sagt auch immer «danke», wenn es die *Fanta* hingehalten bekommt. Es hat gelernt, dass es «danke» sagen muss. Auch hier.

Einmal griff ich nach dem Glas, mechanisch, nur damit die Hand aus meinem Blickfeld verschwinden und Rainers schlaffer, baumelnder Penis mit dem großen behaarten Hodensack nicht mehr direkt auf Höhe meiner Knie hängen würde. Wenn ich schnell das Glas nehme, geht er weg, dachte ich. Meine Hand verließ die Sicherheit zwischen meinen angezogenen Beinen, die kugelige Schutzhaltung, und streckte sich greifend nach dem Glas aus. Ich nahm es und wollte es in die Sicherheit meiner Körperkugel ziehen, da wurde meine Hand festgehalten.

«Was sagt man?!»

Die tiefe, erzieherische Lehrer-Vater-Stimme machte mir Angst. Ich schrak zusammen, der Griff um mein Handgelenk wurde fester, ich war zu eingeschüchtert, um zu antworten. Auf die «Was sagt man?!»-Frage hatte ich natürlich, wie jedes Kind, ein automatisiertes «Danke schön» parat. Das lernt man schon, bevor man richtig sprechen kann. Aber das Wort fand meine Lippen nicht. Es steckte fest. Es steckte in der Normalität der Situation fest. Ich hockte auf dem Bett, in der Zimmerecke. Durch mein T-Shirt spürte ich die Kälte des Mauerwerks an der Wirbelsäule. Meine Knie unter dem Kinn, von meinen Händen umschlungen, die Fußspitzen zeigten zueinander, der Kopf so tief wie möglich zwischen den Schultern. Meine Schenkel brannten, und mein eigentlich nicht vorhandener Busen fühlte sich an, als würde er bluten, ich wollte nicht hinsehen.

In meinem Kopf sind keine Gedanken, nur Bilder und Schreie und Tränen und grenzenlose Scham. Das Glas, die Ablenkung aus meinem Angstkokon, erscheint vor meinem Auge, gelb, eklig, widerlich – aber doch etwas, an dem ich mich festhalten kann. Alles andere hier ist angstbesetzt, verseucht. Und dann, in diesem Moment, kommt diese vertraute Frage «Was sagt man?!». Das gehört hier nicht her, das ist keine Frage für diesen Ort, es ist ein Stück Kindheit, ein Stück Eltern, ein Stück Alltag! Es sind Worte der Normalität. Ich kann nicht antworten. Mir ist, als hätte ich meinen Vater gehört. Er ist nicht hier, aber auf einmal denke ich an ihn. Das will ich nicht! Nicht nachdenken!

Ich kann nicht antworten. Ich bin erstarrt in einem Schock, den ich nicht erklären und nicht durchdenken kann. Das hat Folgen.

«Na? Was sagt man da?», wiederholt er die Frage, mein Handgelenk tut weh. Ich begegne dem Blick und kann vor Scham nicht sprechen. Nicht nur, dass ich an zu Hause denken muss – und das habe ich mir schon vor einem Jahr verboten –, ich bin auch noch unhöflich. Ich habe mich nicht bedankt. Sofort schäme ich mich noch mehr, will den Blick abwenden, gucke runter. Doch ein Finger hebt mein Kinn an.

«Du bist doch gut erzogen, oder etwa nicht?»

Diesen Satz hört Jochen, der von draußen hereinkommt.

«Wer ist hier gut erzogen?», will er wissen.

«Da reißt sie mir einfach die *Fanta* aus der Hand und bedankt sich nicht mal, die freche Göre!»

Das stimmt nicht, will ich rufen, aber ich kann nicht. Jochen grinst. Ich kann es nicht sehen, weil ich angestrengt runtergucke, aber ich kann es hören.

«So, das kleine Mädchen hat es also nicht nötig, sich

zu bedanken, wenn sie hier ein Glas serviert bekommt. Was glaubst du denn, was du bist? Die Prinzessin auf der Erbse?»

Dieses Märchen habe ich schon immer gehasst, die anspruchsvolle Prinzessin, undankbar, fordernd, charakterlos. Mit ihr verglichen zu werden lässt meine Wangen schamrot werden, mir treten die Tränen in die Augen. Ich bin nicht so, wirklich nicht! Heute möchte ich kotzen, wenn ich merke, wie wichtig es mir damals war, dass jedermann gut von mir dachte. *Auch die Männer, die über meinen Kinderkörper kletterten wie nach Trüffeln wühlende Wildschweine. Denn ich hoffte ja immer – wenn ich nur gut genug bin, werden sie mich in Ruhe lassen.*

«Jetzt weint die kleine Prinzessin auf der Erbse? Ist dir das Glas nicht gut genug? Es ist noch viel zu gut für dich! Du kannst deine geliebte *Fanta* auch anders haben!»

Jochen grapscht das Glas aus meiner Hand und schüttet den Inhalt auf Rainers nackten Unterkörper.

«Da ist dein Getränk, leck es ab!»

NEIN! Ich will das nicht, ich trau mich nicht, bitte, bitte nein! Rainer, der sich erst erschrocken hat, legt sich auf das Bett. Jochen greift meinen Nacken und drückt meinen Kopf in das klebrig-süß verschwitzt stinkende Schamhaar.

«Leck es ab! Hol es dir!»

Ich ekle mich entsetzlich. Ich will nicht anfangen. Ich will den Mund nicht aufmachen, aber ich muss, denn, wenn ich durch die Nase atme, rieche ich Haare, Urin, die gelbe *Fanta*. Aber wenn ich den Mund öffne, berühren die drahtigen Haare meine Zähne! Für Jochen zögere ich zu lange. Er steht vor dem Bett, hält mit der linken Hand meinen Nacken fest, schiebt mir die rechte Hand zwischen die Beine und quetscht meine Schamlippen.

«Na los!»

Er kneift zu – ich fahre mit der Zunge über den schwabbeligen Bauch, die ekligen Haare, die runzlige, sich regende Schwanzhaut, über den Hodensack, meine Nase, mein Gesicht, es wird in diese Stelle gepresst, für die ich keinen Namen habe. Ich ersticke vielleicht an der Hitze hier, an dem Schweiß, an dem klebrigen Orangenzeug, das ich auf der Zunge habe. Meine Zunge gehört nicht mehr zu mir. Ich streiche mit ihr über all das, konzentriere mich darauf, nur die *Fanta* zu schmecken. Die Zunge nur nicht in den Mund reinholen, so selten wie möglich. Nichts davon soll in meinen Mund, ich will nichts runterschlucken!

«Ja, so ist es gut, so magst du deine *Fanta*!»

Der Penis wird zwar hart und größer, aber meine größte Angst, dass ich nach der *Fanta* auch weißen, faulig riechenden Schwanzauswurf von der Haut lecken muss, bestätigt sich nicht. Dafür verschwinden die Hände, die mich festgehalten haben.

Mein Kopf wird hochgezogen. Jochen hält mir eine glibbrig-weiß gefüllte Hand unter die Nase.

«Na, Prinzessin, willst du lieber das hier trinken?»

Ich bringe ein Kopfschütteln zustande. Aus der Flasche gießt er einen Spritzer *Fanta* in die hohle Hand dazu.

«Jetzt aber, mit *Fanta*!»

Die Hand presst sich über mein Gesicht, zwingt meine Lippen auseinander, meine Nasenlöcher füllen sich mit Sperma und Limonade.

«Und? Wie sagt man?», examiniert Rainer.

«Danke», flüstere ich.

Ich muss es noch dreimal lauter wiederholen, bis mich die Hände wieder loslassen. Dann gießt er mir den Rest aus der Flasche ins Glas und reicht es mir.

«Danke», sage ich wieder, ohne hochzusehen. Ich habe

nur ein Auge vorsichtig auf, über dem anderen klebt etwas aus Jochens Hand. Ich trinke das Glas in einem Zug aus.

Die nächsten 20 Jahre rührte ich keine *Fanta* an. Ich weigerte mich, sie auch nur anzufassen, und meine Karriere als Kellnerin endete an der Bar – ich konnte den Geruch nicht ertragen. Die Farbe, das Gelb, die Flasche. Ich zitterte, wenn ich *Fanta* in ein Glas gießen sollte. Eine Zeitlang war es so schlimm, dass ich immer, immer etwas zu trinken dabeihatte, damit ich nie in die Situation kommen würde, dass mir jemand *Fanta* anbietet und ich keine Alternative habe. Wenn ich mal in die Verlegenheit kam, sagte ich, ich sei allergisch.

Missbrauchsbedingt bin ich übrigens auch allergisch gegen Latexhandschuhe, Fondantsterne, Nussknacker und zu knackende Nüsse, lange auch gegen Honig und bis heute gegen Smacks und alles, was mit Wachteln zu tun hat. Vor einem Jahr regte sich dann der Widerspruchsgeist in mir. Oder der Mut. Und außerdem saß ich in einer essgestörten Zwickmühle. Mein Hauptnahrungsmittel, *Cola zero*, hatte mir meine Therapeutin verboten. Wasser fand ich langweilig, und *Sprite zero* war zu süß. Natürlich war ihr Ziel, mich von Diätlimonaden abzubringen, aber als gut geschulte Bulimikerin hatte ich natürlich im «Cola-zero-Verbot» sofort das Schlupfloch «andere zeros» entdeckt. Ich habe es dann getan. *Fanta zero*. Ganz vorsichtig. Und direkt aus der Flasche. Und ganz schnell geschluckt, damit ich nichts schmecke. Es fühlte sich leicht an. Nicht klebrig. Orangig-neutral. Kühl. Erfrischend. Es prickelte in der Kehle. Ich trank so lange, bis mich die Kohlensäure zum Aufhören zwang. Ich wartete, ob irgendwas passierte. Ich weiß auch nicht, was ich erwartet hatte. Ich bekam ein schlechtes Gewissen, weil nichts geschah. Ich übergab mich nicht, fiel nicht in Ohnmacht, und wie immer, wenn so eine Reaktion ausblieb, dachte ich, dass mich eine Mitschuld an allem trifft, weil es mich ja offensichtlich nicht genug traumatisiert hat.

Ich glaube, meine Therapeutin würde mir recht geben, wenn ich die Bewältigung dieser Schuldgefühle wichtiger fände als den Verzicht auf *Cola zero*. Ich reduzierte aber den Verbrauch. Und immer, wenn ich eine Kiste kaufe, schaue ich, ob ich auch eine Flasche *Fanta zero* finde. Dann nehme ich eine mit. Richtige *Fanta* kann ich immer noch nicht trinken, und in ein Glas eingießen will ich das Zeug auch nicht. Aber *Fanta zero* aus der Flasche trinken, das geht. Vielleicht bin ich darauf irgendwann sogar stolz.

Im Moment denke ich darüber nach, ob ich eine Wand in der Küche der nächsten Wohnung gelb streichen sollte. Die Farbe der Sonne wird zwar nie meine Lieblingsfarbe sein, aber sie kann warm sein und freundlich. Dass meine Mutter Gelb mag, finde ich nicht mehr schlimm. Viele Räume in der Klinik waren gelb gestrichen, und es ist mir Gutes in diesen Räumen passiert. Vor der Farbe habe ich keine Angst mehr. Gelbe Gummibärchen lehne ich allerdings weiterhin ab.

DER KLAVIERLEHRER

Ich sehe auf. Das mache ich oft. Meine Hände verkrampfen sich, als sein Kopf dicht neben mir über die Noten schwebt.

«Aber nein», sagt er, «das ist doch kein ‹b›, sondern ein ‹h›!»

«Versuche es noch mal», fordert mich seine warme Stimme auf, «vom Auftakt an.» Ein Akt der *Zauberflöte*.

Den Auftakt mag ich nicht. «*Sie ist so schön*» – wen immer Mozart damit auch gemeint hat. Es kommt mir vor, als wäre ich es nicht wert, ihn zu spielen. Meine Finger finden die Tasten wieder, leise, präzise.

Christopher, mein Klavierlehrer, heißt eigentlich Herr Saalfeld. Im privaten Unterricht außerhalb der Schule sind wir nicht so förmlich. Er fragt mich, ob ich nicht doch beim Weihnachtskonzert mitspielen möchte. Ich hätte schließlich so wahnsinnig viel geübt. Nein, in Wahrheit hätte ich viel mehr üben können. Das Problem beim Klavierspielen ist, dass man das Klavier nicht unter den Arm nehmen kann und draußen für sich allein spielen kann. Und meine Großmutter, bei der ich wirklich gerne spiele, ist zu weit weg, um jeden Tag hinzufahren. Außer ihr ertrage ich kaum jemanden in meiner Nähe, wenn ich spiele.

Das Weihnachtskonzert? Auf gar keinen Fall werde ich dort spielen. Mein Vater wird darauf bestehen, dass ich ein schönes Kleid anziehe. Und ich weiß, welchen Töchtern und Söhnen Christopher sonst noch Unterricht gibt – es werden Väter da sein, denen ich nicht begegnen will. Sie würden meine Musik entweihen, ich könnte nicht mehr spielen, ohne an das zu denken, woran ich nicht denken will. Christopher wird enttäuscht sein, und das tut mir sehr leid.

«Nein, es geht nicht», sage ich und vertröste ihn aufs nächste Jahr. Hoffentlich, hoffentlich findet er mich jetzt nicht total grässlich, weil ich nicht spielen möchte – aber selbst wenn keine Eltern im Konzert säßen, wären andere Mädchen da, und einem Vergleich mit ihnen kann ich unmöglich standhalten. Wenn ich irgendwann richtig gut bin, vielleicht. Wenn.

Christopher schlägt mir vor, mich an den «Auftritt von Sarastro» zu wagen. Ich liebe die *Zauberflöte*. Schon als ganz kleines Mädchen war ich in der Oper und hörte sie stundenlang auf Kassette in meinem Zimmer. Mein erstes «Rendezvous» mit meiner Kindergartenliebe Ben fand in der Freilichtoper statt, wir waren fünf Jahre alt. Er trug einen Anzug mit Fliege – was ich anhatte, weiß ich nicht mehr, aber ich glaube, wir waren unfassbar niedlich. Hoffentlich ist meine Mutter auch ein bisschen fröhlich gewesen, als sie mit uns Kindern in die Oper ging. Damals war die Welt noch in Ordnung. Ich bin in Gedanken versunken, Christophers Stimme schreckt mich wieder hoch, ich schauere zusammen.

«Ist dir kalt?», fragt er und guckt besorgt. Besorgte Menschen sind immer gefährlich.

«Nein, mir ist nicht kalt», sage ich, «ich bin nur ein wenig müde nach Schule und Sport.»

In Wahrheit ist es natürlich nicht die Müdigkeit. Ich bin so gerne hier bei Christopher und zittere, weil ich den Raum nicht verlassen und nach Hause gehen will. Zu Hause gibt es keine mit Holz verkleideten Wände, keinen altersschwachen Flügel, dessen Klang so viel milder ist als das Schimmel-Klavier in unserem Wohnzimmer. Und zu Hause gibt es keinen Christopher, der mir zuhört, auch wenn ich nichts sage.

Doch nun erwischt es mich eiskalt. Ich habe einen Fehler gemacht, als ich «Schule und danach Sport» gesagt habe. Messerscharf kombiniert Herr Saalfeld, dass ich dann wohl noch nicht zu Mittag gegessen hätte.

«Dann ist es ja auch kein Wunder, wenn du immer dünner wirst.»

Wieder habe ich gegen meinen selbstgeforderten Befehl, «nicht so viel zu reden», verstoßen. Verdammt. Dass ich dünn aussehe, ist natürlich Quatsch, und ich erkläre es schnell mit der schwarzen Kleidung, die ich trage. Dann sehe ich rasch auf die Uhr.

«Ich muss jetzt auch wirklich schnell los, weil die Bahn nur alle zwanzig Minuten fährt.»

Ein sicheres Alibi, falls meine Mutter einen Kontrollanruf macht, weil ich zu spät zum Abendessen komme. Christopher wird sagen, ich hätte wohl die Bahn verpasst.

«Gut», sagt er. «Bis nächste Woche. Pass auf dich auf.»

Den letzten Satz von ihm beantworte ich mit einem fröhlichen Lächeln und sage «auf Wiedersehen». Ich sage immer «auf Wiedersehen». Niemals «tschüs», außer zu Menschen, die ich wirklich nicht wiedersehen will. Seit Jahren mache ich das in der Hoffnung, es würde irgendwann funktionieren. Vor dem Haus drehe ich mich noch mal um und winke. Christopher steht am Fenster. Er winkt zurück. Ich laufe schnell bis zur Straßenecke. Falls er mir nachguckt, soll er denken, dass ich zum Bahnhof gehe.

Ein paar Meter weiter biege ich in den Wanderweg neben den Bahngleisen ein. Es ist kalt, fast minus 10 Grad. Meine Kapuzen-Sweatjacke ist für diese Temperaturen ungeeignet. Ich verschränke die Arme vor der Brust, einfach so, mechanisch. Dann bekomme ich Angst – beim Frieren verbraucht man deutlich mehr Kalorien. Wenn ich also versuche, mich zu wärmen, werde ich zunehmen! Ich nehme die Arme schuldbewusst runter und gehe schneller, Richtung See.

Der Weg ist nur schlecht beleuchtet, doch inzwischen hätte ich ihn blind gefunden. Um diese Zeit sind keine Spaziergänger unterwegs, niemand führt jetzt seine Hunde aus – es ist die Zeit fürs Abendessen und das heute-journal. Gut. Im Sommer ist es viel schwerer, eine Stelle zu finden, die nicht einsehbar ist.

Der See ist seit Wochen zugefroren. Ich kürze den Weg ab, direkt übers Eis. Und wenn es mich nicht trägt? Falls ich einbreche, würde ich sterben. So what? Nein, ich bin nicht tollkühn oder besonders mutig. Ich habe nur nichts zu verlieren. Ich könnte auch krank werden und wegen der Unterkühlungen ins Krankenhaus kommen. Ich mache mir Sorgen, wie ich dann die Schule aufholen könnte, aber wenigstens wäre ich dann einige Zeit lang nicht zu Hause. Das wäre gut. Vielleicht passiert aber auch gar nichts, und ich rette mich an Land. Dann müsste ich überlegen, wie ich erkläre, warum ich nass nach Hause komme und mir eine Erkältung eingefangen habe. Mit diesen Überlegungen erreiche die andere Seite des Sees, die Stelle, wo meine Lieblingsbank steht. Ich ziehe meine Jacke aus, stopfe sie in meinen Rucksack, damit sie vom leichten Schneeregen nicht noch nasser wird. Meine Haare ziehe ich mit dem Zopfgummi fest zurück.

Ich laufe los. Um den See herum. Manchmal ist es sehr glatt, und ich muss mein Tempo verlangsamen. An anderen Stellen des Ufers will ich deshalb umso schneller sein. Teilweise ist der Boden kaum zu erkennen – ich rutsche aus und knalle auf den gefrorenen Waldboden. Jetzt nur nicht stehen bleiben! Ich stolpere voran und reibe die schmerzenden Stellen an meiner Hüfte. Auf meiner schwarzen Kleidung werden hoffentlich keine Flecken zu sehen sein – meine Mutter ist misstrauischer geworden in letzter Zeit. Vielleicht sollte ich heute nur zwei Runden laufen? Dann kriege ich noch die Bahn um 19 Uhr 27. Und wäre pünktlich zum Abendbrot da.

Bei der nächsten Runde weiß ich, wo ich aufpassen muss, und rutsche nicht mehr aus. Die Stellen vom Sturz tun kaum noch weh, ein paar blaue Flecken mehr oder weniger, was macht das schon? Außer mir wird sie niemand sehen. Außer mir und ihnen. Nur nicht nachdenken! Wie auf der Flucht laufe ich meine dritte Runde, hetze zur Bank, greife den Rucksack und renne über das Eis. Mitten auf dem See verlassen mich die Kräfte. Ich zittere am ganzen Körper, meine Nase läuft. Ich nehme ein Tempo aus der Tasche. Das Naseschnauben ist viel zu laut in dieser riesigen Stille. Ich hole meine Jacke aus dem Rucksack und ziehe sie an, Kalorien verbrennen hin oder her, denke ich trotzig. Meine innere Mahnerin schimpft.

Ich kann so besser laufen, entschuldige ich mich vor mir selbst, wenn der Rucksack nicht so schwer ist.

«Du bist faul und bequem», schimpft die Stimme in mir, «und verweichlicht obendrein!» Dafür esse ich auch morgen nichts, verspreche ich mir. Heute habe ich einen Apfel gegessen. Warum, verdammt?! Ich gehe in die Knie, versuche zu würgen, aber es kommt nur Gelbes. Es stinkt nach Galle, ich werde Kaugummi nehmen und Deo benutzen, damit ich nicht danach rieche – das habe ich immer dabei.

Am Bahnhof bekomme ich unerwartet Auftrieb – die Uhrzeit: 19 Uhr 45. Ich war schnell genug. Vielleicht schaffe ich bald vier Runden in derselben Zeit. Meine Mutter wird inzwischen von Christopher wissen, dass ich wahrscheinlich mindestens eine Bahn verpasst habe. Wie immer fängt die Familie um halb acht mit dem Abendessen an, ob nun alle da sind oder eben nicht – ein Glück.

Ich zerre an der U-Bahn-Tür herum. Die gehen auch immer schwerer auf. In der Bahn stehe ich. Natürlich. Im Stehen verbraucht man doppelt so viele Kalorien wie im Sitzen.

An unserem Gartentor taucht mich der Bewegungsmelder in gleißendes Licht. Ich setze mein vergnügtes Lächeln auf, falls mich hier schon jemand aus dem Haus sieht. Auf dem Weg zur Haustür komme ich am Esszimmerfenster vorbei. Wir haben Besuch. Mein Vater hat Besuch.

Mein Bruder Frederick kommt mir entgegen. Er sagt, er habe für seine Band endlich ein neues Engagement bekommen – die Eltern sollen es aber noch nicht wissen, weil sie dann den ganzen Tag Fragen stellen. Ich blinzele ihm zu, verspreche, nichts zu verraten. Darin bin ich ohnehin sehr gut.

«Kommst du ins Esszimmer? Bernd ist da», sagt Freddie.

«Gleich», sage ich, «ich ziehe mir nur schnell trockene Sachen an.»

In meinem Zimmer nehme ich die Ordnung wahr. Es ist immer ordentlich. Vorher gehe ich nie ins Bett. Ich schließe die Tür ab. Es war ein Gewaltakt an Überredungskunst, einen eigenen Schlüssel für mein Zimmer zu bekommen.

Ich ziehe mich aus. Den Spiegel an meinem Kleiderschrank verhänge ich mit einem großen Palästinensertuch. Nicht, weil ich politisch bin; es ist einfach praktisch. Ich nehme einen der verwaschenen, langen Schlabberpullis aus dem Regal, bei dem man so schön die Ärmel über die Hände ziehen kann. Meine Hose von gestern hängt über meinem Schreibtischstuhl. Es ist Schmutzwäsche, denke ich und will sie nicht anfassen. Gestern noch musste ich sie ausziehen, als ich Unterlagen für meinen Vater bei Bernd abholen sollte. Ich stopfe sie im Bad in den Wäschekorb. Meine Mutter schimpft, ich soll Sachen öfter als nur einmal anziehen. Aber wie denn?! Wenn sie so schmutzig sind? Unsichtbar schmutzig!

Ich frottiere mir die Haare. Ich werde sie abschneiden, denke ich. Vielleicht finden mich dann endlich alle hässlich. Oder sie finden mich bereits hässlich und hören erst auf, wenn ich schön bin? Ich habe mal gelesen, dass es Männer gibt, die sich nicht für Katalogschönheiten begeistern, sondern für Mädchen wie mich. Benutzen sie meinen Körper, weil ich so abstoßend aussehe, besonders, wenn ich weine? Es gibt Mädchen, die können weinen und gleichzeitig entzückend sein. Ich gehöre nicht dazu. Wenn ich weine, verzieht sich mein Gesicht zu einer heulenden Grimasse, abscheulich! Bin ich deshalb ihr Ziel? Weil es leichter fällt, etwas zu quälen, was ohnehin überflüssig ist? Ich denke manchmal, dass sie sich ein schönes Mädchen nicht genommen hätten. Wer schlägt schon gerne etwas Schönes? Das trampelige, ungeschickte Wesen, als das ich mich in jener Zeit empfinde, hat es vielleicht nicht anders verdient. Aber was kann ich dafür tun, außer endlich abzunehmen?

Es ist Quatsch, mir die Haare abzuschneiden. Sicher, es würde mich leichter machen – aber Haargewicht verlieren ist Schummeln auf der Waage, sagt meine innere Mahnerin. Und als alles damals angefangen hat, war ich ein kleines zehnjähriges Mädchen mit unzähmbaren Locken. Weder lange noch kurze Haare ändern etwas daran. Nur Schamhaare hatte ich damals noch nicht.

«Silvia!», ruft mein Vater durchs Treppenhaus. Ich hasse es, wenn er so brüllt. Außerdem klingt es bei ihm immer wie «Süüüülwija». Warum geben Eltern ihren Kindern Namen, die sie selbst nicht aussprechen können?

Ich kralle meine Fingernägel in die Handballen, damit der

Schmerz mich ablenkt und mein Zittern weniger wird. Als ich ins Esszimmer komme, habe ich schon mein angelerntes, vergnügtes Lächeln aufgesetzt. Ich begrüße alle und entschuldige mich für die Verspätung. Dann setze ich mich hin, kerzengerade, wie immer. Wer aufrecht sitzt, verbraucht mehr Kalorien.

Meine Mutter sagt, sie habe sich Sorgen gemacht. Ach Mama, ahnst du wirklich nichts? Ich wünschte es mir so sehr. Ob ich noch etwas essen will?

«Nein, danke, ich habe keinen Hunger.»

«Du musst noch Hausaufgaben machen, aber Abendessen muss auch sein», sagt mein Vater. Mama stimmt ihm ausnahmsweise mal zu.

Also gut, sagt die innere Mahnerin, denk an Trick siebzehn.

«Ich nehme mir nachher noch was mit hoch», sage ich.

Ich bin nervös. Der Tisch ist schon abgeräumt. Warum sitzen alle noch hier? Normalerweise ziehen wir nach dem Abendessen um auf die Couch, Tagesschau gucken. Selbst wenn Gäste da sind, die oft kommen. Und Bernd ist so ein Dauergast. Warum ist heute also alles anders?

Alles, was nicht Routine ist, macht mir Angst. Mein Vater erinnert mich daran, dass er in zwölf Tagen übers Wochenende zu einer Demonstration nach Dresden fährt. Mit Frederick.

«Ich weiß, ja, aber ich möchte nicht mit», sage ich.

Mama sagt, dass sie von einer Freundin eingeladen wurde, an einem Chorworkshop teilzunehmen. Ein Platz sei frei geworden. Und anschließend könnten sie einen ganzen Tag in der Salztherme relaxen (meine Eltern haben eingesehen, dass ich seit zwei Jahren nicht mehr mit ihnen ins Schwimmbad komme – sie halten es für einen pubertären Schamhaftigkeits-Anfall. Und da das ja nichts für mich sei, hätte Bernd vorgeschlagen, ich könne doch mit ihm und Katja in sein Wochenendhaus fahren. In der Nähe sei eine Karl-May-Ausstellung, die könnten wir dann zusammen angucken.

Ich lächle augenblicklich noch mehr, damit niemand mein Entsetzen sehen kann.

Katja ist Bernds Tochter und ein Jahr jünger als ich. Das Einzige, was wir wirklich gemeinsam haben, ist die Liebe zu Karl May, wobei es bei ihr mehr die Filme mit Pierre Brice (!) sind, die ihr gefallen. Bei mir geht es um die Bücher, die Worte, die Bilder, die in meinem Kopf entstehen, während ich lese. Karl May ist mir heilig. Eine Zuflucht. Wenn ich mich in Tagträume und Selbstgespräche fliehe, bin ich immer Old Shatterhand. Nie eine Frau. Wer die Bücher von Karl May kennt, weiß, dass er den Frauen nicht allzu viel zugetraut hat.

Als der Vorschlag mit der Karl-May-Ausstellung zu mir durchdringt, ist mein erster Impuls unbändige Trauer. Schmerz. Verlust. Nein! Das darf er nicht entweihen! Nicht Karl May! Ich will ihn für mich behalten! Wenn ich mit ihm, mit Bernd, eine Karl-May-Ausstellung besuche – wie soll Karl May dann für mich heilig bleiben?! Besudelt, von ihm. Wie ich.

Jetzt breitet sich in ganzer Klarheit in mir aus, was diese Wochenendplanung bedeutet: Mehr als zwei Tage, fast allein mit Bernd. Katja kann man nicht zählen. Sie guckt pausenlos Videos oder hört alberne Hörspielkassetten. *Fünf Freunde*, *Hanni und Nanni*. Ich langweile sie, weil ich lieber lese. Oder herumklettere, was sie nicht kann. Dieses unbewegliche, fette Kind.

Unsere Eltern finden, wir spielen so schön zusammen. Schon immer. Sie malt, ich lese. Sie sieht fern, ich denke nach. Sie kämmt ihre Barbies, ich schicke meine Teddybären in die Schule. Wir streiten uns nie und sind wohl beide glücklich, dass wir in Ruhe spielen können, was wir wollen. Unsere Eltern sind befreundet, also sind wir es auch. Damit haben wir uns arrangiert.

Vier erwartungsvolle Augenpaare sehen mich an. Mama bekommt endlich ein Entspannungswochenende, das ist gut, sie hat immer so viel um die Ohren. Ich mache mir oft Sorgen um sie.

«Toll», sage ich, «wenn Freddie es nicht schlimm findet, dass ich nicht mit nach Dresden komme?»

Bitte sei nicht einverstanden, flehe ich innerlich. Nein, er hat nichts dagegen, auch wenn er es frevelhaft findet, dass ich mal wieder unpolitisch bin, scherzt er: Kleine Schwestern sind auf Demonstrationen sowieso ein Hindernis!

Bernd sieht mir in die Augen. Ich versuche, seinem Blick standzuhalten, schaffe es aber nicht. Zwei Nächte hintereinander! Schön, sage ich, dann ist ja alles klar. Mein Zittern unterdrücke ich, versuche, es nach spannungsgeladener Freude aussehen zu lassen. Dann werfe ich einen erschreckten Blick auf die Uhr.

«Es ist schon spät», sage ich, «ich muss noch Hausaufgaben machen.»

Meine Mutter sagt, dass das Brot noch in der Küche steht – ach ja, Trick siebzehn fehlt ja noch in meinem Abendprogramm. Ich gehe in die Küche und nehme ein Brett von der Anrichte. Dann gehe ich zum Tisch und hole eine Scheibe Brot. Im Wohnzimmer wird über Politik diskutiert, und meine Mutter sorgt sich um Freddies Sicherheit in Dresden. Gut, das wird sie alle eine Weile beschäftigen. Ich lege die Brotscheibe auf das Brett und drehe sie ein paarmal hin und her, dann stecke ich sie zurück in die Tüte. Vorsichtig, damit es nicht knistert. Nur ein paar Krümel bleiben auf dem Brett zurück. Dann nehme ich ein Messer aus der Schublade, decke die Butter ab und reibe es vorsichtig an der Butter. Anschließend streiche ich es am Brett ab. Einige der Brotkrümel bleiben am Messer haften. Ich nehme ein Glas und fülle es mit etwas Milch. Dann schwinge ich es hin und her, damit die Milch überall ihre Spuren hinterlässt. Den Rest der Milch gieße ich lautlos in die Spüle. Meine Lippen presse ich ein paarmal an den Glasrand.

Mit Brett und Glas verschwinde ich die Treppe hinauf in mein Zimmer, wie immer sorgsam die *vergewaltigte Stufe* überspringend, den breiten Treppenabsatz dort, wo die Treppe eine Wende macht. Früher konnte ich dort sitzen und lesen.

Mit meinen Hausaufgaben komme ich langsam voran, das sorgfältige Unterstreichen der Überschriften beruhigt mich. Das Klopfen an der Zimmertür schreckt mich auf – Bernd?! Nein, es ist Mama. Sie sagt mir gute Nacht.

«Bleib nicht mehr so lange auf, ja? Ich gehe jetzt rüber zur Nachbarin. Sie ist frisch getrennt und braucht Beistand», sagt meine Mutter.

Dann nimmt sie mein «gebrauchtes» Geschirr in die Hand, um es mit in die Küche zu nehmen. Ich lächele. Trick siebzehn hat wie immer funktioniert. Gute Nacht, Mama.

Zwölf Tage später lerne ich, wie man eine Prostata massiert. In Bernds Wochenendhaus. Der *kleine wässrige Teufel*, so nennt ihn meine innere Stimme, auch wenn er gar nicht kleinwüchsig ist. Seine kleinen, farblosen Augen sehen immer so aus, als würden sie tränen. Wie immer verlangt er, dass ich ihm in die Augen schaue, während er mir erklärt, was er will. Ich habe gelernt, Menschen aufmerksam in die Augen zu sehen, ohne ihr Gesicht wirklich zu betrachten. Ich denke dann konzentriert an eine Farbe und höre nur die Worte. Er sitzt auf dem Bett, ich stehe zwischen seinen Knien und sehe ihn an. Nackt.

Ruhig, ganz sachlich erklärt er mir, dass ich ihm einen Finger in den Po stecken und so «seinen Schwanz von innen streicheln» soll. Ob er genauso ruhig spricht, wenn er seinen Schülern mathematische Gleichungen erklärt?

Während er seine Hose auszieht, soll ich meine Hände dick mit Creme einschmieren, damit ich mich nicht verletze. Das verstehe ich nicht, aber ich tue es trotzdem. Er legt sich hin, ich muss mich neben ihn hocken.

«Gib mir deine Hände», sagt er und fährt mit dem Finger über meine Fingerkuppen. «Gut», sagt er. «Du hast kurze Fingernägel und keine abgekauten Ränder. Du musst deine Finger vorsichtig bewegen. Das will ich dir nicht zweimal sagen müssen!»

Er nimmt eine bunte Stecknadel vom Tisch und befiehlt mir stillzuhalten. Ich habe Angst! Mit den Fingern streicht er meine Schamhaare zur Seite und setzt die Nadel zwei Finger breit über meinen Schamlippen an. Ich mache die Augen zu. Es sticht, aber weniger schlimm als erwartet.

«Sieh hin!», herrscht er mich an, und als ich nicht sofort gucke, wird der Schmerz stärker und hört erst auf, als ich hinsehe. Die Nadel steckt nur wenige Millimeter in der Haut. Wenn ich jetzt aufspringen und wegrennen würde, würde sie bestimmt einfach rausfallen. Seine Hand bleibt auf meinem Unterbauch liegen, ein Finger über der Nadel schwebend. «Fang an», sagt er.

Ich lerne, sanft zu sein, denn wenn ich es nicht bin, sticht die Nadel, die auf meinem Schambein steckt, immer tiefer zu. Die Karl-May-Bücher, die ich in diesen Tagen geschenkt bekomme, werde ich nie lesen.

Katja sieht sich derweil Stephen Kings «Es» auf Video an.

Noch heute bekomme ich panische Angst, wenn ich den Anfang des Films sehe – wie er weitergeht, weiß ich nicht. Nach der ersten Viertelstunde musste ich gehen, der *kleine wässrige Teufel* ruft mich zu sich. Ich glaube, Katja hat nicht einmal gemerkt, wie lange ich das Zimmer verlassen hatte. Am Schluss des Films bin ich zwar wieder da, aber ich höre und sehe nichts. Ich pule mir die Haut von den Fingerkuppen der rechten Hand.

In der Nähe gibt es einen Reiterhof. Katja will Sonntagvormittag unbedingt noch mal dorthin und reiten. Bernd, ihr Vater, hat nichts dagegen.

«Dann gehe ich solange mit Silvia noch einmal in die Ausstellung. Und kaufe noch ein Mitbringsel für Annika», sagt Bernd. Annika ist Katjas Wunderkind-Schwester. Leistungsschwimmerin! Fast jedes Wochenende begleitet ihre Mutter sie auf Turniere durch ganz Deutschland.

Katja ist einverstanden und geht reiten.

Ich werde geritten. Klingt zynisch, ich weiß. Den beißenden Spott, auf Konventionen und Gefühle zu pfeifen, würde ich in den folgenden Jahren noch perfektionieren. Heute will Bernd, dass ich mich auf seinen Penis setze. Er ist wütend, als ich jammernde Laute von mir gebe, weil es so weh tut. Er nimmt die Nadel noch mal zu Hilfe – aber der innere Schmerz ist größer, ich spüre das Piksen kaum und halte dann nur noch still. Das ist die falsche Entscheidung – er dreht mich auf den Rücken, setzt sich über mein Gesicht und stopft mir seine Hoden in den Mund. Seine drahtigen Schamhaare stechen mir in die Nase. Alles, was ich noch wahrnehme, ist sein mir verhasster Schweiß.

Bis zur Abfahrt putze ich mir die Zähne und schrubbe meine Zunge mit der Bürste ab. Das Zahnfleisch blutet und stört mich dabei, jeden Zahnzwischenraum nach seinen Schamhaaren abzusuchen. Ich trinke ein Glas mit Wasser verdünnter Milch und hüpfe etwas auf und ab, damit sie sich mit dem vermischt, was in meinem Magen ist. Dann stecke ich mir zwei Finger der linken Hand in den Hals – ich kotze immer mit links – und erbreche. Nur Flüssigkeit zu erbrechen geht ziemlich lautlos. Aber hier, in diesem furchtbaren Haus, würde sich ohnehin niemand dafür interessieren, dass ich kotze.

Am Abend bin ich wieder zu Hause. Ich lerne bis zwölf. Dann mache ich das Licht aus und ziehe erst jetzt meinen Schlafanzug an. Ich will meinen Körper nicht sehen. Ich setze mich vor meinen Kleiderschrank und warte. Auf die Bilder der vergangenen 48 Stunden. Weinen? Nein. Wozu? Irgendwann hört das Zittern auf. Langsam stehe ich auf, gehe zu meinem Bett und nehme die Tagesdecke ab. Ich lege sie vor die Heizung unter dem Fenster und schlage die Enden um, wie eine kleine Mauer. Dann hole ich mein Kissen und die Bettdecke. Ich kauere mich auf der Tagesdecke zusammen und stopfe das Kissen zwischen meinen Rücken und die Heizung. Ich ziehe die Knie an und halte sie mit meinem Arm fest. Mit der anderen Hand ziehe ich die Decke um mich und vergrabe die Füße im Federbett. Irgendwann rolle ich mich auf die Seite und schlafe ein.

Als ich aufwache, ist mein Gesicht nass. Von meinen Tränen. Solange du nur im Traum laut schreist, ist alles okay, beruhigt mich die innere Mahnerin. Trotzdem habe ich Angst weiterzuschlafen. Was ist, wenn ich doch laut schluchze, und jemand wach wird? Und in mein Zimmer kommt? Ich reiße meine Decken-Kissen-Burg ein und trage alles aufs Bett. Dann nehme ich Pascha, meinen großen Steiff-Löwen, von seinem sicheren Platz auf dem Schrank und klettere mit ihm auf die Fensterbank. Dort bleibe ich sitzen und genieße kraulend den weichen Plüsch unter meinen Fingern. Als ich die ersten drei Bahnen des Tages habe vorüberfahren sehen, stehe ich endgültig auf.

Es ist Montag. Ich habe wieder Klavierunterricht. Langsam mache ich dreißig Liegestütze. Ich denke an die 47 Kilo auf der Waage und befehle mir zehn mehr. In Gedanken bin ich schon bei Christopher, meinem Klavierlehrer. Er ist immer so nett zu mir. Warum nur? Er ist mindestens zehn Jahre älter als ich.

Ich wechsle auf den Rücken und beginne mit den Sit-ups, die ich eigentlich nicht machen muss, weil die Kotzerei meine Bauchmuskeln schon genug trainiert. Aber ich muss noch ein paar Kalorien verbrennen, sonst werden mich die verhassten 47 noch zu lange begleiten.

Ich haste ins Badezimmer, dusche wie immer mit geschlossenen Augen, ziehe meinen Lieblingspulli mit den langen Ärmeln an und die frisch gewaschene Jeans. Ein Blick auf die Uhr verrät mir, dass auch meine Mutter finden wird, ich sei zu spät dran, um noch zu frühstücken. Hurra! In der Küche sage ich, dass ich mich beeilen muss. Mama nickt und drückt mir eine Schachtel mit Pausenbrot in die Hand.

«Ich habe vorsichtshalber eine Scheibe mehr gemacht, du Schlafmütze», sagt sie lächelnd.

Ich hoffe immer, dass irgendein obdachloser hungriger Mensch die ganzen Brote aus dem Abfallkorb am See fischt.

Christopher sieht mich schon wieder besorgt an.

«Du kannst dich ja gar nicht konzentrieren», sagt er. Seine Stimme ist weicher als Musik. Ich spüre sie in meinem ganzen Körper.

Voller Entsetzen merke ich, dass mir die Stimme versagt.

Tränen steigen mir in die Augen. *Nein! Jetzt nicht weinen!* Ich habe diese Stunde den ganzen Tag herbeigesehnt, ich darf sie jetzt nicht kaputt machen. Ich lege meine kalte Hand in den Nacken – aber es hilft nicht. Mir wird schwindelig.

«Du bist kreidebleich», sagt Christopher. In meinen Ohren rauscht es. Ich lasse ihn gewähren, als er mich vorsichtig auf den Boden legt und meine Füße hochlagert. Nur die Tränen wische ich aus den Augenwinkeln.

«Was ist denn los», fragt er. «Willst du etwas trinken, oder soll ich dich nach Hause fahren?»

«Ja, Wasser. Wasser ist gut.»

Er geht hinaus in die Küche, und ich setze mich vorsichtig auf. Er soll mich nicht noch einmal so sehen. Er setzt sich neben mich auf den Boden, sieht mir zu, wie ich in kleinen Schlucken trinke.

Mir wird klar, dass ich jetzt etwas erzählen muss, sonst wird er sich – wie besorgte Menschen es eben tun – an meine Eltern wenden.

«Es ist zu Hause momentan ein bisschen schwierig», bricht es aus mir heraus. «Meine Eltern verstehen sich nicht so gut.»

Als Christopher tröstend und vorsichtig den Arm um mich legt, weine ich. Er sagt nicht viel, hört nur zu. Ich erzähle von meinen Sorgen, die ich mir um Mama mache, um meinen Bruder und auch um meinen Vater.

Dann wird es Zeit zu gehen.

«Ich fühle mich krank», sage ich Mama. Sie bringt mir Tee mit Honig ans Bett. Ich sehe fiebrig aus, findet sie.

Morgen werde ich sie bitten müssen, einen neuen Klavierlehrer für mich zu finden, denn besorgte Menschen sind gefährlich für die Fassade. Heute bleibe ich im Bett liegen. In 14 Tagen werde ich 14 Jahre alt.

WACHSEN

Älter werden ist ein interessantes Gefühl, vor allem, weil ich es als Kind kaum bemerkte. So ist das mit dem Älterwerden, mit dem Wachsen. Mit 13 war ich bereits 1 Meter 66 groß, und weil ich dann aufhörte zu essen, wuchs ich im Laufe der Jahre nur noch etwa weitere 2 Zentimeter. Ich wurde also sehr früh groß.

Natürlich bemerkte ich, dass ich größer wurde. Ich wuchs. Sogar anscheinend ziemlich schnell. Ich wurde in mehrerlei Hinsicht größer. Als Kind ist Größerwerden etwas Besonderes, weil es physisch messbar ist. Zumindest für mich. Ich merkte es daran, dass ich auf meinem Lieblingslesebaum am Wanderweg einen Ast weiter nach oben kam. Bei unserem Einzug in die Wohnsiedlung drei Jahre zuvor hatte ich das noch nicht geschafft. Ich war also gewachsen. Auf Fahrt mit den Pfadfindern durfte ich auch endlich mal die Gitarre tragen und war nicht mehr «zu klein» dafür. Ich war eine von den Größeren, eine von denen, die sich das Halstuch verdienten und die Kothe, das Pfadfinderzelt, am Baum hochziehen konnten.

12 Jahre alt. Mit 12 Jahren durfte man im Auto vorne auf dem Beifahrersitz sitzen. Ich war empört, als mein Vater mir das 2 Wochen vor meinem zwölften Geburtstag bereits gestattete. Es war, als entweihe er mein «Wenn ich 12 bin, darf ich das»-Gefühl.

Ich durfte, zum Leidwesen meiner Mutter, offiziell James-Bond-Filme sehen. Bisher war das nur möglich gewesen, wenn meine Eltern nicht da waren und mein Bruder mit mir zusammen Fernsehen im Keller schaute, im Arbeitszimmer meines Vaters. Mein bewunderter großer Bruder, dessen Entscheidungen und Ansichten ich nie in Frage stellte, sagte mir stets, wann ich mir die Augen zuhalten sollte. Er kümmerte sich um mich. Er beschützte mich. Vor der Gewalt im Film.

Gewalt wurde natürlich auch gleichsam vielseitiger, dadurch, dass ich älter und damit auch größer wurde. Im Nachhinein bin ich erstaunt und fast dankbar zugleich für die Umsicht, mit der ich vergewaltigt, zerstört, gequält wurde. Hätten die Männer mich von Anfang an wie eine erwachsene Frau benutzt, wären die körperlichen Schäden, die mich verschwindend gering bis heute begleiten, sehr viel gravierender ausgefallen. Sie warteten, bis ich genug gewachsen war, um anale Spiele weitgehend unbeschadet auszuhalten. Ich merkte, dass mein Körper sich veränderte. Es waren nicht mehr zwei Kinderhände, die versuchten, einen Männerpenis zu umfassen. Über die Jahre konnte ich mit einer Hand herumgreifen, je nach Schwanzdicke. Aber irgendwann gelang es mir, Daumen und Mittelfinger sich treffen zu lassen. Diese Beobachtungen waren wichtig für mich. Wie viel Haut ist noch zwischen Zeigefinger und Daumen, wie viel eklig erigierte Penishaut kann ich mit meinen Händen abdecken, damit ich sie nicht sehen muss? Reicht eine Hand, damit die andere so lange wie möglich nicht von nackten Tatsachen berührt wird? Mit solchen Beobachtungen vertrieb ich mir die Zeit, während ich einen Schwanz bearbeitete, wartend, dass der Finger in meinem Po, der mich zur Aufmerksamkeit und Sorgfalt antrieb, mir signalisierte, dass bald das weiße Zeug hervorspritzen und mir eine kurze Pause erlauben würde. Eine Pause von den Schmerzen im Po, der Angst, aber nie eine Pause von der Scham. Natürlich, ich hätte die Augen schließen können. Nichts sehen, nichts sagen, nichts hören. Aber dann wäre die ganze Angst, der ganze Schmerz, die ganze Scham nur noch in mir drin gewesen. Ohne Ausweg, ohne Ventil. Ich hatte gelernt, dass geschlossene Augen für mich alles nur schlimmer machten.

Wie in der Achterbahn, wenn man den Looping nicht kommen sieht. Größer werden, dass hieß auch, beim jährlichen Heidepark-Besuch endlich in die Achterbahn gehen zu dürfen. Endlich groß genug sein. In der Achterbahn wollte ich anfangs auch die Augen schließen. Aber mein Bruder war ja bei mir, und vor ihm wollte ich nicht wie eine dumme kleine ängstliche Schwester dastehen. Ich wollte seine Anerkennung. Mit meinem Bruder an der Seite wusste ich, dass mir nichts passieren kann, in der Achterbahn, im Autoskooter, im Schwimmbad. Mein geliebter großer Bruder gab mir Sicherheit.

Sicherheit gewann ich auch, was das Vertrauen in die Elastizität meines sich entwickelnden neuen Jungmädchenkörpers betraf. «Es renkt sich immer alles wieder ein.» Ja. Beziehungsweise: Es zieht sich immer alles wieder zusammen. Als ich mit 15 Jahren das erste Mal ohne irgendeine Gleitsubstanz anal vergewaltigt wurde, glaubte ich, niemals wieder heil zu werden. Die Schmerzen zerrissen mich, rote Blitze vor meinen Augen, Angst, Angst, Angst, ich gehe unwiederbringlich kaputt. Ich werde sterben. Jetzt ist alles vorbei.

Ich starb nicht. Die Schmerzen verebbten. Doch – irgendwann hörte es auf zu bluten, zog sich zusammen, ließ nach zwei Tagen der Schockstarre die Funktionen von Stuhlgang und Stuhlverhalt wieder zu. Diese Erfahrungen, dass jede Wunde, so schlimm sie mir auch vorkommen mochte, wieder heilte, wurden essenziell wichtig für mich. Die Beobachtung, dass ich aus dem Arsch bluten konnte und wenige Wochen später, wenn mir die Pobacken erneut auseinandergerissen wurden, der Schmerz kein bisschen geringer war, sorgte dafür, dass ich mutiger wurde. Mutiger, weil ich wusste, dass mich dies alles nicht umbrachte. Es tut weh, es ist furchtbar, ich hasse mich – aber ich sterbe nicht daran. Leider.

Nur der Schmerz, der veränderte sich nicht. Der wurde sogar schlimmer, von Zeit zu Zeit. Ich weiß nicht mehr, was schlimmer war – die Angst vor dem, was kam, wenn ich wusste, was geschehen würde? Oder die Angst davor, einer neuen Situation ausgesetzt zu sein? Wenn ich heute zum Zahnarzt gehe und weiß, er wird einen Zahn für eine neue Krone abschleifen, weiß ich ungefähr, was mich erwartet. Gehe ich aber zum Zahnarzt, weil ich nur eine Kontrolle will, habe ich mehr Angst. Vielleicht ist das kein guter Vergleich, aber Vergewaltigungen von vertrauten Personen waren für mich auf dem Angstlevel, glaube ich, irgendwann weniger schlimm als das Ausgeliefertsein an vollkommen fremde Männer. Ich habe schnell und effektiv gelernt, dass Gewalt weniger lang andauert, wenn ich die Vorlieben der Täter kenne.

Meine Eltern brachten, ganz Lehrer, immer den Spruch, dass alles im Leben zu etwas gut ist, auch wenn das zuerst vielleicht nicht ersichtlich ist. Das Bewusstsein um die Fähigkeit meines Körpers, sich nach Dehnung und Verletzung wieder zu regenerieren, war auch etwas, was mir Jahre später eindeutig Vorteile brachte. Vielleicht haben Mama und Papa das so nicht gemeint, aber zumindest haben sie recht behalten. Solange ich Spielball der Erwachsenen war, dachte ich natürlich nicht aktiv darüber nach, was jetzt gerade mit meinem Körper passierte. Aber ich erwarb Erfahrungen, die die albanischen Zuhälter wenige Jahre später zur Kreativität aus Verzweiflung trieben. Als Hure, auch mit dem unabänderlichen Bewusstsein, nichts anderes als Prostitution verdient zu haben, gab es – wie vermutlich bei jeder anderen Nutte auch – den Moment, an dem ich lustlos war. Erschöpft. Nicht mehr wollte. Meine Besitzer waren nicht experimentierfreudig, sie hielten, wie so viele andere auch, ein Einreiten des Besitzes für die erfolgversprechendste Möglichkeit, mich zurück in die Spur zu bringen.

Nicht mich. Ich wusste, dass vaginale und anale Blutungen mich nicht zerstören würden. Natürlich kam der Moment, in dem ich mich wehren wollte, genug hatte, verzweifelt war, mich nach erlösender Schwärze sehnte. Aber die Erfahrung, eingeritten zu werden, hatte bei mir nicht annähernd den einschüchternden Erfolg, der gewünscht und sonst Usus war. Mir war bewusst, dass «alles wieder gut» werden würde. Heilen. Sich zusammenziehen. Einrenken. Muskuläres Gewebe, Schleimhäute, sie mochten gereizt sein, aber nicht zerstört. Bei mir hielt der Schrecken nicht an. Um mein Leben hatte ich schon lange keine Angst mehr, und um meinen Körper brauchte ich erfahrungsgemäß auch keine Angst zu haben. Ja, Tränen, Angst, der Wunsch, so was möge nie wieder passieren, und natürlich auch Verzweiflung und Gefügigkeit waren die Folge. Aber nicht dieses abgrundtiefe Grauen, im Inneren kaputtzugehen. Ich machte mir keine Sorgen mehr um bleibende Schäden, und das unterschied mich von den anderen Pferdchen im Stall, um mal im Sprachgebrauch des Milieus zu bleiben.

Heute denke ich, dass ich sehr dumm war, damals. Ich hätte nicht immer gegen den Strom schwimmen sollen. Dadurch forderte ich sicher das ein oder andere heraus. Hinlegen, Beine breitmachen, quieken, weitermachen – das wäre vermutlich eine weniger anstrengende Alternative gewesen. Aber das entsprach mir nicht.

Als ich physisch größer wurde, wuchs auch mein innerer Widerstand. Ich suchte mir Inseln der Selbstbestimmtheit. Mit 14, im Freibad, war es für die meisten Mädchen ein kokettierender Spaß, von gleichaltrigen Jungs ins Wasser geschubst zu werden. Laut kreischend, sich gerade so weit wehrend, dass man das Gesicht nicht verlor, aber unbedingt doch mit dem Jungen im Wasser landete. Ich nicht. Ich wehrte mich. Mich zog keiner ins Wasser, ich kreischte nicht, ich schubste nicht spielerisch zurück, ich hüpfte nicht adrett auf den sonnenheißen Pflastersteinen herum. Ich schwamm, sprang und tauchte, wenn die anderen sich zu Wahrheit-oder-Pflicht-Spielen zurückzogen. Denn davor hatte ich Angst. Nicht vor dem Sprungturm.

Im Sportunterricht meiner Teenagerzeit war ich immer das einzige Mädchen, oder zumindest eine der wenigen, die vollkommen sorglos von Stufenbarren sprangen, Saltos versuchten, Hochsprung wagten. «Und wenn schon – dann sterbe ich halt», war der Gedanke, der mich bei jeder sportlichen Übung begleitete. Es war mir egal. Ich hatte nichts zu verlieren. Dadurch hatte ich Erfolg, vor allem im Geräteturnen.

Diese Einstellung blieb mir auch als Hure treu. Und genau dieses Bild vom Stufenbarren hatte ich vor Augen, wenn von mir etwas gefordert wurde, was mir Angst machen sollte. Ich hatte immer Angst vor den Schmerzen, aber nie davor, daran kaputtzugehen. Meine Zuhälter waren grausam bauernschlau. Und einer von ihnen erkannte, dass ich klug war, eine Marionette, aber eine, die versteht, welche Fäden gezogen werden. Meine, arrogant gesagt, unbestreitbare Intelligenz, gepaart mit der hasserfüllten Sorglosigkeit, was die Unversehrtheit meines Körpers betraf, machte mich zu einem Stück Kapital, welches es zu optimieren galt. Ich gewann und verlor. Ich verlor die billigen, an schnellem Sex interessierten Kunden. Ich verlor Quantität. Ich verlor jedoch auch meine innere Überlegenheit, denn ich gewann Einblicke in die präzise Perfektion gut zahlender Sadisten.

An manchen Tagen brauchte es eine Weile, bis ich meine Unerschrockenheit wieder zurückgewann, indem ich mir sagte, mit Snuff könnte man nur ein einziges Mal Geld verdienen. Lebendig und verletzlich war ich hingegen schützenswertes Kapital.
So bin ich groß geworden.

DIE KLINIK

Seit gestern habe ich weder gegessen noch getrunken. Nach der Schule flüchte ich direkt in die Werbeagentur, in der ich jobbe, und komme immer erst nach der Abendbrotzeit zurück. Ich kann nicht mehr. In den letzten zwei Wochen habe ich in zwei Kinderkliniken und bei drei Kinderärzten vorgesprochen – damit ich endlich aus dem Hamsterrad aus Hungern-Essen-Kotzen-Hungern herauskomme.

Wichtige Erkenntnis: Kinderärzte sind mit so etwas völlig überfordert. Als ich in einer Hamburger psychosomatischen Klinik vorspreche und tatsächlich einen Termin bei einer Therapeutin bekomme, verzweifle ich im Gespräch kurzfristig, weil sie mich nicht dünn genug für eine stationäre Behandlung findet. Insgeheim gebe ich ihr ja Recht, ich wiege 46 Kilo und bin 1 Meter 68 groß.

Ich muss zu Hause raus! Also denke ich, ich muss ihr noch ein bisschen mehr Futter vorwerfen, damit sie anbeißt, und sage «sexueller Missbrauch im häuslichen Umfeld». Klingt komisch in meinen Ohren, habe ich noch nie gesagt. Ihre Reaktion: Natürlich bekomme ich einen Therapieplatz, der nächste wäre so in drei Monaten frei. Und sie müsste natürlich mit meinen Eltern sprechen. Drei Monate? So lange kann ich unmöglich warten. Und außerdem möchte ich nicht, dass meine Eltern da mit reingezogen werden. Es ist schon so alles schwer genug – die Scheidung läuft, und meine Mutter erlebt beruflich ihre dunkelsten Stunden. Ich sehe die Therapeutin an und sage: «Danke, ich überlege es mir.»

Dann gehe ich. Sie versucht nicht, mich aufzuhalten.

Nachdem mein Vater ausgezogen war, mussten sich die hässlichen Hausfreunde neue Angriffsflächen überlegen, denn ich war zwar jedes zweite Wochenende bei meinem Papa – aber dann viel schlechter zugänglich. Die Drohung, meinen Bruder umzubringen, falls ich nicht freiwillig mindestens einmal in der Woche «antanze», trug Früchte – und da ich ab jetzt «freiwillig» zu ihnen kam, war das Spielfeld auch größer geworden, in dem sie sich bewegen konnten.

Eine Videokamera wurde der ständige Begleiter jener Stunden. Manchmal frage ich mich heute, was aus den Filmen geworden ist – für Plattformen von Pädophilen und Kinderpornographie war ich mit meinen 15 Jahren schließlich schon zu alt.

Nach meinem Gespräch mit der Therapeutin und ausreichender Lektüre erbot sich endlich eine Möglichkeit, dem Ganzen zu entfliehen: Ich musste nur weiter abnehmen, dann bekäme ich sofort einen Klinikplatz. Mit einem klaren Ziel hungert es sich leichter – und die vielen Tränen und der Streit, den es mit Mama gab, weil ich immer öfter immer später nach Hause kam, begünstigten meinen strengen Kalorienplan.

Mit 42 Kilo wagte ich mich wieder in eine Praxis, diesmal allerdings nicht mehr zu einer Kinderärztin. Die Allgemeinmedizinerin Dr. Karin Stolz war eine nette Frau – ich hatte sie aus dem Telefonbuch herausgesucht. Im Untersuchungsraum war es dämmrig und warm. Angenehm, denn ich war durch den Eisregen hingelaufen; die Praxis war in einer Ecke Hamburgs, in der ich nie zuvor gewesen war. Ich wollte niemanden treffen, den ich kannte. Die Ärztin hörte mir zu, stellte mich nicht auf die Waage, ich musste mich auch nicht ausziehen. Schließlich fragte sie:

«Da ist doch noch etwas, was du sagen willst, oder?»

Mir traten die Tränen in die Augen, und ich blickte zu

Boden. Dann nahm ich meinen Mut zusammen und begegnete ihrem Blick. Ich weiß nicht, was sie in meinen Augen gesehen hat – Worte konnte ich keine über die Lippen bringen. Karin Stolz nickte, griff zum Telefon und wählte eine Nummer. Sie ließ sich ein paarmal verbinden.

Ich erinnere mich, wie viel Angst ich anfangs hatte, sie würde mit der Polizei sprechen und ich müsste sofort wieder nach Hause. Satzfetzen drangen zu mir durch: «15-jährige anorektische Patientin», «vollkommen labiler Zustand», «keine gewährleistete Sicherheit, bulimisch».

Dann legte sie auf.

«Eine Bekannte von mir leitet die Kinderpsychosomatik in Bad Malente. Du und deine Mutter, ihr habt dort morgen um 16 Uhr ein Vorgespräch. Du fährst jetzt nach Hause, und ich rufe in der Zeit deine Mutter an.»

«Danke, vielen Dank», stammelte ich.

Nicht einmal die Tatsache, dass sie mit meiner Mutter telefonieren wollte, machte mir Angst – ich vertraute dieser fremden Frau.

Meine Mutter empfing mich mit den Worten:

«Muss das wirklich auch noch sein?! Ich weiß ja, dass dir mein Essen nicht schmeckt! Oder was soll es sonst für einen Grund haben, dass du alles immer wieder von dir gibst?»

«Bitte Mama, es geht so nicht mehr.»

Schließlich stimmte sie zu, ließ mich aber spüren, wie ärgerlich und störend sie das alles fand. Ich konnte sie verstehen – sie musste sich um meine Großmutter kümmern, arbeitete wieder Vollzeit, hatte einen Sohn, der ihr mit seinen politischen Ambitionen Sorgen bereitete, und musste dann noch ertragen, dass nun alle wussten, dass ihre Ehe gescheitert war. Ach Mama, wenn ich könnte – ich würde es so gerne anders machen!

In der Klinik in Bad Malente empfängt uns eine kleine, knubbelige Frau mit kurzen, schwarzen Haaren. Frau Dr. Hintig wirkt freundlich, aber sehr bestimmt. Sie fordert mich auf zu erzählen, was mit mir los ist.

«Na ja», sage ich, «ich übergebe mich nach jedem Essen.»

Weiter komme ich nicht, denn meine Mutter fängt an zu weinen.

«Es ist wohl besser, wenn ich bei diesem Gespräch nicht dabei bin», sagt sie und verlässt den Raum.

«Mama», rufe ich ihr leise hinterher.

Dr. Hintig sieht mich an. «Es fällt dir schwer, wenn deine Mutter traurig ist? Du kannst das nicht gut aushalten?»

«Nein», sage ich. Dann weine auch ich.

Ich erzähle ihr, wie furchtbar die «goldene heile Welt» zu Hause ist, dieses gefühllose Funktionieren. Jedes Wort auf die Goldwaage legen zu müssen, damit Mama nur ja nicht traurig wird. Ich spreche von meiner größten Angst, dass mein Bruder mich nicht mehr mag. Meinen Vater klammere ich vollkommen aus. Er ist ausgezogen – er spielt keine Rolle mehr für mich.

Frau Dr. Hintig schickt mich hinaus und holt meine Mutter zu sich. Dann spricht sie noch einmal mit uns beiden. In fünf Tagen würde ein Bett frei, dann könne ich stationär aufgenommen werden.

«Ich denke, dass du in Not bist», begründet die Ärztin die schnelle Entscheidung.

Mir ist schnell klar, dass ich lange in Malente bleiben werde. Für Nachbarn und Mitschüler steht eine andere Diagnose fest: Ich habe etwas mit dem Magen, die Behandlung wird dauern. Die Wahrheit sagen? «Meine Tochter ist magersüchtig», das würde meiner Mutter niemals über die Lippen kommen. Schlimm genug, dass die «heile Familie» auseinandergebrochen ist. Ein «Problemkind» hat ihr da gerade noch gefehlt.

Obwohl ich schon 15 bin: Pascha, mein Löwe, muss mit. Bei der stationären Aufnahme werde ich gewogen. 42,5 Kilo. Mist. Ich hatte gehofft, unter 41 zu sein. Hoffentlich werfen sie mich jetzt nicht wieder raus, denke ich.

Meine Mutter sagt: «Ach, doch so viel? Ich dachte, du wiegst nicht mehr als 80 Pfund.»

Danke, Mama, du hast den Nagel auf den Kopf getroffen. Die Ärzte hingegen sagen: «Portioniertes Essen. Und wenn du das nicht schaffst, Sonde.» Die Sonde ist ein Schlauch, der durch die Nase eingeführt wird und in den Magen führt. Zwangsernährung. Wenn man nicht gerade am Nahrungsbeutel hängt, kann man das Schlauchende prima hinters Ohr stecken. Sieht zwar seltsam aus, ist aber ganz praktisch.

Kaum bin ich auf meinem Zimmer, klopft es auch schon. Sechs Augenpaare schieben sich in den Raum. Swantje, die Kleinste von den sechs, stellt die anderen vor. Dann fragt sie: «Und warum bist du hier? Hast du auch Probleme mit dem Essen?»

Ich nicke, fühle mich irgendwie überrumpelt und komme erst jetzt dazu, meinen Namen zu sagen. Schnell bekomme ich erklärt, wie sich meine neue Umgebung zusammensetzt. Es gibt eine Gruppe für die «Großen» von zwölf bis achtzehn Jahren, und eine für die «Kleinen» von fünf bis elf. Gegessen wird immer gemeinsam, einmal in der Woche gibt es eine Gruppentherapie für alle. Jedes Kind hat eine Krankenschwester als Bezugsschwester (meine ist Paulina, und alle sagen, ich hätte damit großes Glück).

Die Patienten setzen sich aus allen Bereichen der Psychosomatik zusammen – das bedeutet, von «Hilfe, mein Kind funktioniert nicht» bis zu «Ich bin Teenager und bringe mich jetzt um» ist alles dabei: Hannes leidet unter falsch eingestelltem Diabetes, Natascha und Amelia, 14 und 13 Jahre alt, essen zu wenig, Nicole, 12, isst dagegen zu viel. Swantje, 7, wurde von ihrem Onkel missbraucht, Björn macht nachts immer ins Bett, obwohl er schon neun ist, Gesche ist mit dem dritten gescheiterten Selbstmordversuch hier und die «Stationsseniorin» Carolina, 16, schneidet sich regelmäßig mit Rasierklingen die Haut auf. Fast vergessen hätte ich den kleinen Georg mit seinen angeblich unkontrollierbaren Wutanfällen. In meinen zehn Wochen in der Klinik hat er nur einen einzigen Wutanfall gehabt, nachdem eine allseits unbeliebte Krankenschwester «Du stinkst aus dem Maul wie eine Kuh aus dem Arsch!», zu ihm gesagt hatte. Hätte sie «Putz dir mal die Zähne» gesagt, wäre der kleine Georg sicher nicht ausgeflippt.

In den ersten beiden Tagen scheint alles gut und vielversprechend – ich sonne mich darin, nicht mehr zu Hause zu sein, sondern endlich in Sicherheit. Nichts als freundliche Gesichter um mich herum, Ablenkung, neue Eindrücke und Raum für mich selbst. Meine Hälfte des Doppelzimmers kann ich nach meinem Geschmack gestalten. Wir durften eigene Bettwäsche mitbringen, die Wände sind bunt. Es ist eine heimelige Umgebung. Zum ersten Mal in meinem Leben kann ich selbst entscheiden, wie ich wohnen will.

Mein Zimmer zu Hause war immer klinisch sauber und vom Geschmack meiner Mutter geprägt. Anders ausgedrückt: Ich wagte es nie, Sachen an die Wand zu hängen, die ihr missfallen könnten, weil sie nicht ästhetisch und/oder anspruchsvoll genug waren. Jetzt hängt ein Geschenk meines Bruders an der Wand über meinem Bett: Janosch – Tiger mit Bär und Tigerente.

Der Alltag ist einfach. Vormittags drei Stunden Unterricht für die, die «Schule» haben dürfen. Zwei nette ältere Lehrerinnen wechseln sich ab – sie machen ihre Sache gut. Allerdings gibt es nur Deutsch, Mathe und Englisch, für weitere Fächer lohnt sich anscheinend der Aufwand nicht. Für die fünf Kinder (mich eingeschlossen) mit «portioniertem Essen» wird der Unterricht durch eine Zwischenmahlzeit von 200 Kalorien unterbrochen. Wir müssen einen Astronauten-Nahrungsshake trinken, die anderen dürfen Obst essen, wenn sie wollen, oder müssen eine Karotte essen, wenn sie zur Übergewicht-Front gehören. Es ist fast wie ein Sketch: Bei den Mahlzeiten beäugen sich Magerwahn und Fresssucht neidisch. Da sitze ich mit meinem portionierten 550-Kalorien-Frühstück und gucke neidisch auf Nicoles Knäckebrot und ihren Kräuterquark. Sie hat im selben Moment bestimmt genauso verzweifelt meine beiden Brötchen und das Nutella-Glas im Visier. Ob es wirklich sinnvoll war, uns beim Essen gegenüber zu platzieren? Nicole ist für mich der Inbegriff dessen, wie ich NIE sein will: zwölf Jahre alt, größer als ich und 120 Kilo schwer. Ich rede wenig mit ihr und habe Angst, sie anzusehen. Ich denke, es muss schlimm für sie sein, Mädchen wie Natascha, Amelia oder mich zu sehen, die so viel dünner sind.

An den Nachmittagen finden diverse Therapien statt. Einzeltherapie beim zuständigen Therapeuten – für mich Frau Dr. Hintig. Gruppenrunde mit allen Patienten meiner Altersstufe – hier geht es meist um das soziale Miteinander, es werden keine individuellen Themen angesprochen. Kunsttherapie, einmal allein, einmal in der Gruppe. Der Kunsttherapeut Herr Schlehendorf ist der Inbegriff von Kunst, Psychiatrie und Rudolf Steiner. Blonde lange Kringellocken, eine Singsang-Stimme und pastellfarbene Leinenhemden zu ausgebeulten

Cordhosen in Erdfarben. Beim Malen stellt er alle Farben hin, nur schwarz ist im Schrank eingeschlossen. Wer mit der bösen Farbe Schwarz malen will, weil die Aufgabe etwa lautet, die eigenen Gefühle zu Papier zu bringen, muss Herrn Schlehendorf ansprechen und seine Antwort aushalten können.

«Warum willst du denn die dunkelste aller Farben benutzen?», fragt er dann mit Grabesmiene.

Bei Herrn Schlehendorf gibt es auch die Gruppentherapie «Werke entstehen lassen», in der mit Ton gearbeitet wird. Meine Aufgabe ist, eine perfekte runde Kugel zu formen. Ich bin mit dem Ergebnis nie zufrieden.

Für mich vollkommen abwegig ist die Phantasiereisen-Therapiestunde mit der gesamten Stationsgruppe. Beim gemeinsamen autogenen Training erforschen wir Kapitän Nemos Unterwasserwelt vor unserem inneren Auge. Dabei liegen wir auf kuscheligen Matten. So weit, so gut. Doch die hehre Absicht, Sicherheit und Geborgenheit in einem Unterseeboot zu empfinden, verfehlt bei mir das Ziel. Oft liege ich auf der Matte und habe Schwindelanfälle. Es beunruhigt mich, mit geschlossenen Augen in einem Raum voller Menschen zu liegen.

Einmal in der Woche dürfen die Großen einen abendlichen Ausflug mit einem Betreuer machen. Ins Kino oder zum Kegeln. An einem anderen Tag sind die Kleinen unterwegs. Es gibt einen Aufenthaltsraum mit einem Fernseher, bei dem beide Gruppen im Wechsel vorab das Programm bestimmen dürfen. Die Glotze darf aber nur zwei Stunden am Tag an sein. Ich bin selten dort, Soaps interessieren mich nicht – und «auf dem Sofa abhängen» langweilt mich nur.

Abends bin ich gern im Musikraum. Ich kann dort Gitarre spielen und singen, wie und was ich möchte. Besonders gefällt mir das Pfadfinder-Repertoire, rauf und runter. Nach zwei Wochen ist eine allabendliche Gute-Nacht-Runde mit Zuhörern entstanden. Die Aufmerksamkeit der anderen und deren offenkundige Freude an meiner Musik tun mir gut.

Viele anregende Gesprächspartner gibt es hier nicht. Nur Carolina, die Ritzerin, Gesche und Natascha sind in meinem Alter, und da ist es ganz natürlich, dass wir viel Zeit miteinander verbringen. Und voneinander lernen.

Von Gesche erfahre ich, dass «Magen auspumpen» eine ganz eklige Sache ist. Zweitens: Wer sich die Pulsadern aufschneiden will, soll das Messer senkrecht führen. Alles andere gibt nur eine Schweinerei und zerschnittene Sehnen. Im Moment sind ihre Hände noch in Gips. Sie hat Rasierklingen benutzt. Carolina will wissen, wo die Rasierklingen jetzt sind – sie hat natürlich keine mit in die Klinik nehmen dürfen. Und die Frühstücksmesser sind zu stumpf, um sich Muster in die Unterarme zu ritzen.

Von Carolina lerne ich tatsächlich etwas sehr Schönes: nämlich, mich nicht zu ritzen. Eine Weile hatte ich das gemacht – aber als ich ihre Arme in Kombination mit ihrem einfältigen Gesicht sehe, beschließe ich, es nie, nie wieder zu tun. Dabei ist es bis heute geblieben.

Von Natascha lerne ich lauter tolle Tricks: bei jeder Mahlzeit aus einem Becher zu trinken – dann kann ich so tun, als ob ich einen Bissen runterschlucke, während ich den Becher zum Mund führe. In Wahrheit spucke ich das Essen rein. Ich muss nur darauf achten, dass die Flüssigkeit im Becher den immer größer werdenden Haufen gekautes Essen bedeckt. Nach dem Essen muss ich natürlich meinen Becher mit rausschummeln und alles entsorgen.

Außerdem bringt sie mir bei, meine Serviette so zu falten, dass ich beim Essen immer kleine Portionen darin verschwinden lassen kann. Ich zeige ihr im Gegenzug, wie sie durch die richtige Technik fast lautlos erbrechen kann, ohne die Finger in den Hals zu stecken. Gemeinsam tüfteln wir den «Jeans-Trick» aus. Jeans sind an sich schon schwer; dazu ein Ledergürtel und Steine in den Taschen – das perfekte Sportgerät, um Kalorien zu verbrennen! Sport ist hier nämlich nicht erlaubt.

Auch diese «Übung» macht uns Spaß: Wir liegen auf dem Rücken und positionieren Frühstücksbrettchen auf unseren hervorstehenden Beckenknochen. Die andere hält ein Maßband an und misst die Zentimeter zwischen der Unterseite des Brettes bis zur Bauchdecke.

Wir hatten viel Freizeit – und wir therapierten uns gegenseitig. Wir sprachen uns Mut zu: weiterzuleben und nicht zu essen. Schon bald durchstreifen wir das Klinikgelände: Gesche mit ihren eingegipsten Armen, die ewig finster blickende Carolina und die beiden Jeans-Mädchen mit der Sonde hinterm linken Ohr.

Aber schon nach einer Woche ist meine anfängliche Begeisterung für die Klinik deutlich abgeflaut. Ich merke schnell, dass hier ein Zustand dauerhafter Demütigungen vorherrscht, denen keiner entfliehen kann. Es gibt keine sexuellen Übergriffe, gut, aber durch die jahrelange Übertretung intimer Grenzen bin ich empfindlich geworden. Meine Bezugsschwester ist wunderbar, doch selbst ihr gegenüber ist es mir peinlich, sie zu rufen, wenn ich auf der Toilette war. Wir müssen jedes Mal, wenn wir «abgeführt» haben, eine Schwester rufen, damit sie sich ansieht, was wir gemacht haben. Aus medizinischer Sicht nachvollziehbar, gerade bei Essstörungen, doch für ein heranwachsendes Mädchen wie mich ist es eine Zumutung, der ich mich nicht unterwerfen mag. Ich soll zu jemandem hingehen und sagen: «Schwester Petra, ich war auf Toilette, können Sie bitte mal meine Kacke angucken?»

Mir ist das alles mehr als unangenehm. So wurde ich erzogen: Es gehört sich nicht, über körperliche Ausscheidungen zu sprechen. Hinzu kommt, dass die Schwestern nicht immer sofort Zeit haben, nach unserem «Geschäft» zu gucken. Das führt dazu, dass man häufig, wenn man auf einer der beiden Stationstoiletten geht, den Kackehaufen eines anderen Kindes vorfindet, der noch auf Begutachtung wartet.

Meine Taktik, diese Regelung einfach zu ignorieren, erweist sich als folgenschwer: Wer eine Woche lang kein großes Geschäft vorweisen kann, bekommt einen Einlauf. Der erfolgt, wenn die Schwester Zeit hat, und nicht, wenn es dem Patienten passt. So kann es passieren, dass ich in Begleitung einer Schwester in die Kunsttherapie-Stunde gehe. Bei Herrn Schlehendorf angekommen, sagt sie: «Silvia hat eben einen Einlauf bekommen, kann also sein, dass sie die Stunde vorzeitig verlassen möchte.»

Na prima. Von da an halte ich mich an die Regeln, auch wenn ich Schwester Verena jedes Mal den Hals umdrehen könnte, wenn sie Farbe, Form und Geruch meiner Hinterlassenschaften in der Kloschüssel kommentiert.

Eine andere Situation, in der ich meine Schamgrenzmauer einreißen muss, ist meine monatliche Periode. Seit drei Jahren habe ich sie bereits, und ich verliere kein Wort darüber. Hier bekomme ich keine Binden und Tampons (mitbringen durfte ich keine), es sei denn, ich beweise, dass ich auch wirklich meine Tage habe.

«Wie um Himmels willen soll das denn jetzt gehen?», frage ich und wage nicht daran zu denken, dass mir jetzt ernsthaft jemand zwischen die Beine gucken wird.

«Zeig uns deine blutverschmierte Unterhose!», antwortet Bezugsschwester Paulina.

«Ihr lasst auch echt nichts aus», ist meine Antwort, aber schließlich tue ich wie mir befohlen. Immerhin bekomme ich hier anstandslos die Pille verschrieben, die ich schon lange sicherheitshalber nehmen will.

Privatsphäre ist im Krankenhaus naturgemäß ein Fremdwort. Ich denke trotzdem, dass die Therapeuten da einen gravierenden Fehler machen, schließlich soll ja die Psyche geheilt werden. Behandelt wird vielmehr nach dem Prinzip: Erst den Widerstand brechen, dann die Psyche aus den Trümmern neu aufbauen.

Meine Therapeutin, Frau Dr. Hintig, ist eine beeindruckend kluge und unnachgiebige Frau mit festen Überzeugungen. Eines ihrer Prinzipien scheint zu sein, dass kein Patient ihr Zimmer verlassen darf, ohne in Tränen aufgelöst zu sein. Amelia kommt nach den Sitzungen mit ihr immer weinend die Treppe runter.

Frau Dr. Hintig nimmt mir alles. Meine Freude an Landschaften und Bildern von Carl Larsson nennt sie «abgehobene Schwärmerei», meine Liebe zu Büchern und meinen Wissenshunger eine «Flucht aus der Realität», und mein Nicht-essen-Wollen eine «erlernte Hilflosigkeit, damit sich andere um mich kümmern». Zum Teil gebe ich ihr recht. Doch als sie versucht, mich zum Fan oberflächlicher Vergnügungen zu machen, der «mit einer Freundin über Jungs redet und vielleicht mal heimlich raucht», widersetze ich mich vehement – ich fand und finde ein solches Bravo-Magazin-Durchschnittsleben nicht erstrebenswert.

Auch davon ist Frau Dr. Hintig überzeugt: «Du willst nichts anpacken. Deshalb ziehst du immer die Ärmel über die Hände.» Seither achte ich sehr darauf, die Handgelenke immer frei zu haben.

«Du vermeidest Augenkontakt, deshalb trägst du einen

Pony.» An meinem nächsten Ausgang am Wochenende gehe ich zum Friseur. Bis heute habe ich nie wieder einen Pony getragen.

«Du siehst dich als den Mittelpunkt des Universums an, deshalb glaubst du, für alles verantwortlich zu sein.» Nach diesem Satz beginne ich, mich für meine Egozentrik zu schämen.

Doch sie kitzelt auch eine ganze Menge Wahrheiten aus mir heraus. Ich gestehe, sexuell missbraucht worden zu sein, weil ich es einfach nicht mehr ertragen kann, dass sie mir und meiner Familie die alleinige Schuld für die Essstörung gibt. Doch ich schweige hartnäckig über die beteiligten Personen und die verwendeten Druckmittel. Ich kann und will nicht zugeben, dass ich mich vor meinem Klinikaufenthalt «freiwillig» in die Höhle der Löwen begeben habe. In jener Zeit lastet die Schuld zentnerschwer auf mir – ich kann mich ihr nicht anvertrauen, auch wenn ich sie damit von Sitzung zu Sitzung mehr gegen mich aufbringe. Zu groß ist die Angst, ein «selber schuld» zu hören. Die Verachtung, die ich meiner Ansicht nach verdiene, in ihrem Gesicht zu sehen.

Alle zwei Wochen findet die Familientherapie statt. Dann kommen mein Bruder und meine Mutter in die Klinik. In diesen Stunden fühle ich mich gut; Frau Dr. Hintig ist ganz anders als in den Einzelsitzungen. Sie steht plötzlich vollkommen auf meiner Seite und bringt meinem Bruder viel Lob entgegen – und meiner Mutter viel Tadel. Wir sprechen über die Trennung meiner Eltern, über die übertriebene Haushaltsführung meiner Mutter, über Vertrauen in die Fähigkeiten der Kinder. Worüber wir nicht ausführlich sprechen, ist die Essstörung. Auch der Missbrauch bleibt praktisch unausgesprochen. Schon die leiseste Andeutung führt dazu, dass meine Mutter vollkommen ausrastet. «So etwas gibt es bei uns nicht! Das ist ja absolut abwegig. Ich mache hier ja alles mit, aber DAS geht zu weit!»

Um die Familientherapie nicht zu gefährden, wird nicht weiter darauf eingegangen. Die Essstörung wird nur am Rande erwähnt. Frau Dr. Hintig erklärt meiner Mutter, dass «Bulimie» nicht bedeutet, dass mir nicht schmeckt, was sie kocht, sondern ein Ausdruck für psychische Schwierigkeiten ist, auf die ich aufmerksam machen will. Heute halte ich diesen Ansatz für grundverkehrt. Kotzen ist und war für mich nie ein Hilfeschrei, sondern das einzig wirksame Ventil für den Druck auf der Seele.

Überhaupt lerne ich in dieser Klinik nichts, aber auch gar nichts über richtige Ernährung und eine gesunde Haltung zum Essen. Das Einzige, was zählt, ist das Gewicht. Nehme ich nach Plan zu, darf ich an den Wochenenden nach Hause. Nehme ich nicht zu, werde ich zwangsernährt oder bekomme Bettruhe verordnet. Mit einer Sitzwache, die den ganzen Tag an meinem Bett verharrt und aufpasst, dass ich mich nicht bewege – und so heimlich Kalorien verbrenne. Muss ein prima Studentenjob gewesen sein; die Sitzwachen durften lesen, während wir nichts durften. Weder lesen noch Musikhören, nur liegen und den Gedanken nachhängen. Diese Vorgehensweise ist sehr effektiv – nach acht Wochen Klinik sehe ich ein, dass ich nur wieder rauskomme, wenn ich zunehme. Also gebe ich auf und stelle meine heimlichen Streifzüge auf andere Stationen ein, wo ich das portionierte Essen unbemerkt wieder auskotzen konnte.

Ich will nach Hause. Ich habe großes Heimweh nach meinem Bruder. Besuch ist nur an den Wochenenden erlaubt, und außer meiner Familie besucht mich niemand. Es ist einfach zu weit weg. Einmal kommen zwei Kollegen aus meinem Schülerjob, sie kündigen ihren Besuch für einen Samstag an, und ich verbringe vier Stunden am Fenster, um ihnen entgegenzusehen. Als sie um 17 Uhr endlich kommen, ist die offizielle Besuchszeit schon fast vorbei.

Schließlich nehme ich so weit zu, dass ich übers Wochenende nach Hause darf. Dürfte. Theoretisch. Donnerstag ist Familientherapie, und Frau Dr. Hintig eröffnet meiner Mutter und meinem Bruder, dass ich von Samstag auf Sonntag zu Hause schlafen kann.

«Ach, dass passt jetzt aber schlecht», sagt meine Mutter, «ich habe mich für ein Chorwochenende angemeldet, Frederik ist ganz alleine zu Hause.»

Freddie sagt sofort, dass er mit mir Pizza backen will, wir zusammen an meinem Fahrrad schrauben können und er mich mit zu einer Antifa-Veranstaltung ins Schanzenviertel mitnehmen kann – es wäre also alles kein Problem. Ich bin Feuer und Flamme: Ein ganzes Wochenende mit Freddie! Und er will mich mit zu seinen Freunden nehmen! Hurra!

«Was sagst du denn dazu, Silvia?», fragt Frau Dr. Hintig.

«Ich finde, dass hört sich richtig gut an», strahle ich.

«Das dachte ich mir. Du bleibst hier, unter den Umständen kann ich dich nicht nach Hause fahren lassen. Wenn deine Mutter nicht da ist!»

Ich protestiere, Freddie wird ganz still, meine Mutter sagt nichts. Die Therapeutin lässt sich nicht umstimmen. Ich bin grenzenlos verzweifelt und verbringe ein einsames Wochenende, weil mein Bruder mich alleine nicht besuchen darf. Er tut mir unendlich leid. Ich erwäge, einfach aus der Klinik abzuhauen – aber die anderen sagen mir, dass man dann in die geschlossene Psychiatrie eingewiesen wird, sobald man geschnappt wird. Ob das stimmt, weiß ich nicht, aber ich habe so viel Angst davor, dass ich es nicht darauf ankommen lassen will.

Dieser Vorfall zeigt mir, dass ich ganz klar noch mehr Futter in den Hals der Therapeutin stopfen muss, wenn ich hier wieder rauswill. Meine Mutter hat bei meiner Ankunft in der Klinik unterschrieben, dass sie die Anweisungen der Ärzte befolgen wird – ich kann also nicht darauf spekulieren, dass sie mich gegen die Empfehlung der Ärzte vorzeitig aus der Klinik holt.

In den Einzelsitzungen kommen wir nicht weiter. Ich drehe mich im Kreis, will nichts preisgeben und suche nach immer neuen Möglichkeiten, all meine Dünnsein-wollen-Probleme einzig und allein auf mich selbst zurückzuführen. Wenn ich von meiner Mutter erzähle, ist die Therapeutin auch sehr einverstanden damit. Natürlich versucht sie – das rechne ich ihr hoch an –, mir mehr über die sexuellen Übergriffe zu entlocken. Mich zum Reden zu bringen. Sie spricht mit mir über sexuelle Themen, Masturbation, Entwicklung der Brust, die Pille. Masturbiert hatte ich bisher noch nie, und ich hatte auch keinerlei Verlangen danach. Zu meiner Schande muss ich gestehen, dass ich überhaupt nicht wusste, warum ich das hätte machen sollen oder warum ich über etwas meiner Meinung nach so Sinnloses mit ihr reden sollte. Frau Doktor meinte es sicher gut, doch tatsächlich war ich in dieser Hinsicht noch vollkommen unterentwickelt. Die Pille wollte ich, um mich zu schützen. Seit ich mit 13 vollkommen panisch einen Schwangerschaftstest in der Apotheke gekauft hatte, fürchtete ich mich davor, meinen Eltern irgendwann eine Schwangerschaft beichten zu müssen. So lebte ich in dem ständigen Zwiespalt zwischen der Entscheidung, meiner Mutter sagen zu müssen, dass ich die Pille haben will, oder regelmäßig mit der Angst zu leben. Bis die

Klinik mir die Pille genehmigte, beruhigte ich meine Angst mit Literatur über alternative Abtreibungsmethoden.

Da es mit dem Reden nicht weitergeht, ordnet die Therapeutin ein Konsil beim klinikeigenen Frauenarzt zur Überprüfung meiner sexuellen Vergangenheit an. Ich darf also wieder einmal vor einem Mann die Beine spreizen. Dass der Arzt freundlich ist, nützt wenig – tastende Finger bleiben tastende Finger, die alle Angst wiederaufleben lassen. Das Ultraschallgerät, das er mir in die Scheide schiebt, sorgt für so starke Schmerzen, dass ich die Untersuchung abbreche. Von diesem Ausflug nehme ich die Gewissheit der Verwundbarkeit mit.

In mir reifte ein Plan, wie ich, ohne weitere gynäkologische Termine befürchten zu müssen, die Klinik als «geheilt» verlassen könnte. Frau Dr. Hintig bombardierte mich in den Einzelsitzungen mit Fragen, forderte mich mit Feststellungen heraus, brachte mich zum Weinen und vor allem dazu, mich selbst in Frage zu stellen. Sie erzählte mir von anderen Fallbeispielen und wies mich immer wieder auf die Unterschiede meiner Persönlichkeit mit anderen Missbrauchsopfern hin. So kaute ich keine Nägel, hatte keinen Hass auf Männer im Allgemeinen, ich schlief auch nicht nur bei Licht ein, rauchte oder suchte mein Heil in Drogen. Kurz: Sie bezweifelte die Wahrheit meiner Geschichte. Auch, weil ich nichts sagte.

«Die meisten Mädchen reden darüber, damit es leichter wird», sagte sie. «Man merkt immer schnell, was stimmt und was nicht, wenn ein Kind die Situationen beschreibt.»

Diese Worte drangen tief in meine Seele und sollten mich die nächsten 15 Jahre daran hindern, jemandem von meiner Vergangenheit zu erzählen. Zu groß die Angst, jemand könnte mir zuhören und dann sagen, das könne ja nicht stimmen, weil ich mit Worten anders umgehe, als es das durchschnittliche Opfer tut. In einer dieser Stunden, als Frau Doktor mal wieder meine Kompetenzen als normaler Teenager in Frage stellte, kam es zu der eingeübten Reaktion, mit der ich seit dem Besuch beim Frauenarzt schwanger ging. Ich würde ihr geben, was sie wollte, damit sie mich endgültig in Ruhe ließ und mir andererseits Anerkennung gab. Ich würde mich selbst verleugnen. Und mir die Schuld an allem geben. Meine Mutter hat immer gesagt, ich hätte das schauspielerische Talent meines Onkels geerbt. Mag sein.

«Es stimmt alles nicht. Ich habe gelogen. Mich hat nie jemand missbraucht.»

Die Worte kamen stockend, von tiefen Atemzügen und kunstvoll verknoteten Händen begleitet. Ich blickte zu Boden, als ich das sagte, zog meine Ärmel über die Handgelenke. Dann sah ich sie an.

«Ich wollte nur, dass mich jemand in den Arm nimmt und Mitleid mit mir hat.»

Sie rollte auf ihrem Schreibtischstuhl zu mir heran, fasste meine Hände und rief überschwänglich:

«Ja! Sehr gut, Silvia! Sag es, es ist mutig von dir! Ich weiß es doch – du schaffst das! Ich bin stolz auf deinen Mut! Es ist richtig, dass du es endlich sagst.»

Ihr Zuspruch, ihr Lob – was für eine Erleichterung! Ich brach in haltloses Schluchzen aus. Wie verständnisvoll sie auf einmal war! Sie sprach beruhigend auf mich ein, erklärte mir, warum meine Lügen verständlich seien. Und dass ich einen wichtigen, großen Schritt gemacht hätte, weil ich nun endlich die Wahrheit sagte.

Etwas tief in mir zersprang in tausend kleine Stücke. Ab jetzt, das wusste ich nun, hatte ich allem, was Papas Freunde mit mir taten, zugestimmt.

In den Tagen darauf perfektionierte ich meine Rolle als reuige Sünderin. Es war einfach, denn ich schämte mich entsetzlich. Jeder, der davon wusste, hielt mich ab jetzt für eine schlimme Lügnerin, für Abschaum. Jemand, der sich Mitleid mit dem Leid anderer Kinder erkauft. Furchtbar. Das war es, was die anderen meiner Ansicht nach in mir sahen – denn Frau Dr. Hintig zwang mich, zu meinem eigenen Heil, die Geschichte meiner Lüge in der Gruppentherapie zu erzählen. Natürlich wichen die anderen mir fortan aus. Die Therapeuten hingegen begegneten mir mit so viel Zuneigung und Verständnis, dass mir regelmäßig Tränen darüber kamen, was für ein manipulatives Miststück ich doch war. Allerdings kamen die Tränen auch, weil ich mich so furchtbar schuldig und wertlos fühlte. Ich hatte gesagt und damit für immer ausgesprochen, dass ich mir den Missbrauch nur ausgedacht hatte. Diese Falschaussage, dieses «Mich-selbst-der-Lüge-Bezichtigen» brachte mir mehr Zuspruch und Hilfe ein, als es die Wahrheit getan hatte. Durch den gelogenen Widerruf des Missbrauches hatte ich jedes Recht verwirkt, gegen die Vergewaltigungen aufzubegehren.

Nach nur einer weiteren Woche wurde ich entlassen.

Die Klinik hatte mir den Beweis geliefert, dass ich ohne die Vergewaltigungen im Gepäck mehr Zuneigung bekam. Erst 15 Jahre später sollte ich verstehen, dass ich diesen Teil meiner Geschichte nicht verleugnen kann und will – weder vor meinen Mitmenschen noch vor mir selbst.

Zwei Wochen nach meiner Entlassung kotze ich wieder täglich.

DAS ZWEITE ERSTE MAL

Jeder, der sich halbwegs in der Geschichte der Erotik und Eroberung auskennt, weiß, dass es für Menschen offenbar einen besonderen Reiz hat, der «Erste» zu sein. Sicherlich liegt das in der Natur des Menschen, und auch ich bin gerne «Erste» gewesen – Klassenbeste, Schnellste, Erste Wahl.

Derjenige zu sein, der das Jungfernhäutchen einer Frau zerstört, hat daher natürlich auch einen besonderen Wert, denke ich. Während ich dies schreibe, fällt mir auf, dass ich gar nicht weiß, ob es so etwas im Tierreich auch gibt. Also, einen Einwegverschluss weiblicher Geschlechtsorgane. Wenn ja – dann ist es ein artenübergreifendes, rein körperliches Problem. Wenn nein – warum haben wir es dann? Bluten weibliche Tiere beim ersten Akt ihres Lebens? Es ist seltsam: Menstruationsblut ist für viele unangenehm, aber durch einen schmerzhaften Akt entstandenes Blut hat offenbar für manche Männer den Geruch des Erfolges.

Ich war 15 Jahre alt und schon seit Jahren nicht mehr «virgo intacta». Aber da es das «Recht der ersten Nacht» nicht mehr gibt, zumindest nicht offiziell, gab es vermutlich eine erhebliche Nachfrage nach unberührtem weiblichem Material, welches für die Benutzung geöffnet werden musste. Zumindest erkläre ich es mir so. Mangelndes Angebot erhöht die Nachfrage, aber dazu kommt ja noch, dass eine Nachfrage nicht unbegrenzt befriedigt werden kann, wenn das Angebot aus Einweg-Gegenständen besteht. Wie produziert man also etwas, was eigentlich nach dem einmaligen Gebrauch nicht rekonstruiert werden kann? Zumindest nicht ohne chirurgische Unterstützung? Inanspruchnahme von kosten- und zeitaufwendigen Prozeduren sind aus Gründen der Rentabilität ausgeschlossen. Vermutlich verharre ich jetzt im Wirtschaftsjargon, weil mir alles andere schwerfällt. Ich muss mich auf das besinnen, was ich in den ersten 28 Jahren meines Lebens gelernt habe: Die Flucht nach vorn ist der beste Angriff.

Es ist Anfang Januar, und ich freue mich über die Kälte. Eis, Schnee, Schneeregen auf dem Gesicht, klamme Finger, taube Zehen – alles lenkt ab von der leeren Trauer irgendwo hinter meinen Rippen. Außerdem verbrennt Frieren mehr Kalorien als die Wärme der Komfortzone. Und Komfortzonen müsste man sich verdienen. Ich habe nichts, womit ich das verdienen könnte, in meinen Augen – keine Leistungen, keinen Mut, keine Schönheit. Vor mir steht anklagend ein langes Wochenende. Ich habe kaum Angst, ich weiß mittlerweile, was mich erwartet. Freitag nach der Schule für Filme gefickt werden, nach Hause, Samstag Klavierunterricht, Samstagnachmittag Benutzung nach Bedarf, dann Spieleabend mit der Tochter und Freundinnen des Mannes, der mich zuvor gebraucht hat. Seit ich nicht mehr zu den Pfadfindern gehe, kann ich diesen Wochenenden kaum noch plausibel entgehen. Mein Leben besteht aus akribisch geplanten Lügen, und längst habe ich zwei Tagebücher – eines für die Realität, eines für die Lügen, mit der ich die Realität allen anderen gegenüber verschleiere. Kolumbus' Logbücher haben mich auf die Idee gebracht. In das Realitätstagebuch trage ich sehr selten etwas ein. Die Wahrheit aufzuschreiben fühlt sich wie eine Zustimmung und eine Beschwerde zugleich an, und beschweren möchte ich mich nicht.

Ich bin älter geworden, mein rückwirkend betrachteter

magerer Körper kann für Kinderschänder kaum noch anziehend wirken – Brustansatz, Schamhaarflaum und außerdem die feine Körperbehaarung, die entsteht, wenn der Körper langfristig hungert. Ich bin deutlich 15, vielleicht gehe ich noch als 13 durch, aber ich bin nicht mehr attraktiv für Männer, deren Zielgruppe noch mit Puppen spielt. Und, zugegeben, ich bin kein Lolita-Typ. Das weiß ich, weil es einer von ihnen mal sagte und ich erst nachlesen musste, was es bedeutet. Ich weiß noch immer nicht, ob ich mich darüber freuen soll. An diesem Freitag werde ich mich nicht darüber freuen.

«Zieh dich aus und leg dich aufs Bett» – gewohnte Worte, gewohnte Taten. Meine Hand zittert bei der Gürtelschnalle, immer, wenn ich an diesen Freitag zurückdenke, denke ich an den Anblick meiner zitternden Hand. Heute Morgen hat mein Bruder mir noch ein zusätzliches Loch in den Gürtel gestanzt, er hat seine Punkerphase zwar überwunden, besitzt aber immer noch eine Nietenstanzmaschine. Ich bin stolz, dünn genug für einen engeren Gürtelzug zu sein.

Bernd ist wortkarg. Das macht mir Angst. Freundliche Worte, liebevolle «Unser kleines Techtelmechtel»-Umschreibungen von «Ich vergewaltige dich jetzt» hatte er sonst schon noch auf den Lippen. Heute nicht. Er ist nervös. Und, wie ich an seinem Blick erkennen kann, er ist erregt. Schwarze Augen, ich finde, sein Blick ist böser als das, was in den Märchen sämtlicher Erzähler «böse» genannt wird. Ich senke meinen Blick, so weit es nur geht, nach unten. Ich zwinge mich, ruhig liegen zu bleiben, obwohl meine Hände sich verkrampfen, die Finger sich nach innen drehen. Vor Angst spüre ich nichts mehr. Ich habe kein Gefühl in meinen Knien, in meinen Beinen, in meinen Füßen. Jochen kommt dazu, er hält etwas in der Hand.

«Unsere kleine Spardose», sagt er. Ich denke, er meint das damit, was er in der Hand hat. Heute weiß ich, dass er mich gemeint hat. Eine Spardose?, denke ich. Wollen sie die in mich reinstecken? Ich versuche, den Gegenstand in seiner Hand zu erkennen, aber er sieht nicht groß aus, nicht bedrohlich. Plastik. Ein Kondom, vermutlich. Mir steigen die Tränen in die Augen, aber sie erreichen nicht den Rand der Wimpern. Tränen machen Männer geil, das habe ich gelernt, und dass ich dafür nicht zu sehr sorgen darf, habe ich auch gelernt. «Ich fang mal mit dem Gummi an», sagt Bernd, «vielleicht reicht das ja schon.» Er spricht nicht zu mir gewandt, er zieht sich aus, während er redet, und, und vielleicht täusche ich mich, es scheint, als wäre er unsicher.

«Ich hoffe ja nicht, dass es reicht, sonst ist der ganze Tag verschenkt. 24 Stunden braucht es, damit es morgen funktioniert.» Jochen sieht zu mir, während er das sagt, und ich sehe ihm kurz in die Augen. Er ist nicht unsicher. Er freut sich. Meine Angst ist so kalt, viel kälter als der Schnee, meine Brustwarzen stellen sich auf, vor innerer Kälte, ich habe Gänsehaut. «Das macht dich an, dass wir dich bumsen, meine Süße, hm?» Er streicht über meine Haut, über meine Nippel, ich schäme mich entsetzlich, mein Kopf legt sich so abwehrend wie möglich zur Seite, ich starre die weiße Wand an und das Stückchen von dem kratzigen wolligen Pseudoschaffell, auf dem ich liege. Ich spüre das Kratzen des Stoffes an meiner Wange und bin dankbar dafür. Bernd muss inzwischen nackt sein, denn er kniet sich zwischen meine Beine, die er problemlos auseinanderschiebt. Ich wehre mich nicht. Ich höre das Knistern, als eine Kondomverpackung geöffnet wird. Heute muss ich keinen Schwanz anblasen, heute muss ich nicht meine ungelenke Hand nehmen und in meiner Scham rumstochern, damit einer von ihnen Lust bekommt, mich zu vergewaltigen. Dafür bin ich dankbar. Ich hasse das und denke immer, wenn ich etwas dafür tue, dass bei den Männern die Lust wächst, dann ist es ein bisschen albern, sich über das, was die Männer dann tun, zu beschweren. Aber heute muss ich erstaunlich wenig tun. Ich werde in Ruhe gelassen. Eine Hand reibt auf meinen Schamlippen herum, zieht an den Haaren, schnippt gegen die Oberschenkel, bis ich vor Schmerzen zucke. Dann werden meine Schamlippen auseinandergezogen, so weit es geht. Der Blick in mein Inneres ist ungehindert, und damit sie nicht bis zu den Gedanken hinter meinen Augen gucken können, beiße ich mir, so fest es geht, auf die Zunge und versuche, Blut zu schmecken.

Es scheint, als hätte Bernd Mühe, das Kondom anzuziehen. Es dauert. Jochen hält meine Schamlippen auseinander, als würde er Bernd die Tür aufhalten. «Ich finde, sie sieht sehr intakt aus, die kleine Pflaume.»

Ich weiß, dass «Pflaume» ein anderes Wort für Vagina oder so ist – bis heute benutze ich dieses Wort so selten wie möglich. Auch auf dem Markt kann ich kein Kilo Pflaumen bestellen – der Begriff steht auf meiner inneren schwarzen Liste. Ich gucke nicht hin. Bernd spuckt in seine Hände und reibt mir die Spucke zwischen die Beine. Ich will nicht! Ich will nicht hier sein, ich will nichts hören, das schmatzende Geräusch, ich will es nicht fühlen, ich will nie wieder etwas fühlen! Ich will nicht weinen! Ich will nie wieder essen! Ich will nicht, ich will nicht! Hinter meiner Stirn tobt ein Orkan aus roten, wutgenährten Wörtern, immer wieder blitzt die Schuld dazwischen auf, und die strenge innere Mahnerin, die mir sagt, ich sei diese innere Wut nicht wert. Wer sich nicht wehrt, ist nichts wert.

Auf einmal zerschneidet ein Schmerz meine Mitte, meine Beine wollen sich schließen, treten, ich fahre mit einem Schrei hoch und will aufspringen, Nadeln, es fühlt sich an wie lauter Nadeln, Messer, in mir? Doch kaum habe ich versucht, mich zurückzustoßen, packt Jochen meine Oberarme und drückt mich runter. Bernd hält meine Knie mühelos auseinander. «Du kannst ja quieken, mein Mädchen», lacht Jochen, «halt jetzt still!» Bernd sagt nichts, er keucht, er scheint Mühe zu haben. Womit? Was tun sie? Was tut da so weh? Sie zerschneiden mich, die Schmerzen sind stechend, heiß, unmittelbar, nicht dumpf und böse, sie sind hell, laut, ich will schreien und nur weg! Ich versuche hinzugucken, doch ich sehe nur den hässlichen schlaffen Männerbauch und die eine Hand, die mein Bein zur Seite hält. Und die andere Hand, die versucht, den Penis in mich hineinzutreiben, was irgendwie umständlicher wirkt als sonst. Als würde er seinen Schwanz nicht richtig anfassen können? Da ist ein seltsames Muster auf dem Kondom, glaube ich. Aber ich sehe keine Nadeln, kein Metall – was tut denn dann so weh? Als er wieder in mich hineinstößt, liegen Jochens Hände so fest um meine Arme und Schultern, dass ich mich kaum bewegen kann, ich muss aushalten, alles spannt sich an, es ist so schlimm, ich kann nicht mehr!

«Entspann dich, mein Mädchen! Du machst das gut!» Die Stimme soll beruhigend sein, aber ich höre die Erregung unter den Worten. Ich versuche aber wirklich, meine Muskeln zu entspannen – alles tut mehr weh, wenn die Nerven sich wehren, ich habe bereits über Atemtechniken gelesen, die den Schmerz erträglicher machen. Das Buch war für Angstpatienten gedacht, ich habe es aus der Bücherhalle ausgeliehen. Seitdem denkt meine Mutter, ich hätte Angst vorm Zahnarzt.

«Blutet es schon?», will Jochen nach weiteren Stößen wissen, und Bernd zieht den Schwanz ganz aus mir raus, ein furchtbares Brennen bleibt zurück, aber für den Moment kommt eine kurze Entspannung, der Schmerz lässt vorsichtig nach, so, dass ich nicht darüber nachdenken will, weil er sonst wieder aufflackern könnte. Die Hände ziehen mich auseinander. «Nein, noch nicht. Vielleicht ist mein Schwanz nicht groß genug», lacht Bernd sachkundig, und meine viel verhasste Angst macht einen Sprung. Er stößt weiter, doch Jochen unterbricht ihn. «Es darf nicht zu gebumst aussehen, wir nehmen besser Brummer.» Ich weiß nicht, was er damit meint, doch zunächst sorgt es dafür, dass der Schwanz und mit ihm die Nadelstiche zwischen meinen Beinen verschwinden.

Ich hasse es, zu jammern. Aber diesmal habe ich geweint, geheult, in die Hand gebissen, die mir den Mund zuhielt.

Sie benutzten schließlich einen Ersatzpenis, dessen unflexible Stacheln ich sehen und spüren konnte. Ich selbst musste hinterher mein Blut davon abspülen und wurde angewiesen, mich die nächsten 24 Stunden hauptsächlich still zu verhalten und «nicht an mir rumzuspielen». Diese letzte Mahnung war so entsetzlich demütigend, dass ich auch jetzt noch schamrot werde. Ich hasse diesen Satz, er sorgt für fassungslose Wut, Hilflosigkeit, Verzweiflung. Ich will mir die Ohren zuhalten, wenn ich ihn höre, will weit, weit weg, nie wieder wissen, dass ich eine Frau, ein Mensch, ein Körper bin.

Bevor ich 21 war, habe ich mich nie, nie selbst, nie freiwillig berührt. Die Stelle zwischen meinen Beinen war eine verbotene Zone – zum einen aufgrund meiner konservativen Erziehung, zum anderen aufgrund der Erfahrung, denn ohne diese Stelle wäre mir eine Menge erspart geblieben.

Die Stacheln am Kondom, am Dildo, sie hatten dafür

gesorgt, dass meine Schleimhäute verletzt waren. Sie hatten für blutende Wunden gesorgt, die aber nicht auf den ersten Blick zu sehen waren. Davon hatten sich die Herren überzeugt. Ich konnte, nachdem ich mich gewaschen hatte und eine Stunde vergangen war, die Beine spreizen, ohne dass man gesehen hätte, welche Schmerzen hinter der Fassade lebendig nach Luft schrien. Der Kunde, der am nächsten Tag kam, als ich wie ein hoffnungsloses Lamm die Schlachtbank betrat, hatte für eine Entjungferung bezahlt. Aber nicht für die Entjungferung eines Kindes. Daher wurde ich rekonstruiert.

Als Kind gelte ich eindeutig nicht mehr, aber als sehr junges Mädchen, gerade noch glaubhaft, dass ich «es» noch nie getan hätte. Er ist fast freundlich, fast vorsichtig, beglückt zu sehen, dass sein Herumgestocher zwischen meinen Beinen so rasch zu Blut und Tränen führt. Er reibt mir mit seinem Sperma den Bauch ein. «Eine Jungfrau entjungfert man nicht mit Kondom», sagt er, «sonst bekommst du ganz falsche Vorstellungen davon, wie geil es ist, gebumst zu werden, es tut weh, hm, aber es ist schön, nicht wahr? Willst du gleich noch mal? Du musst dich dran gewöhnen, ach, jetzt bist du eine richtige Frau …» Er redet und redet, und ich will mein Gesicht wegdrehen, wage es aber nicht, ich weiß, wer nebenan wartet und sicherlich nicht begeistert ist, wenn ich diesen harmlosen und gleichzeitig so wahnsinnigen Mann verärgere. Ich denke, ich habe bei diesem zweiten ersten Mal Glück gehabt. Der Mann war sauber, blonde Haare, schlanke Statur, nicht jung, aber auch nicht alt, vielleicht hat er Kinder in meinem Alter. Er ist rasiert, man sieht einige Kratzer am Hals, er wird aufgeregt gewesen sein. Er streicht mir übers Haar, er nimmt Blut aus meiner Scheide mit den Fingern auf und fährt kreisend durch den See aus Sperma auf meinem

Bauch, er redet, redet, schweigt, berührt mich, sich – er wirkt zufrieden.

Als er geht, höre ich, dass «ich jede Mark wert gewesen sei».

Die Männer, die ihm die gefälschte Jungfrau, die ich war, verkauft haben, sagten mir bereits vor Jahren, am Anfang meiner Nutzgegenstandskarriere, ich sei nichts wert. Offenbar gilt das aber nicht für meinen Körper. Nicht für mein Blut. In den kommenden Wochen ritze ich mir immer wieder mit meinem Pfadfinder-Messer, dem Opinel, in Arme und Füße und betrachte, wie das Blut hervorquillt. Oder ich kotze, bis ich Blut in der Toilettenschüssel sehe. Bis mir Rotz und Blut aus der Nase rinnt vor Anstrengung. Dann habe ich das Gefühl, etwas erreicht zu haben.

Das zweite erste Mal wird noch ein drittes und viertes. Dann verlasse ich mein Zuhause. Für immer.

ENGELCHEN

Nein, ich bin nicht stolz darauf, mit 15 von zu Hause fortgelaufen zu sein. Im Gegenteil – den Kummer, den ich damit meiner Mutter und meinem Bruder machte, bereue ich zutiefst und weiß, dass ich die Wunden nie wieder ganz werde heilen können.

Ich verließ mein Zuhause im Affekt an einem Dienstagnachmittag. Das für immer letzte erste Mal, die recycelte Entjungferung, war an einem Samstag geschehen, und am folgenden Dienstag traf ich mich «zum Reden» mit einem Bekannten aus dem Kreis meines Schülerjobs in der Werbeagentur. Die Menschen der Agentur hatten ein gewinnorientiertes Interesse an mir, ich war fleißig und anstellig – und vor allem: gratis. Ich war so glücklich, stundenweise dem Porzellankäfig daheim zu entfliehen, dass ich im Grunde nur für ein sehr gutes Praktikumszeugnis und einige seltene Honorarzahlungen alle meine freien Nachmittage dort verbrachte, Daten erfasste und ordnete und gelegentlich schlechten Kaffee kochte.

Ich war 15 und erblühte geradezu – körperlich ebenso wie intellektuell. Vermutlich begann ich, für die Männerwelt interessant zu werden, was mir selbst jedoch nicht bewusst war. Ich war fett, hässlich und langsam – zumindest in meiner eigenen Wahrnehmung. Es war die Zeit, in der meine Mutter sagte: «Ein Glück hast du nicht den Körper, den Männer schön finden – dadurch bleibt dir vieles erspart.»

Mutter – du hattest unrecht. Ich hätte dir damals ins Gesicht lachen sollen. Stattdessen nahm ich deine Worte als willkommene Nahrung für mein autoaggressiv geprägtes

Selbstbild. Die Menschen in der Werbeagentur waren sehr freundlich zu mir, der erwachsene, heitere Umgangston gefiel mir, und ich kam mit den Erwachsenen dort sehr viel besser zurecht als mit meinen Mitschülern. Dass die Mitarbeiter sich um mich sorgten, nicht alle, aber einige, verstand ich nicht. Teilweise mögen ihre Motive sogar altruistischer Natur gewesen sein – ich war dünn, und man sah mir, heute weiß ich es, die Trauer und Angst an, die nachts unnachgiebig an meinem Bett saßen. Es gab einen in dieser Agentur, dessen Engagement bezüglich meiner Person einen Schritt weiterging. Er war es, der mit dem Mittagessen auf meine Ankunft wartete, damit wir zusammen essen konnten und er mir «zufällig» etwas von seinem Essen aufdrängen konnte. Er war es, der mich ermunterte, auch mal außerhalb der Arbeit mit ihm zu telefonieren. Und er war es, der den Chefs der Agentur immer mal wieder unter die Nase rieb, dass sie mich nicht ausbeuten durften, nur weil ich so gern arbeitete. Er war es auch, der mir Komplimente machte, die ich zwar nicht ernst nahm, die mir aber doch Vertrauen in seine Integrität gaben. Und, und das rechne ich ihm hoch an: Er zeigte mir sehr vorsichtig und zartfühlend, mit welchen Worten und Gesten ich meine innere Angst verriet.

«Es gibt immer Mädchen, die die Füße beim Sitzen nach innen drehen. Ich verstehe das nicht. Das sieht so verunsichert aus. Das müssen die doch merken!», regte er sich auf. Ich schaute ihm über die Schulter auf den Computer, der ein Bild mehrerer Mädchen meines Alters zeigte, die in unmöglich dahingeflätzer Körperhaltung in der Sonne auf einer Bank saßen. Mir wurde sofort klar, dass er nicht nur recht hatte, sondern dieses Phänomen auch an mir beobachtet hatte. Aber er hatte mir die Möglichkeit gegeben, mich selbst zu korrigieren, ohne mich direkt anzusprechen, und mir so eine Peinlichkeit erspart. Oder er schimpfte über eine Kollegin, die immer ins Telefon «flüsterte» – man müsse die eigene Stimme kraftvoll benutzen, sonst werde man gleich verbal überrannt. Solche und ähnliche Beispiele förderten zwar meinen inneren Perfektionsdruck, aber sie führten auch dazu, dass ich ihm immer mehr vertraute. Dieses Vertrauen nährte aber noch etwas anderes: meinen Leidensdruck. Solange sich mein Leben nur zwischen Schule, Vergewaltigung und Pfadfindern abgespielt hatte, hatte ich keinen Ausweg gesehen. Der Job in der Werbeagentur hatte mir aber Türen zu einer Welt geöffnet, die in keinerlei Beziehung zu der stand, die ich bisher als einzigen Horizont gekannt hatte. Dort draußen waren «normale» Menschen, und sie lehnten mich nicht ab. Trotzdem fehlte mir der Mut, mich ihnen anzuvertrauen – zu groß war die Angst, sie würden mich verachten und sofort aus ihrer Welt hinauswerfen. Eine hässliche Teenagerin, die sich von alten Männern ficken lässt und in ihrer Freizeit kotzen geht. Braucht kein Mensch, so was.

Aber je mehr Nachmittage ich mich in die Werbewelt flüchtete, desto mehr Ärger bekam ich natürlich zu Hause, da meiner Mutter der Job verständlicherweise nicht gefiel, und desto weniger hielt ich die Freitage und Samstage aus, die meinen unter der Woche gewachsenen Freiheitsdrang immer wieder zerschlugen. An einem verzweifelten Sonntag schlug ich mich mit einem Stein so lange ins Gesicht, bis eine deutliche Blaufärbung unter dem Auge zu erkennen war – ich hoffte, irgendjemand würde darauf anspringen, mich danach fragen, und ganz vielleicht, in einem geheimen Wunschwinkel meiner Seele: mich in den Arm nehmen und einfach nur festhalten.

Mein Plan ging nicht auf, oder besser: Ich ging nicht in dem Plan auf. Die Fragen kamen, und ich versuchte, sie abweisend zu beantworten. Zu groß die Angst, zu groß die Scham. Doch Martin, jener eine denkende Mensch unter den Werbern, angelte nach meinen ausweichenden Blicken und rang mir die eine oder andere Antwort ab. Seine Vermutungen sprach er nicht aus, aber sie trafen weitgehend zu. Ich wusste auch nicht, was ich hätte sagen sollen. Wie spricht man das aus, ohne das freundliche Gegenüber zu verlieren? Ich wollte kein Problem sein. Ich hatte Angst, diese neue Welt wieder verlassen zu müssen. Wie sage ich also, wo das Problem liegt?

«Ja, ich werde vergewaltigt, aber es ist nicht schlimm, du musst dir keine Sorgen machen.» Der Satz lag mir des Öfteren auf der Zunge, doch ich brachte nicht den Mut auf. Besorgte Menschen sind gefährlich, und ich wollte nicht, dass sich jemand dazu verpflichtet fühlte, zu handeln. Am besten wäre es gewesen, wenn einfach alles aufgehört hätte, ohne dass jemand davon erfuhr. Aber das Beste geschieht nicht, nie.

Nach dem traurigen Samstag vorab konnte ich nicht mehr. Zu viel Gewalt, ich hatte kein Licht mehr, alles war dunkel, tot, wertlos. Martin entflammte mit seinem «Wollen wir uns nach meinem Feierabend noch treffen und reden?» ein Streichholz, dessen Licht mich bis zum Nachmittag trug. Auf einer Bank im Park sagte er: «Ich denke, dass du missbraucht wirst. Komm mit mir nach Hause, wenn du willst. Du musst nie wieder zurück.» Und als ich irgendwann zugab, dass er zumindest nicht unrecht hatte, nahm er mich in den Arm und mit zu sich nach Hause.

Sein Zuhause, das war nicht er allein, sondern ebenso seine Gattin und räumlich nicht weit entfernt seine Eltern und Geschwister. Man traf sich oft und nahm mich liebevoll auf. Es war eine neue, sehr neue Erfahrung für mich. Einfache, aber herzliche Menschen, die nicht viele Fragen stellten, aber meine schüchterne Anwesenheit akzeptierten und mir nach und nach das Gefühl gaben, willkommen zu sein. Martin, der blonde Riese, war doppelt so alt wie ich, trotzdem behandelten mich alle wie eine fast gleichaltrige Schwester. Unter den Haushalten, die zur Familie gehörten, entbrannte ein Wettkampf, wer mich an welchem Tag haben könnte – sie wollten sich alle kümmern, überforderten mich aber nicht, da sie von mir keine Entscheidungen verlangten. Ich wollte hier nicht weg. Sosehr mich der Streit mit meiner eigenen Familie quälte, so traurig ich war, ihnen weh getan zu haben: Hier, bei diesen Menschen, fühlte ich mich geborgen. Ich bekam Essen, ohne mich rechtfertigen zu müssen. Niemand vergewaltigte mich. Es war alles so neu, ich traute mich nicht, zu kotzen. Und: Die Menschen schienen mir zu vertrauen, was wiederum dazu führte, dass ich ihnen vorbehaltlos vertraute. Die Bulimie zog sich zurück und wartete ab.

Der blonde Riese entlockte mir in endlosen Gesprächen mehr und mehr meiner Vergangenheit. Eine Anzeige kam für mich nicht in Frage; auch seine Frau, die mich mütterlich behandeln wollte, was ihr immer wieder misslang, offerierte mir immer wieder Möglichkeiten, die Polizei in meinen Fall zu involvieren. Doch meine Angst war zu groß, und die wenigen Male, die ich tatsächlich mit offiziellen Behörden sprach – und sprechen musste, damit meine Abwesenheit von meinem Elternhaus geduldet wurde –, zeigten mir immer wieder, dass Gespräche mit Ämtern nur dafür sorgten, dass ich mich hinterher kleiner fühlte als zuvor. Um mich zu quälen, reichten die Bilder in meinem Kopf; sie auszusprechen und detailliert zu beschreiben machte sie nur schlimmer. Ich wollte vor allem eines: in Ruhe gelassen werden. Bei Martin und seiner Frau bekam ich diese Ruhe. Eine

Isomatte im Rumpelzimmer, zwei Regalfächer für meine Kleidung, einen Schlüssel für die Tür – mein kleines Reich. Keine Fensterbank, um nachts den Träumen zu entfliehen, aber ausreichend Ablenkung und Reize, die mich forderten. An meinem Geburtstag wurde ich aus der ganzen Familie mit Geschenken überhäuft, die so sehr auf mich und meine Bedürfnisse abgestimmt waren, dass ich von Schuldgefühlen überwältigt war. Wie konnte ich das wiedergutmachen, mich revanchieren? Mir gefiel dieses Zuhause, und ich wollte natürlich den Menschen gefallen, die mich aufgenommen hatten.

Ich lernte, mich in den Arm nehmen zu lassen.

Ich lernte, dass körperliche Nähe nicht Gewalt bedeuten muss.

Ich lernte, mich den neuen Menschen anzupassen und ihre Wünsche zu erspüren.

Ein Haushalt, in dem ein Ehepaar Anfang 30 wohnt, kinderlos. Eine 16-Jährige, die einzieht und Schutz sucht. Die Ehe, die ich zerstöre, ist etwa fünf Jahre alt und unglücklich. Eine kluge, aber bodenständige junge Frau, die vom Leben nichts anderes als Solidität erwartet, ein hübsches Haus wie das ihrer Eltern, mit Einliegerwohnung für die Großmutter, eine Urlaubsreise im Jahr und gesunde Kinder. Ein Mann, der sich als Opfer der Umstände sieht und zwar Talent, aber nicht genug Rückgrat besitzt, um den Versuchungen der Oberflächlichkeit zu widerstehen. Er hätte den Weg seiner Frau gehen sollen und seine Kräfte für ein gutes Mittelstandsleben einsetzen sollen. Doch seine herzliche, aber einfache Familie bestärkt ihn darin nicht, die Schwiegertochter ist ihnen in ihrer spießigen Nüchternheit ein immerwährender Dorn im Auge. Sie ist gegen Alkohol und gegen Glücksspiel und gegen grobe Worte. Seine Familie ist für Gefühle, für Fußball und für rumpelnde Unterhaltung. Es passt nicht zusammen, und ich denke, die Frau spürt das und leidet darunter, er selbst will es nicht merken und bricht immer wieder aus, geht fremd oder zockt an Automaten.

Was ich dem blonden Riesen biete, ist in meinen Augen nichts. Ich merke nicht einmal, wie es beginnt. Ich verbringe mehr Zeit mit ihm als mit seiner Frau, mein Weg zur Schule führt an seiner Arbeitsstelle vorbei, wir sitzen täglich ein bis zwei Stunden zusammen in der Bahn. Ihn kenne ich länger, vor ihr habe ich immer etwas Angst, weil sie die Klügere von beiden ist und ich befürchte, dass sie mich für meine Vergangenheit verachtet. Wenn sie mich ihren Freunden vorstellt, bezeichnet sie mich als «unser Pflegekind». Der blonde Riese sagt: «Silvia wohnt zurzeit bei uns», ohne mir den beschämenden Bedürftigkeitsstempel zu geben. Zu ihm fühle ich mich mehr hingezogen. Trotzdem erahne ich nicht sofort, welche Richtung die Situation nimmt. Und als er mich bittet, die Augen zu schließen, und mich küsst, bin ich verwirrt – warum tut er das? Und was kann ich tun, um mich richtig zu verhalten? Richtig, das bedeutet für mich: mich so verhalten, dass niemand böse auf mich ist. Am allerwenigsten er, der jetzt ja mein Halt im Leben ist. Und ich, ich himmele ihn an und denke nicht an morgen.

Wenige Wochen nach diesem ersten Kuss verlässt die Gattin das Zuhause und ihren Mann, sie zieht die Konsequenz, die weder er noch ich zogen. Für mich war jede Berührung von ihm ein Geschenk, und mein schlechtes Gewissen ihr gegenüber blendete ich erfolgreich aus, wie alles, was mich belastete. Ich sagte mir, und davon bin ich auch heute noch überzeugt, dass ich zwar sicherlich der Katalysator für die Trennung war, doch diese Ehe ohnehin nicht mehr lange gehalten hätte. Mein Leben mit Martin begann, zunächst noch heimlich, dann immer mehr in der Öffentlichkeit. Seine Familie akzeptierte die veränderte Situation schnell, sie mochten mich ja, und ich tat nichts, was sie verärgerte, sondern war noch mehr als sonst bemüht, es allen recht zu machen. Martin wurde von seinen Freunden als «Der Belgier» bezeichnet, schließlich hatte nicht jeder eine Teenager-Freundin, doch die Tatsache, dass ich immerhin nicht mehr bei meiner Mutter wohnte, entschärfte die Situation ein wenig. Und, und das darf man nicht außer Acht lassen: Ich sah immer mehr wie eine junge Frau aus, nicht mehr wie ein verschrecktes Mädchen. Ich nahm die Pille und bekam deutliche Brüste, meine Haare wurden Engelslocken ähnlich, und meine Kleidung änderte sich: Aus «verstecken» wurde «schön für Martin sein».

Der blonde Riese feierte mit mir an seiner Seite berufliche Erfolge, die ihn eigentlich mehr und mehr vom Bodensatz des Vereinslebens im Fußballclub entfernten, doch dort war er verwurzelt, und sein Freundeskreis war oberflächlich genug, Bildung nicht zu bewundern. Die folgenden vier Jahre versuchte ich, mich anzupassen, und scheiterte doch immer wieder. Die Kotzerei schwieg, aber die Besessenheit von Gewicht und Perfektion nahm zu. Bekam ich von ihm zu meinem 17. Geburtstag wunderschöne Reizwäsche, dann traute ich mich nicht, sie anzuziehen, bevor ich nicht mindestens drei Kilo abgenommen hatte, was ich erst ein Jahr später, am 18. Geburtstag, schaffte. Dazwischen gab es ein Auf und Ab, manchmal mit Bulimie-Attacken, aber weitgehend ohne, da ich selten alleine war. Irgendwann pendelten sich meine Essstörungsanfälle auf die Tage ein, an denen Fußballtraining war und ich abends Zeit für mich hatte, ein Rhythmus, der sich bis zu meinem 31. Lebensjahr nicht änderte: Freier Abend alleine zu Hause bedeutet Kotzen bis zum Erbrechen.

Ich besuchte die Oberstufe eines Gymnasiums, hatte kaum Kontakt zu meinen Klassenkameraden, zum einen, weil mein Freund mich jeden Tag zur Schule brachte und oft auch abholte, zum anderen, weil ich nicht wollte, dass er mich als «Schülerin» wahrnahm. Ich wollte für ihn eine erwachsene Frau sein. Der Spagat vom vergewaltigten kleinen Mädchen zur erwachsenen Geliebten beanspruchte meine gesamte Aufmerksamkeit, für Nachdenkereien war kein Platz, und meine Vergangenheit geriet in seiner Familie in Vergessenheit. Es waren vier ruhige Jahre, in denen ich Abitur machte, kochen und backen und haushalten lernte und ein Studium begann. Jahre, in denen der blonde Riese erst einmal wöchentlich, dann zweimal, dann täglich abends Whisky trank. Jahre, in denen er mich liebevoll in den Arm nahm und abends das Lamm vögelte, das teilnahmslos auf seiner Schlachtbank lag. Jahre, in denen der blonde Riese zum übergewichtigen Comic-Krawattenträger mutierte, der seinen Selbsthass an dem blonden Engel auslassen musste, welcher daheim seine Hemden bügelte.

Ich habe in diesen Jahren erst sehr spät die Risse bemerkt, die die Fassade mehr und mehr durchzogen. Die Sonntage verbrachten wir oft lesend im Bett oder auf dem Sofa, wir gingen gemeinsam shoppen und übertrafen uns darin, dem anderen Geschenke zu machen, die überraschten und begeisterten. Wir bereiteten Menüs vor und luden Familie oder Freunde ein, Abende, vor denen ich Angst hatte, deren Vorbereitung mir aber sehr viel Spaß machte und meine Kreativität anregte. Wir probierten Analsex aus, was ihn derart albern begeisterte, dass ich mich für seine Reaktion schämte und ihn nie wieder in die Region vorlassen wollte. Ohnehin war Sex etwas, mit dem ich mich tarnte. Ich lernte schnell, was er mochte und erwartete, und tat alles dafür, dass meine Reaktionen mit seinen Vorstellungen übereinstimmten. Eigene Lust war mir fremd, und ich benutzte meinen Körper, um ihn in eine gute Stimmung zu versetzen. Denn, und das merkte ich auch nach und nach: Ein schlechtgelaunter Martin bedeutete Einsturzgefahr für meine ruhige Welt. War er in mieser Stimmung, strafte er mich mit Nichtachtung, mit dem Entzug von Freundlichkeiten, mit höhnischen Worten. Kaufte ich aus Sparsamkeitsgründen ein Lebensmittel, welches er zum Kochen benutzte, beim Discounter, redete er zwei Tage nicht mit mir, weil ich ihm seine Kochleidenschaft angeblich missgönnte. Und wagte ich es gar, seinen Alkoholkonsum, der irgendwann schon sonntagvormittags begann, zu kritisieren, verglich er mich mit seiner Frau und kündigte an, mich zu verlassen. Ich flüchtete aus der geistigen Enge dieser Welt in die Weite der Literatur, er las weiterhin Perry Rhodan und suchte geistige Getränke.

Ich hatte in seinen Armen Ruhe und Schutz gefunden. Alkohol war mir von Haus aus überhaupt nicht vertraut. Ich denke nicht, dass man von mir hätte verlangen können, die Zeichen richtig zu deuten, als sich der Alkoholismus in unsere kleine vermeintlich heile Welt schlich. Ich verschloss sicherlich auch die Augen, um nicht verlassen zu werden – vor allem: Wo hätte ich denn hingehen sollen? Nach Hause war keine Option, und sonst hatte ich keine Anlaufstelle, nur die Hoffnung, dass, wenn ich nur alles richtig machte und dem blonden Riesen eine fügsame kleine Frau war, schon alles gutgehen würde. Doch die Universität veränderte mich. Ich lernte andere Menschen kennen, die selbständig lebten. Ich war volljährig und hellhöriger geworden. Das Studium öffnete mir zahlreiche neue Möglichkeiten, und ich erkannte immer mehr die Bremse, die der blonde Riese für mich bedeutete. Mit meinem intellektuellen Wachstum wiederum begann ihm klarzuwerden, wie verschieden wir im Grundsatz waren, zumindest stelle ich mir das so vor. Er wusste es nicht besser, aber er spürte es: Mit jedem Tag an der Uni entglitt ich seinem Zugriff mehr und mehr. Ich verbrachte die Tage in der Bibliothek, bis spätabends – und er zockte und trank. Und verhöhnte mich immer bissiger, wenn ich Fehler machte. Sein Respekt vor mir schwand, auch wenn er nach außen hin immer noch mit seiner klugen blonden Freundin angab.

Überhaupt, die Angeberei. Die Anzüge mussten von Hugo Boss sein, das Auto mindestens ein Audi, das Parfüm von Dior. Es war einfacher, zum intelligenteren Drittel der Fußballmannschaft zu gehören, als einer der ungebildeteren Teilnehmer einer Gruppe Intellektueller zu sein. Und da beruflicher Erfolg beim Fußball nicht interessant war, musste man da eben derjenige mit den besten Storys sein, egal, auf wessen Kosten man sich amüsierte – hatte er die Lacher und die Aufmerksamkeit auf seiner Seite, fühlte er sich, wie wohl jeder von uns, bestätigt. Ein halbes Jahr nach Beginn meines Studiums machte der blonde Riese den ersten wirklich großen Fehler (die Gewalt vorher rechne ich nicht dazu, denn Schläge war ich gewohnt, sie trafen meinen Selbsthass und stachelten meine Perfektion an, nicht mehr, nicht weniger). Martin hatte immer mal wieder, als unsere Mustermann-Welt noch in Ordnung war, Einzelheiten aus meiner Vergangenheit aus mir herausgefragt. Ich hatte ihm das eine oder andere beschämende Detail meiner Vergewaltigungen anvertraut, so auch die Geschichte mit den Eiswürfeln, die die Männer in meinen Arsch geschoben hatten, damit sie mich ohne bleibende Schäden quälen und sich gleichzeitig darüber lustig machen konnten, dass ich mit Eis im Körper nicht ruhig stehen konnte. Damals war mir das sehr peinlich gewesen, aber ich hatte es dem blonden Riesen erzählen müssen, da ich einmal beim Geräusch klirrender Eiswürfel in seinem Glas in haltlose Angsttränen ausgebrochen war. Dieses Detailwissen hatte Martin offenbar gespeichert, denn eines Tages telefonierte er mit einem Vereinskollegen, und mitten im Gespräch sagte er scherzhaft zu ihm: «Und wenn du dann nicht mal Gas vor dem Tor gibst, dann schieb ich dir Eiswürfel in den Arsch, was meinst du, wie kalt das ist, dann merkst du nicht mal mehr, wenn dir einer was hinten reinschiebt! Dann hüpfst du nur noch wie so ein kleines Mädchen auf und ab!»

Ich hörte den Spruch, starrte ihn an und fühlte mich so unendlich verraten. Meine Geheimnisse benutzte er, um vor seinen Kumpels Sprüche zu klopfen! Und ich glaube, er merkte es nicht einmal. Ich hatte in unserer gemeinsamen Zeit niemals Rücksicht verlangt. Niemals. Ich hatte mich nicht geweigert, ihn zu blasen, hatte nie auf einer besonderen Behandlung bestanden. Doch als ich hörte, wie sorglos er mit dem umging, was ich ihm anvertraut hatte, war es, als ob die Fassade krachend auseinanderbrach, die mich bis dahin getäuscht hatte. In diesem Moment kroch das erste Mal Wut in mir hoch, ich verließ den Raum, die Wohnung, ging raus, kotzte in den Wald. Und entschuldigte mich natürlich wortreich und demütig für mein Verschwinden, als ich zurückkam, denn den Mut, ihn zu verlassen, hatte ich nicht – und einen Streit aushalten war für mich undenkbar. In den darauffolgenden Wochen ertappte ich mich dabei, sehnsüchtig aus dem Busfenster auf die Häuser zu schauen und mir zu überlegen, wie es wohl wäre, woanders zu wohnen. Mein Weg zur Uni führte mich durch solide

Wohngegenden, durch Ghettos und schließlich durch herrschaftliche Altbauviertel, und je höher der Leidensdruck zu Hause wurde, desto geringer wurden meine Ansprüche an ein Haus, in dem ich eine Wohnung mieten wollte. Hatte ich zuerst noch gedacht, ich könne nicht in einem schmutzstarrenden Plattenbau wohnen, fand ich irgendwann die mit Graffiti übersäten Abbruchhäuser des Hamburger Schanzenviertels ungeheuer attraktiv. Ich begann, Wohnungsanzeigen am Schwarzen Brett wahrzunehmen. Und ich stellte fest, dass ich endlich mal alleine wohnen wollte. Ohne Verantwortung für irgendjemanden. Nur ich, eine Insel für mich allein. Ich wollte ein Zuhause. Nach WG-Zimmern suchte ich nicht, auch wenn ich mich für diesen Anspruch verachtete.

Einige Zeit später war ich alleine zu Hause und auf der Suche nach einer Aspirintablette. Da ich wusste, dass der blonde Riese so etwas in seiner Bürotasche hatte, öffnete ich sie und fand das gesuchte Aspirin ordentlich neben einer Packung mit Kondomen verstaut. Da wurde mir klar, dass ich nicht die Einzige war, die sich aus der Beziehung entfernte. Seltsamerweise war ich nicht wütend und auch nicht wirklich überrascht. Ich hatte zwar überhaupt nicht darüber nachgedacht, dass er fremdgehen könnte, andererseits dachte ich ja ohnehin nicht viel darüber nach, was der andere tat – meine Konzentration war darauf gerichtet, keine Fehler zu machen. Dass andere in meinem Umfeld welche machen könnten, hatte ich noch immer nicht vollständig realisiert. Aber in diesem Augenblick kam der Impuls zu handeln. Ich war 21 und alt genug, ihn zu verlassen, emotional hatte ich das bereits vor geraumer Zeit getan. Ich weihte meine Familie, mit der ich mich oberflächlich inzwischen wieder verstand, in meinen Plan, den blonden Riesen zu verlassen, ein. Mit ihrer Hilfe unterschrieb ich einen Mietvertrag und organisierte einen Umzug für das Datum X zwei Monate später. Martin hatte ich immer noch nichts gesagt. Ich wusste nicht, wie. Ich lebte zeitweilig zwei Leben. Morgens fuhr ich mit ihm in die City, immer mit einer vollen Tasche, in der ich bereits Teile meiner Habseligkeiten für die neue Wohnung aus dem Haus trug, um sie in meinem neuen Keller, für den ich schon den Schlüssel hatte, zu horten. Oder ich saß einfach nur dort vor der Haustür und träumte davon, frei von allem zu sein. Abends kehrte ich in das Bett des blonden Riesen zurück, lobte alles, was er tat, und aß Unmengen an Schokolade, während er trank.

Vier Wochen vor dem geplanten Umzugstermin entbrannte aus nichtigem Anlass zum ersten Mal in unserer Beziehung ein richtiger Streit. Er hatte etwa einen Viertelliter Whisky intus und lag auf der Couch, als ich ihn bat, in der Werbepause die Bettdecke neu zu beziehen, eine Aufgabe, die er immer übernahm, weil das bei einer 2 × 2-Meter-Heile-Welt-Kuscheldecke mit seiner Flügelspannweite einfacher war. Er sagte zu. Zwei Werbepausen später erinnerte ich ihn daran, und er sagte, ich würde phantasieren, er hätte noch nichts dergleichen gesagt. Ich erwiderte, er sei nur zu betrunken, um sich zu erinnern. Das beleidigte, große, blonde Riesenkind stand mit glasigen Augen auf und ging ins Schlafzimmer, wickelte sich in die unbezogene Decke und sagte, ich sei fett geworden – was übrigens stimmte. Ein Wort ergab das nächste, und schließlich flüsterte er in heiserem Hass: «Dann hau doch ab!»

Gesagt, getan. Ich nahm zehn Euro aus seinem Portemonnaie, rief mir ein Taxi, packte drei Tüten voller Klamotten, bis es vor der Tür hupte, stieg ein, schloss die Tür und vergaß den blonden Riesen, sobald ich am Bahnhof ankam. Ich wohnte zwei Wochen bei meinem Bruder, dann bekam ich die Schlüssel für mein Zuhause und lebte bis zum richtigen Umzugstag in meinem 28-Quadratmeter-Reich nur mit einer Matratze und einer Wäschetruhe, ohne Vorhänge oder Kühlschrank, im schönsten Hochsommer meines Lebens. Ich war 21 und unendlich reich. Meine Wohnung ging nach Osten, um 5 Uhr war es strahlend hell und warm, und ich hatte das Gefühl, dass jeder Tag voller Licht war. Ich kotzte mindestens vier Wochen lang nicht. Meine Mutter und mein Bruder gaben mir so sehr das Gefühl, dass ich etwas richtig Gutes getan hatte, zum ersten Mal in meinem Leben – was hätte schöner sein können?

Der blonde Riese realisierte zu spät und reagierte beleidigt, indem er das Schloss auswechselte und meine Schulfreundinnen anschrieb, um sich zu Dates mit ihnen zu verabreden. Lächerlich. Er dachte nicht einen Augenblick lang nach. Die Polizei teilte ihm mit, dass ich meine Sachen holen dürfte und er mir daher Zugang zur Wohnung verschaffen musste. Das tat er, nicht ohne überall Spuren seiner neuesten Affäre zu hinterlassen. Ich weiß nicht, warum er glaubte, mich damit treffen zu können. Wir sahen uns noch ein einziges Mal, ich hatte auf keine seiner «Ich will mein Engelchen zurück»-Mails reagiert, auf keine seiner «Ich zeige dich wegen Diebstahls an»-Nachrichten (ich hatte nämlich ALLE Wäscheklammern mitgenommen), auf keinen seiner «Du kannst doch gar nicht alleine wohnen»-Briefe. Ich hatte ihn emotional vollkommen vergessen. Als wir uns das letzte Mal sahen, zur Übergabe der letzten Sachen, wurde ihm klar, dass ich ihn wirklich verließ, und er sagte: «Du gehst zu deinen schlauen Leuten, und ich bleibe bei meinen dummen.»

«Ja», sagte ich, «das stimmt.» In dem Moment tat er mir leid, weil er recht hatte und es daran nichts zu ändern gab. Ich verließ die Fußball-Grillen-Kanarenurlaub-Welt, weil sie mir zu leer für meinen Kopf erschien. Zu wenig Kultur, zu wenig geistiges Futter. Wäre ich geblieben, ich hätte vermutlich zwei saubere, hübsche Kinder, nicht sonderlich helle im Kopf, würde Touran fahren und Muffins für Sportturniere backen.

Aber ich hätte aktive Bulimie, wäre ein graues Mäuschen und wüsste immer noch nicht, wie sich ein Orgasmus anfühlt, geschweige denn Glück.

Auch wenn ich meine 28 Quadratmeter Glück liebte – es änderte nichts daran, dass ich mit der Freiheit nicht zurechtkam. Bisher hatte ich funktioniert, nun musste ich mich selbst organisieren, und je mehr ich den Anschein erweckte, das zu schaffen, desto mehr entglitt mir alles. Wie konnte ich auf mich selbst hören, wenn ich mich selbst nicht respektierte? In dieser Zeit hatte ich die Chance, ein normales Leben zu beginnen. Ich habe es versucht. Und nicht gemerkt, wie wenig es mir gelang. In dieser Zeit hätte ich mir professionelle Hilfe suchen müssen. Aber ich erkannte das Problem nicht – ich gab mir einfach nur die Schuld: zu wenig Selbstdisziplin, um perfekt zu sein. Jeder neue Tag war eine Herausforderung, jeder neue Tag misslang, sobald ich etwas aß, denn damit hatte ich vor mir selbst versagt. Die Nächte wurden unruhig, die Träume kamen, die Gefühle wurden schockgefrostet. Eine der schlimmsten Herausforderungen war, dass ich auf einmal nur für mich allein Lebensmittel einkaufen musste. Ein Alkoholiker in einem Spirituosengeschäft, nur dass das Essen ja eine Notwendigkeit war, um den Motor am Laufen zu halten. Jede meiner sorgsam überlegten Strategien, um solche Aufgaben sinnvoll zu bewältigen, misslang. Ich fand es auch unglaublich anmaßend von mir selbst, nur für mich allein Dinge einzukaufen. Jetzt wäre der Moment gewesen, in dem ich ein stabilisierendes Umfeld gebraucht hätte – ich hatte keines. Und brauchte doch etwas, wofür ich mich engagieren, einsetzen konnte, eine Aufgabe, etwas, nein jemanden, für den ich etwas tun konnte, um Selbstwert und Selbstbestätigung zu erlangen, um meine Existenz zu rechtfertigen. Eigene Ziele und Zwecke standen mir in meinem Selbstbild nicht zu.

Drei Monate nach dem letzten Treffen mit dem blonden Riesen hatte ich wieder einen BMI von 18, kotzte täglich und besaß ein neues blondes Problem, welches weniger trank, aber größer und gefährlicher war. Das Problem mit dem Alleinsein war, dass mich nichts mehr von den Gedanken an die Vergangenheit ablenkte. Und mit einer eigenen Wohnung, ohne jegliche Kontrolle, gewann die Essstörung blitzschnell die Oberhand. Ich hatte vier Jahre ohne eine einzige Vergewaltigung gelebt, vier Jahre ohne eigene Persönlichkeit. Jahre, in denen die Essstörung verzweifelt suchte, ob unter der Rolle von «Martins Engelchen» noch irgendwo ein Rest Silvia selbst war. Vier Jahre im Kampf mit dem Essen, eine Schlacht, die ich augenblicklich verlor, als klar war, dass jetzt jeder Abend ein «freier» Abend sein würde. Essen, nicht essen, kotzen, jeden Tag, jeden Abend. Keinerlei Selbstvertrauen. Für Dennis, mit dem mich eine Freundin verkuppelte, ein gefundenes Fressen. Sie wusste nicht, dass Dennis, mit seiner Bundeswehrvergangenheit und seiner Hobbypsychologie ein machomäßiger, aber lustiger Typ, das Geld für seine Zigaretten als Handlanger eines albanischen Zuhälters verdiente. Ich wusste das auch nicht. Aber er schenkte mir Aufmerksamkeit, und ich gab ihm alles, was ich hatte, und schenkte jedem seiner Worte Glauben. Da ich selbst das Lügen so gewohnt war, kam mir nie der Gedanke, seine Geschichten könnten nicht stimmen. Ich war grenzenlos naiv, und ab hier ist meine Geschichte selbstverschuldet – denn Dummheit schützt vor Strafe nicht.

Die Bulimie zermürbte mich und laugte mich emotional, finanziell und physisch aus. An Tagen, an denen ich Dennis nicht sah, kotzte ich, bis ich vor Schmerzen zitternd im Bett lag. In dieser Zeit etablierte sich mein «Erst wenn ich gekotzt habe»-Verhalten. Erst nach dem Erbrechen kann ich staubsaugen. Erst nach dem Kotzen habe ich die Kraft dazu. Erst kotzen, dann arbeiten. Dennis bedeutete eine Unterbrechung meines Kreislaufes. Und als er mich – ohne mein Wissen und erst recht ohne mein Einverständnis – das erste Mal seinen albanischen Freunden zuführte, dachte ich danach tagelang nicht ans Essen. Vergewaltigungen und danach Essen? Das passte nicht. Und ohne Essen kein Kotzen. Die Angst schnürt die Kehle zu – man spricht nicht mehr und kotzt nicht mehr. Dass Dennis mich nicht liebte, war mir kurze Zeit nach dem ersten Zuritt klar – aber ich hatte keine Ahnung und zu viel Angst vor der Gewalt, um aus dem Hamsterrad zu fliehen. Und: Die Bulimie hielt die Klappe und sah tatenlos zu, wie andere meinen Körper zerstörten.

Jahre später, als mein Leben wirklich schön zu werden begann, dachte ich oft: Jahre ohne Vergewaltigung bedeuten Bulimie. Jahre mit Vergewaltigungen bedeuten weniger Essstörung. Könnte ich mir den Ausstieg aus der Essbrechsucht mit einer weiteren Vergewaltigung erkaufen, ich würde es tun. Jeden Tag erneut mit dem Essen zu kämpfen – ich wünsche mir nichts mehr, als davon frei zu sein.

Doch es ist ein Trugschluss. Irgendwann sind die Erinnerungen so stark, dass ich das Kotzen brauche, um die Tränen nicht zu spüren. Dem Teufel die Seele zu verkaufen – das ist noch nie gutgegangen.

SCHMERZDISTANZ

Ich mochte schon als Teenager die distanzierten Tage. An ihnen bleibt mein Kopf klar, und ich erfasse alles ganz genau. Ich konzentriere mich auf meine Atmung, und all das Böse bleibt hinter dem Bewusstsein zurück. Ich spüre, wie Gegenstände mich innerlich zerschneiden, wie meine Haut aufreißt und winzige Spuren eine Landkarte aus Quälerei auf mir zeichnen. An den distanzierten Tagen versuche ich, die Oberfläche des Metalls zu erfühlen, das an mir benutzt wird. Ich kann versuchen, immer dann zu atmen, wenn der Schmerz stärker wird.

An guten Tagen weine ich nicht. An guten Tagen bin ich reglos. Da warte ich darauf, dass der Schmerz meine Seele berührt, warte auf den Moment, in dem alles nur noch schlimmer wird. Durch das Warten entwickelt sich Distanz zum Schmerz, ich kann den hellen Schmerz von Metall mit dem dumpfen, knochenerreichenden Holz vergleichen und Leder verachten, weil es nur böse ist und keine Farbe hat. Ich entwerfe in Gedanken eine Skala für das, was ich spüre, und ordne Farben und Töne der Schmerzwahrnehmung zu.

An distanzierten Tagen achte ich darauf, niemandem in die Augen zu schauen, ich fixiere einen Punkt, aber ich schließe die Augen nicht. Angst habe ich nicht, ich erwarte auch nichts. Ich beobachte mich selbst, die Zeiger auf der Skala. Stelle mir jeden Muskel vor, der sich anspannt, ermutige die Fasern, sich dann wieder zu entkrampfen.

Manchmal ist es wie atmen. Man muss es einfach tun. Wenn man glaubt, keine Wahl zu haben, dann stellt man sich nicht immer die Frage, ob man vielleicht doch eine hätte.

Ich gehe auch aus dem Haus, ohne zu gucken, ob die Erde wirklich rund ist.

Als ich anfing, meine Geschichte aufzuschreiben, merkte ich, wie viele Worte mir fehlten. Was habe ich eigentlich gedacht in jener Zeit? Worüber habe ich gelacht? Was waren meine Gedanken, wenn ich losging und wusste, auf dem Rückweg werde ich zwischen den Beinen bluten?

Später, als mein Studium mir schon beigebracht hat, was Thrombozyten alles können, stelle ich mir vor, wie sie durch meinen Körper flitzen auf der Suche nach den verletzten Stellen und heilen, was zerstört wurde. Kleine Heinzelmännchen. Thrombozyten werden meine besten Freunde. Auch und gerade in der SM-Welt wird mir mein Verständnis um die Physis von Schmerz Verhängnis, Fluch und Glück zugleich. Ich kann differenzieren, weiß, welcher Schmerz Schaden anrichtet und welchen ich einfach nur genießen darf.

DER TAXIFAHRER

Das Auto auf der rechten Spur neben uns an der Ampel ist baugleich mit dem des Zuhälters aus den Elbvororten, der mir gerade letzte Instruktionen gibt. Aber der Wagen neben uns ist silbrig-blau. Die Polizei. Wie immer, wenn ich mit dem Taxifahrer unterwegs bin, reagiere ich beunruhigt auf den Anblick der Gesetzeshüter. Ich nenne ihn den Taxifahrer, weil das besser klingt als «mein Zuhälter». Faktisch ist er aber genau das. Er wird mich bei dem Kunden abliefern, das Geld im Voraus in Empfang nehmen und mich nach den vereinbarten zweieinhalb Stunden wieder abholen. Meine langen blonden Haare trage ich auf Kundenwunsch hin offen. Wir sind auf dem Weg in ein wohlhabendes Wohngebiet, es ist wichtig, dass ich gepflegt und ordentlich aus dem Haus trete, nachdem die Arbeit getan ist, damit die Nachbarn des Kunden nicht misstrauisch werden. Auf dem Fahrersitz neben mir thront der Taxifahrer, den Kragen der dunkelblauen Barbour-Jacke hochgeschlagen. Sein militärisch kurzgeschorener Schädel ruckt nachdrücklich vor und zurück, wenn er spricht.

Was ich tue, ist ungesetzlich. Nicht die Prostitution an sich, aber, so denke ich, das Nichtversteuern des Geldes, das ich einnehme. Daher schwingt eine Saite der Unruhe leise, als ich den Polizeiwagen sehe. Ich schaue schnell wieder weg und bemühe mich, unbeteiligt auszusehen. Doch es hupt neben uns. Wir gucken synchron hinüber zu den Männern in Uniform. Mein Magen zieht sich zusammen, der Polizist lässt die Scheibe herunter und bedeutet uns, dass er mit uns reden will. Ich glaube, ich werde weiß und rot zugleich.

«Jetzt ist es so weit!», schießt es mir durch den Kopf, «wir werden erwischt.» Der Taxifahrer lässt meine Fensterscheibe herunter, ich kam nicht mal auf den Gedanken, nach dem Knopf für den Fensterheber zu suchen. Er lächelt die Polizisten gewinnend an.

Der Polizist auf dem Fahrersitz sagt: «Sie und Ihre Begleiterin sind nicht angeschnallt. Ich muss Sie auffordern, sich anzuschnallen.»

Ich weiß nicht, ob ich vor Erleichterung lachen oder vor Enttäuschung weinen soll. Der Menschenhandel blieb unbemerkt, der Steuerbetrug ebenfalls. Wir sind der Aufforderung nachgekommen, wir haben grünes Licht erhalten.

Einige Monate zuvor arbeitete ich noch unter Dennis für die albanische Gruppe. In meinem kleinen Refugium zu Hause verzweifele ich täglich mehr. «Es muss sich etwas ändern», denke ich, aber mir fehlt der Mut, etwas zu tun. Wenn Dennis mich über seine albanischen Freunde vertreibt, sehe ich nie auch nur einen Cent für meine Arbeit. Daher fehlt es mir an allem – an Zuneigung und Nähe, an Essen, an Geld. Und ich brauche Geld, damit ich Essen kotzen kann. Als ich meinen Bruder einmal vorsichtig frage, ob er mir Geld leiht, explodiert er und ist völlig ratlos. Er schiebt meine Lage auf meine Krankheit, ich natürlich auch. Er leiht mir 20 Euro und nimmt mir das Versprechen ab, eine gute Therapeutin aufzusuchen. Noch am selben Tag schneie ich in eine Hausarztpraxis hinein, wo ich mit einem Rezept und einer Buchempfehlung wieder hinausgehe. Die Ärztin findet, ich solle zur Ruhe kommen, da ich nervös wirke, und mal ein gutes Buch lesen. «Elf Minuten» empfiehlt sie mir. Von Paulo Coelho. Ich kaufe es und lese es sofort. Es ist ein wunderbares, zartes, schonungsloses kluges Buch, in dem erzählt wird, wie eine intelligente junge

Frau Prostituierte wird, aus eigener Entscheidung, aus freien Stücken, und mit welcher tief durchdachten Leichtigkeit sie Raubbau an ihrer Seele betreibt und doch ihr Ziel, das selbstbestimmte Leben, unnachgiebig weiterverfolgt. Natürlich geht es in dem Buch um sehr viel mehr, und es soll meine spätere öffentlich gelebte masochistische Neigung literarisch untermauern, doch zu diesem Zeitpunkt in meinem Leben sagt es mir nur: Da prostituiert sich eine Frau, und sie kommt mit Geld und ohne ein sichtbares blaues Auge davon. Der Plan entsteht noch, bevor ich auf der letzten Seite angekommen bin: Ich muss das, wozu ich jetzt gezwungen werde, professionell selbst betreiben. Denn: Ich kann es. Ich bin 22, und die Beine breitmachen kann ich seit 12 Jahren.

Mittwochs kommt das Wochenblatt. Bisher immer ignoriert, nehme ich es fast aufgeregt in die Hand und blättere zu den Stellenanzeigen.

«Kollegin für Modellwohnung» – da kann ich mich nicht bewerben. Das klingt in meinen unschuldigen Ohren so, als müsste man Modelmaße haben, und die habe ich nicht, denke ich.

«Wir suchen noch aufgeschlossenes Personal», schreibt ein «Saunaclub». Davor schrecke ich zurück, ich habe bestimmt nicht genug Vorkenntnisse. Ich habe Angst, nicht gut genug zu sein.

«Nette Kollegin für Herrenbes. gesucht», gefolgt von einer Telefonnummer. Nett, denke ich, das bin ich. Ich wähle die Nummer, es hebt jemand ab, ich stottere ein wenig, nenne mich «Marie» und sage, ich hätte die Anzeige gelesen. Sehr freundlich und neutral bittet mich die melodische Männerstimme um meine Rufnummer, er würde mich zurückrufen, im Moment passe es gerade nicht. Ich gebe die Nummer, lege auf und warte. Und zittere. Was kann ich sagen, damit ich den Job bekomme? In keiner Sekunde denke ich darüber nach, ob ich das wirklich tun will. Es ist ein Weg, der weg aus der Verzweiflung führen wird. Also muss ich ihn gehen. Dennis wird mich nicht so einfach gehen lassen. Ich brauche also eine Alternative, und hier könnte sie sein. Als mein Telefon eine halbe Stunde später klingelt, gehe ich sofort ran, der Mann klingt freundlich und geschäftsmäßig, routiniert erklärt er zunächst, es würde sich um Herrenbesuche in einer bereits bestehenden Wohnung handeln, ich würde alleine arbeiten und hätte nichts mit allem «Drumherum» zu tun. Ich versuche, so zu tun, als wüsste ich, worin das Drumherum bestünde. Ob ich bereits Erfahrung in dem Gewerbe hätte? «Nein», sage ich. «Nicht so richtig.» Eine glatte Lüge, aber ich sage gleich, dass ich natürlich mit meinem Freund schon einiges ausprobiert hätte. Ich will nicht den Eindruck erwecken, als wüsste ich nicht, was SM, französisch, griechisch, englisch ist, ein unerfahrenes Mädchen wird er nicht für sich arbeiten lassen, denke ich. Ob es diesen Freund noch gibt, will der Mann wissen. Instinktiv verneine ich das. Ja, Dennis gibt es zwar noch, aber sind wir «zusammen»?

Der Mann erklärt, ich müsste sieben Tage die Woche von 10 bis 20 Uhr arbeiten. Anders würde es sich weder für ihn noch für mich lohnen. Ich erkläre, dass ich studiere, aber nur noch am Freitagvormittag Anwesenheitspflicht habe und natürlich bei Klausuren. Das sei in Ordnung. Es muss etwas an meiner Sprache geben, was ihm gefällt, ich höre ihn zwischen den Sätzen lächeln. Er rollt das «r» ein wenig, ich fühle mich sicherer, der Mann hat eine adäquate Wortwahl, so ganz anders als die schmutzigen Albaner aus meinem bisherigen Arbeitsumfeld. Ich soll mich beschreiben, sagt er. Ich sage, wie groß ich bin, wie alt, dass ich lange blonde Haare habe.

«Was wiegst du?»

Die Frage sorgt dafür, dass ich das Gefühl habe, jetzt alles wieder zu verlieren. «56 Kilo», gebe ich leise zu. Jetzt wird er «Nein, danke» sagen und das Gespräch beenden, fürchte ich.

«Das ist gut. Wie lang sind deine Haare?»

Verblüfft ob seiner Antwort angele ich auf meinem Schreibtisch nach einem Lineal und halte es an meine Strähnen. «Etwa 60 Zentimeter.»

«BH?»

«75 C» sage ich.

«Also», resümiert er, «das mag jetzt vielleicht ein wenig plötzlich klingen, aber wir sollten uns von meiner Seite her gerne einmal zusammensetzen und alles Weitere persönlich besprechen. Wann hättest du Zeit? Eventuell heute noch?»

HEUTE! Ich kann nicht anders, ich muss «ja» sagen, wer weiß denn schon, wie viele bis morgen noch anrufen und den Job haben wollen? Wir verabreden uns an der Straßenecke, ich will ihm nicht meine genaue Adresse sagen, er fragt auch nicht danach – ein Umstand, der mich beruhigt. Kluger Mann. Ich ziehe seriöse, aber figurbetonte Kleidung an. Eine königsblaue Bluse, die meine Augen und Haare zur Geltung bringt, eine enge schwarze Jeans, einen schönen Gürtel, halbhohe Stiefel. Der Mann ist nicht besonders groß, gepflegt, teuer gekleidet, ein sauberer Mercedes. Freundliches, lächelndes Gesicht. Es ist Abend, unter der Woche, er schlägt vor, zum Hotel Hafen Hamburg zu fahren, die Bar dort sei schön und um diese Zeit noch nicht zu voll. Während der Fahrt sprechen wir nicht viel, ich schreibe meiner besten Freundin eine SMS mit dem Kennzeichen und der Telefonnummer des Mannes, verbunden mit der Bitte, beides an die Polizei zu geben, falls ich mich nicht um Mitternacht erneut bei ihr melde. «Ich habe ein Blind Date», schreibe ich dazu.

Als wir über den Dächern Hamburgs sitzen, beginnt er, mir zu erklären, wie der Job aussieht. Er wird in der Morgenpost eine Anzeige schalten und mir das Handy dazu geben und einen Leitfaden, wie ich die Gespräche mit den Kunden (er spricht nie von Freiern) kurz, aber vielversprechend halte. Die Besuchszeiten koordiniere ich selbst. Morgens wird er mich zu Hause abholen und in die Wohnung fahren. Dort empfange ich die Männer, ihre Besuche werden in der Regel 30 oder 60 Minuten dauern. Um 20 Uhr ist Feierabend, nach 19 Uhr wird auch keiner mehr reingelassen. Er möchte Kunden vermeiden, die bereits das erste Feierabend-Bier intus haben, sagt er. Alkohol ist tabu. Das gefällt mir sehr und nimmt mir viel von meiner Angst. Immer, wenn ein Kunde erscheint, schicke ich ihm eine SMS mit «30» oder «60», je nachdem, was gebucht wurde. Es wird stets erst bezahlt, bevor ich irgendetwas tue. Sobald der Kunde aus der Tür ist, schicke ich per SMS «o.k.», damit der Mann weiß, dass alles in Ordnung ist und ich in Sicherheit bin. Abends wird er mich wieder abholen und mit mir abrechnen. 50 Prozent für mich. Von allem! Und das, obwohl er alle Kosten trägt. Die Miete, die Anzeigen, das Arbeitsmaterial, die Telefonkosten, das Essen tagsüber. Die Benzinkosten. Ich vertraue ihm, aber ich frage nach, was denn für die Freier alles im Preis inbegriffen ist? «Nur das Normale», sagt er. «Reiner Sex. Blasen, Verkehr. Kein Anal, keine Rollenspiele, keine Extras. Nur das, wozu du bereit bist.»

«Und wer entscheidet das?», frage ich.

«Na ja – du natürlich. Blasen ohne Gummi muss allerdings sein, sonst ist es nicht rentabel. Aber sonst nur normaler Verkehr. Wenn du irgendwann mal griechisch oder andere Specials anbieten willst, können wir das immer noch verhandeln. Aber alleine die Art, wie du dich hier mir gegenüber gibst und wie du aussiehst – zumindest, was ich mir erlaubt habe zu schauen –, reicht das absolut, um lukrativ zu arbeiten. Und die speziellen Freaks will ich nicht als Kunden haben. Die Zielgruppe ist sauber und hat Geld.»

Noch am selben Abend fahren wir in die Wohnung, die drei Zimmer und eine gemütliche Wohnküche hat. Beruflich nutzen werde ich nur das Bad und das Schlafzimmer, das große Polsterbett, auf dem Nachtschrank der unverzichtbare Wecker. 30 Minuten sind 30 Minuten und nicht 40. Erfahrene Freier wissen das und diskutieren auch nicht. Die Wände sind in einer dieser zurückhaltenden Farben gestrichen, behaglich, einladend. Die Einrichtung ist etwas kitschig, hier merkt man, dass er Osteuropäer ist – etwas protzig. Das Badezimmer ist sauber, es kommt regelmäßig eine Putzfrau. Im Wäscheschrank sind immer mindestens 15 frische IKEA-Tagesdecken, bordeaux, mit ihnen belege ich das Bett für jeden Kunden frisch. Außerdem mehrere große Handtücher, die ich auslegen sollte, wenn ich vorab weiß, dass ich Spermaspiele spielen muss. Ich darf auf der goldfüßigen Couch liegen und fernsehen oder den Schreibtisch im Wohnzimmer zum Lernen benutzen, wenn mal kein Besucher da ist. Wie viele werden es sein pro Tag? Zwischen drei und 13 in zehn Stunden, sagt er, ganz entspannt.

Er fährt mich nach Hause, ich soll darüber schlafen, ob ich es machen will. Während der Fahrt erzählt er mir von seiner Frau, von seinen Kindern, die eine katholische Privatschule besuchen; und dass er nie mehr als fünf Frauen in Hamburg für sich arbeiten lassen würde. Es sei mehr ein Hobby von ihm, für seine eigene, tageslichttaugliche Firma müsse er nur ab und an nach Amsterdam, alles andere könne er telefonisch regeln. Die Modellwohnung würde gelegentlich von seinen Verwandten aus St. Petersburg als Ferienwohnung genutzt werden, in der Zeit hätte ich dann frei oder würde eben nur Haus- und Hotelbesuche anbieten. Da sei nur eben das Risiko höher, doch falls es mal zu einem solchen Auftrag käme, würde er sich direkt mit den Kunden in Verbindung setzen. Meine Aufnahmefähigkeit ist jetzt begrenzt, zu viel geht mir durch den Kopf. Ich muss nicht darüber schlafen, ob ich den Job will – natürlich will ich ihn. Er ist meine Fahrkarte weg von Dennis, der Armut und der ständigen körperlichen Gefahr. Ich halte mich für hässlich, dick und langsam – und da traut mir jemand zu, mit meinem Körper Geld zu verdienen? Natürlich mache ich das. Eine Impulskontrolle habe ich nicht.

Bereits am folgenden Tag telefonieren wir über die Einzelheiten. Er bringt mir das Handy, schreibt den Leitfaden für die Kundengespräche, setzt die Anzeige in die Zeitung, die neben den «Geile Girls»- und «Heiße Stunden»-Anzeigen anderer Nutten ergreifend schlicht ist: «Marie, 20 Jahre, nett & lieb». Der freundliche Text wird mich vor den ganz simplen Kunden ebenso schützen wie er die anzieht, die mehr wollen als stumpfe Kopulation. Bereits vor meinem ersten Arbeitstag glüht das Telefon, ich bin ein Special Effekt, und ich werde es bleiben. An einem Sonntag beginnen wir. Sonntag, weil Sonntage in der Regel zwei Sorten Kunden anziehen, erklärt mir der Taxifahrer: Singlemänner, die am Wochenende nicht so richtig wissen, wohin mit sich, und Familienväter, die auf dem Rückweg vom Seniorenstift – Schwiegermama heimbringen – sich kurz ihre sexuelle Belohnung für den ausgestandenen Familientag holen.

Mein erster Kunde, den ich vor Aufregung mit dem welthöchsten Pulsschlag empfange, gehört zur zweiten Kategorie. Er ist sauber, ordentlich, freundlich, zahlt eine Stunde, ich reite ihn, er kommt, ist happy, bleibt noch kurz entspannt liegen. Es ist erstaunlich unkompliziert, der Taxifahrer hat vom Nebenraum aus zugesehen, natürlich für den Kunden unsichtbar. Ich bin unfassbar erleichtert, als der freundliche Mittvierziger wieder gegangen ist und mich nicht als Anfängerin entlarvt hat. Bereits vier Tage später kommt er wieder zu mir, in der Mittagspause – er wird Stammkunde, jeden Mittwoch und Sonntag.

Der zweite Kunde sieht wunderbar aus, scheint Anfang dreißig zu sein, groß und gut gewachsen. So schön, so gepflegt, so freundlich, begeistert nimmt er mein Gesicht in seine großen Hände. «Oh, bist du süß!», ruft er aus, er strahlt, und ich verliere etwas von meiner Scheu, freue mich mit ihm, wenn ich auch nicht weiß, worüber. Ihn zu bedienen fällt leicht, er weiß, was er möchte, führt meine Hände, küsst mich, lächelt mich immer wieder an. Beim Anziehen nach dem schmerzlosen Akt erzählt er von seiner Frau, von sich, ich muss nicht viel sprechen, ihm scheint mein Lächeln zu reichen, er fragt, ob er mal wiederkommen darf, ob es für mich auch schön war; ich sage fast ehrlich «ja», denn es war ja in keiner Weise schlimm. Er hat mir nicht weh getan, er hat mich sogar zart berührt, fast könnte man meinen, es sei ihm um mehr gegangen als nur darum, sein Sperma im Beisein einer Frau abzuspritzen.

Zwei Tage später ist er wieder da, ein halbes Jahr später fragt er mich, ob er mir ein Kind machen darf, seine Frau könne nicht schwanger werden, und er wäre so gern Vater.

Nachdem der dritte Kunde des Tages gegangen ist, bin ich unendlich dankbar für die beiden ersten. Was für ein Glück hatte ich! Wäre der Dritte der Erste gewesen, ich hätte mich vielleicht nicht getraut, den Tag als Prostituierte zu beenden. Natürlich hatte ich unter Dennis und seinen Kumpanen Brutalität und Missachtung erlebt. Aber dieser Mann ist groß, schwer, hat einen im wahrsten Wortsinne unfassbaren Schwanz und weiß genau, wie viel Schmerzen er damit zufügen kann. Dieser Mann entlarvt mich und meine Versagensangst wohl auch sofort. Am Schluss der 90 Minuten lobt er mich – ich sei so brav und willig gewesen. Ja. Gelernt ist gelernt – solchen Figuren wie ihm hatte ich schon im Alter von 10 Jahren als Spielzeug gedient.

Und doch, und doch – die Tatsache, dass er mich lobt, macht mich stolz und nimmt mir die Angst, den Taxifahrer zu enttäuschen. Nach einer Vergewaltigung für das brave Stillhalten gelobt zu werden, war erniedrigend und hatte den Körperschmerz weiter nach innen, in die Gedanken verlagert – jetzt bin ich aber erwachsen, und niemand hält mir mehr Waffen, Gewalt oder Zwang vor die Nase – mein freiwilliges Stillhalten lasse ich mir bezahlen. Daher ist ein «Lob» so etwas wie ein unverdient erlangtes Trinkgeld und in meiner – vermutlich verqueren – Sichtweise die Bestätigung dafür, dass alles, was geschieht, genauso ist, wie es sein sollte.

Nach diesem dritten Kunden machen wir eine Kaffeepause. Der Taxifahrer hat ja alles mitbekommen, er spricht jeden Kunden mit mir durch, hat sich Notizen gemacht, er gibt mir Tipps und lästert über die Berechenbarkeit seiner Geschlechtsgenossen.

An diesem Sonntag erledigte ich noch zwei simple Blowjobs und traf auf den Fledermausmann, einen mageren, etwa 70-jährigen Herrn, der in ein schwarzes Cape gehüllt war und in einem roten Ferrari vorfuhr. Die Reinkarnation Draculas. Er zog sich nicht aus, er schaute mich nur an und ging wieder, man kann nicht jedem gefallen, der Taxifahrer beruhigte mich. Ich denke noch immer, dass jeder Kunde, der mich ansah und nicht benutzte, nicht wirklich ein Verlust war – andererseits möchte ich doch gerne wissen, was denn der Grund war, warum sie nicht blieben. Den Fledermausmann sah ich noch einige weitere Male – er blieb nie, und heute denke ich, dass ich Glück hatte, seine Vorlieben nicht kennenzulernen.

Es dauerte nicht lange, und Dennis wollte sein Sparschwein zurück. Mich. Da er kein Frühaufsteher war, blieben ihm nur die Abendstunden, um mich anzutreffen. Doch dem Taxifahrer hatte ich von ihm und seinen albanischen Freunden erzählt. Ich weiß bis heute nicht, wie es funktioniert hat, doch an einem Abend trafen vor meiner Haustür zwei Subkulturen aufeinander, danach hörte ich von Dennis nie wieder etwas. Gegen das Geld aus dem Speckgürtel Hamburgs hatten die schneeverliebten billigen Menschenhändler keine Chance. Ich war in Sicherheit – nie wieder sollten mich tätowierte Anabolika-Arme festhalten, damit mich zugekokste Testosteronmonster zureiten konnten.

Ich lebte mich schnell ein, schon bald blieb ich immer alleine in der Wohnung zurück, ohne den Taxifahrer als stillen Beobachter im Nebenraum. Ein Jahr später dokumentierte ich meinen Tagesablauf der ersten professionellen Monate in einem Tagebuch:

Um 7 ging der Wecker. Duschen, Rasieren, eincremen, Make-up, halterlose Strümpfe, ein kurzes Kleid darüber – um 8 fertig, bis 9 gelernt, dann werde ich abgeholt. Meistens ein Frühstück mit dem Taxifahrer, und, wenn sich für 10 Uhr noch niemand angesagt hatte, verlangte er nach Sex mit mir. Es ging den ganzen Tag programmiert weiter. Kunde kam, ging, aufräumen, neue Kondome und Handtücher hinlegen, mich waschen, anziehen, Make-up erneuern. Bad putzen, Mülleimer ausleeren – damit der nächste Kunde nicht gebrauchte Gummis vom vorigen sieht. Die Reihenfolge der Tätigkeiten war wichtig – es konn-

te schließlich jederzeit die Türklingel schellen, und dann musste ich so präsentabel wie möglich sein. Meistens klingelte während dieser Zeit bereits das Telefon, selten hatte ich mehr als eine halbe Stunde Ruhe zum Lernen zwischendurch. Telefon, Kunden, oder der Taxifahrer waren da, er kam oft zum Mittagessen vorbei, brachte etwas mit, chinesisch meistens. Wenn bereits drei Kunden am Vormittag da gewesen waren, konnte ich – sofern jemand beim Essen klingelte – ihn bitten, in einer halben Stunde wiederzukommen, andernfalls musste ich natürlich mein Essen unterbrechen. Überhaupt habe ich viel gegessen in jener Zeit. Frisches Obst, Müsli, Tee – alles da. Der Taxifahrer sorgte dafür, wachte darüber, fragte mich sogar nach Wünschen. Die Krankheit schwieg wochenlang in mir. An ruhigen Tagen war um 20 Uhr Schluss. Im Apartment alles vorbereiten für den nächsten Tag, der Taxifahrer kam, Abrechnung 50–50, um 21 Uhr war ich zu Hause. Lernen, ein heuchlerisches Telefonat mit der Familie, um Mitternacht ins Bett. Es konnte aber auch sein, dass ich noch bis 22 Uhr 30 beim Kunden war. Dann bin ich nur noch ins Bett gefallen.

Am Anfang meiner Laufbahn habe ich noch alles aufgeschrieben, mir die Vorlieben und Interessen der Kunden notiert, ihre Namen, die Informationen, die sie von sich preisgaben. Das war ein Teil meines Erfolges, denke ich. Die meisten fühlten sich ja so toll, wenn ich mich an sie erinnerte. Doch irgendwann konnte ich mich abends nicht mehr an alle Kunden des Tages erinnern. Natürlich, wenn es 4 oder 5 waren. Weniger als drei Kunden am Tag durften es nicht sein, waren es jedoch auch nie. Aber bei 8 oder 9? Oder gar 13 in 10 Stunden? Ich bin schnell abgestumpft, eine Maschine geworden. Nur die körperlichen Schmerzen haben mir gezeigt, wie verletzlich und lebendig ich doch in Wirklichkeit war. Selbst wenn ich meine Tage hatte und dadurch drei Tage lang nicht arbeiten musste, war ich doch nichts weiter als eine Prostituierte. Eine Edelhure, stolz – aber doch nur eine Nutte. Ich habe neulich darüber nachgedacht, was ich in jener Zeit für Emotionen hatte. Was ich fühlte. Ich musste darüber nachdenken, als ich auf einmal im Kalender bemerkte, *dass sich mein Jahrestag als Prostituierte näherte. Das tat weh, irgendwo hinter der Mauer in mir. Warum? Was habe ich damals gefühlt? Angst manchmal, häufig Triumph, Ekel – und sehr viel Schamgefühl. Aber keine Freude, keine Liebe, kein wirkliches Glück. Natürlich habe ich auch gelacht, mich an Dingen gefreut, mit Freundinnen an den freien Tagen getroffen, das Geld, was ich in den ersten Monaten noch behalten konnte, genossen – nur war ich dabei nie ehrlich zu mir selbst, denke ich.*

Wenn ich an jene Zeit zurückdenke, sehe ich nur stumpfe, starre und endlose Disziplin mit sehr viel Selbsttäuschung und unterdrückter Traurigkeit.

Schon bald hatte ich einen festen Kundenstamm, die Wohnung wurde für die nächste Anfängerin gebraucht, der Taxifahrer besorgte mir ein anderes Apartment, in Flughafennähe, luxuriöser und zweckmäßiger eingerichtet, die Artemide Tizio auf dem Schreibtisch diente als Indikator für gebildete Kunden. An den Wänden nur Originale, Landschaften – kein Schwarzweiß. Auf den ersten Blick stilsicher, elegant, unaufdringlich. Die Männer fühlten sich wohl, es sollte sie hier nichts unter Druck setzen. Getränke servierte ich in kleinen Flaschen, ich öffnete sie immer im Beisein der Kunden, damit sie sich von der Unversehrtheit der Soft Drinks überzeugen konnten. Alkohol blieb ein Tabu, auch wenn ich oft welchen geschenkt bekam, trank ich ihn nie und schenkte auch nie welchen aus. Ich bekam eine Dauerkarte für ein Taxiunternehmen, fuhr selbständig zu Hotelbesuchen, lernte das Marriott-Hotel schätzen, weil es so wunderbar duftende Bettwäsche hatte und mir der französische Pilot, der mich regelmäßig dorthin bestellte, mit unerschütterlicher Aufmerksamkeit und zahlreichen Duty-free-Extras begegnete. Ich entwickelte eigene Ideen, um mich gut zu vermarkten. Es gelang. Auf die 30-Minuten-Kunden verzichtete ich immer mehr, außer einigen wenigen, die meine Blowjobs liebten und immer vorangemeldet und pünktlich waren. Der Taxifahrer druckte Visitenkarten, die er im Flughafenparkhaus an die Windschutzscheiben der Autos steckte.

Ablenkung und Zärtlichkeit bei mir oder bei dir?

Ich bin jung und schlank, mit hübschem Gesicht und langen blonden Haaren

Nett & Diskret

Telefon – Nähe HH-Airport, Parkplätze vorhanden

Diese Karten waren ein vollkommener Erfolg. «Aus dir wird noch was!», jubelte einer der darüber geangelten Kunden, der direkt nach der Landung aus der Dominikanischen Republik zu mir kam und zwei Stunden blieb. Er lobte meine Marketingstrategie und ging lustig und ohne Idealismus mit mir um. Die Kunden dachten selbstverständlich, ich würde ausschließlich auf eigene Rechnung arbeiten. Nur, wenn ein Wirtschafter der Konkurrenz zu hartnäckig fragte, sagte ich, dass ich natürlich nicht unbeschützt sei. Das genügte meistens. Und natürlich gab es Situationen, in denen der Hinweis auf einen Beschützer mich vor allzu vielen blauen Flecken bewahrte. Meine Kunden waren Opernsänger, Geschäftsleute, Pastoren und Privatiers, es kam nicht oft vor, dass ich in ernsthafte Bedrängnis geriet. Aber – Erfolg hat seinen Preis. Geld macht die Seele kaputt. Schon der normale Tagesablauf erstickte mich immer mehr, und langsam häuften sich die Vorfälle, die Risse in den Stuck meiner Luxushurenfassade kratzten.

Der Taxifahrer konnte mich vor vielem beschützen. Er sorgte umsichtig dafür, dass ich an keine schmutzigen Männer geriet – wobei jene sich auch selten die 550 Euro für zwei Stunden leisten konnten, die ich kostete. Doch spätestens, als wir mit Haus & Hotel begannen, wurde es gefährlicher. Ich zweifle nicht daran, dass es zahlreiche Huren gibt, denen selten oder nie Schlimmes widerfährt – doch es gibt eben auch genug Männer, die sich mit Geld alles kaufen: Tränen, Schmerzen, Körper, Schweigen. Ich hatte bereits einige von ihnen kennengelernt. An dem Tag, an dem die Polizei uns wegen der Gurtpflicht anhielt, ging das erste Mal alles schief. Der Taxifahrer lieferte mich an einem schönen Haus ab, nahm 650 Euro in Empfang und erklärte, er werde mich in zweieinhalb Stunden wieder abholen. Ich hatte den Termin nicht selbst arrangiert. Der Mann, der die Tür öffnete, war jung, höchstens Anfang 30, er war hübsch und hatte offenbar eine lange Nacht hinter sich.

Er führte mich die Treppe hinauf in einen Raum mit vielen Spiegeln, Parkettboden, einer langgezogenen niedrigen Bar, die voller Flaschen stand, von denen vermutlich nicht eine einzige alkoholfrei war. Bis auf große Lautsprecherboxen und einen riesigen Fernseher war der Raum leer. Ein Raum für Partys. Eine Ansammlung chilliger Polsterelemente am Boden. Neben den Polstern: Taschentücher, Gleitgel, Kondome. Ich legte wortlos die dazu, die ich selbst mitgebracht hatte. Die Vorhänge waren zugezogen, im Fernsehen lief eine Wiederholung von DSDS.

Der Mann redete nicht viel, ich glaube, der Restalkohol machte ihn müde, aber er schien trotzdem Lust zu haben. Er küsste mich nicht, er setzte sich bequem zurecht; «blas mich», sagte er, und ich kniete mich zwischen seine Beine. Er schob meinen Kopf ein wenig zur Seite, um bessere Sicht auf den Bildschirm zu haben. Ich fand es ganz abwechslungsreich, mal mit Fernsehhintergrund zu arbeiten, es hatte doch einen gewissen Unterhaltungswert. Doch dann ging die Tür auf. Ich zuckte hoch, doch der Kunde hielt mir schnell die Nase zu, das kannte ich schon von anderen, es heißt «blas weiter», in Gewaltsprache ausgedrückt. Ich tat es. Auf einmal war mehr Lebendigkeit in dem Mann auf dem Couchlager, seine Hände hielten mich fest, der zweite Mann, der hereinkam, war bis auf eine Boxershorts nackt, er zog mich aus, während der andere mich fixierte. Mich wehren? Ja, versuchte ich kurz. Aber was, wenn dafür bezahlt wurde und es mir nur keiner gesagt hatte? Wenn ich hier meinen ersten «bezahlten» Sandwich erleben sollte? Was hätte der Taxifahrer gesagt, wenn ich mich widersetzt hätte? Die Männer taten mir nicht wirklich weh. Sie quälten mich ja nicht. Sie hielten mich fest, benutzten mich, lachten, wenn ich ab und an vor Schmerzen quiekte oder verzweifelt den Kopf schüttele, weil ich anal nicht genommen werden wollte. Aber sie waren dabei nicht gewalttätig, benutzten unaufgefordert Kondome. So, als wäre das alles ganz normal. Ich glaube, es waren Brüder, auch wenn sie das nicht sagten. Sie hatten ihren Spaß, und sie hatten dafür bezahlt. Ich dachte, ich müsste da jetzt einfach durch – es dürften noch 90 Minuten sein, bis ich abgeholt werden würde. 90 Minuten, das kann ich.

Es gibt Frauen, die können weinen und dabei schön sein. Ich gehöre nicht dazu. Also musste ich mit dem Weinen aufhören, musste meine Rolle spielen. Musste, wie meine Essstörungstherapeutin mal gesagt hat, im Kopf die brave Zopfperücke aufsetzen und funktionieren, bis ich wieder alleine bin und tun kann, wonach mir ist. Ich habe diesen Rat – der übrigens für Treffen mit meiner Familie gedacht war – für meinen Nuttenjob abgewandelt. Im Märchen frisst der Wolf Kreide, damit seine Stimme hoch und süß und weiblich klingt. In meiner Kindheit tarnten sich die Wölfe mit honigsüßem Kuschelfell und täuschten mir die Sicherheit der Schafherde vor. Ich musste als Hure sein, was ich nicht bin, musste Kreide fressen, um meine Stimme verführerisch zu machen, musste begeistert und verzückt aussehen, musste Schwänze bewundern und Orgasmen vortäuschen. 90 Minuten lang die perfekte Hure sein. Sie mochten mich überrumpelt haben – aber ich war anpassungsfähig. Die Krankheit war längst zurückgekommen, morgens Kreide fressen, abends Kindheit kotzen, ich lebte zwischen Arbeit und Bulimie im Chamäleon-Modus.

Als ich abgeholt wurde, blieb ich in der Dienstleistungsrolle. Dem Taxifahrer sagte ich, es war alles okay, nur etwas viel Alkohol in der Wohnung, ich möchte nicht unbedingt wieder hin. Er fragte nicht weiter. Ich wurde das Gefühl nicht los, dass er von dem zweiten Mann wusste. Ich fragte ihn nicht, ich sage nichts, aber mein Vertrauen zu ihm bröckelte. Er fuhr mich in meine Arbeitswohnung zurück. Der Einsatz hatte mich angestrengt, doch die Arbeit ging weiter, im Apartment kamen weitere Kunden, der Tag sollte noch lang sein. Einer meiner Jünger hatte sich angekündigt, einer von denen, die sich in mich verliebt hatten oder zumindest glaubten, mich zu lieben. Es gab ein eisernes Gesetz im Arrangement zwischen dem Taxifahrer und mir: Niemals einen Kunden privat treffen. Eingeladen wurde ich oft, und der Spagat zwischen privatem Plaudern und beruflich bedingter Nähe war nicht immer leicht. Aber ich versuchte, diese Männer nie vor den Kopf zu stoßen, die glaubten, sie hätten sich verliebt. Zum einen, weil sie lukrativ waren, und zum anderen, weil ich erreichen wollte, dass Menschen mich mögen. Jemanden zu verletzen oder schlecht zu behandeln war nicht in meinem emotionalen Repertoire. Nur an diesem Tag, als meine Mauer ein kleines bisschen zu viele Schüsse abbekommen hatte, fiel ich ein wenig aus der Rolle. Der freundliche Kunde lag entspannt neben mir, der Akt mit ihm war immer kurz, er schätzte es mehr, mich hinterher im Arm zu halten.

«Du ...?», fragte er zögerlich, «was passiert eigentlich, wenn ich mich in dich verliebe?»

Ich sah ihm offen ins Gesicht, lachend. «Ich bin nur eine Prostituierte. In mich verliebt man sich nicht.»

Er schwieg, was gab es dazu auch zu sagen. Ich hatte ihn daran erinnert, dass ich nur das war, was seine Wünsche erfüllt. Wie ein Auto, das fährt, wenn man Benzin gekauft hat. Ich war nett zu ihm, weil es mein Job war. Meine Freundlichkeit sagte nichts über mein Herz. Zumindest sollte er das glauben. Ich sah ihn nie wieder, er war klug und schützte sich selbst vor mir.

Der letzte Kunde des Tages war einer von den Jungs, die Probleme mit ihrer Ehefrau haben und dazu noch ein nerviges freches Kind, einen stressigen Job – er suchte seine Stunde Auszeit bei mir. Mal ging es sexuell nur um ihn, mal wollte er mir «etwas Gutes tun». Manchmal redete er nur, berührte mich die ganze Zeit seiner Anwesenheit über nicht, stand nur am Fenster und sprach zu mir. Heute war ich sehr müde, es ist 19 Uhr, ich habe bald Feierabend, es war warm in der Wohnung, die Worte über seine Ehe plätscherten an meinem Ohr vorbei, ich lag auf dem Bett, irgendwann fiel mein Kopf zur Seite, und ich schlief ein. Ich wachte auf, als er mich leckte. Ich hasse es, geleckt zu werden, weil es meinem Körper manchmal gefiel. Und ich wollte nicht, dass irgendetwas meinem Körper gefällt, was Fremde mit mir taten. Ich wollte Neutralität wahren, wollte, dass mein Körper nicht erreichbar bleibt.

An diesem Abend fuhr ich nicht nach Hause. Ich schrieb dem Taxifahrer, dass ich Feierabend machen würde, aber gerne im Apartment schlafen wollte, um noch zu baden, denn ich hatte zu Hause keine Badewanne. Er erlaubte es und kündigte sein Erscheinen zum Frühstück am nächsten Morgen an. Es war 21 Uhr, ich hatte jetzt 12 Stunden Zeit, für mich, Zeit, in der ich alleine sein konnte. Ich stellte mich unter die Dusche, ließ kaltes Wasser laufen, streifte mir unter der Dusche die halterlosen Strümpfe ab, und dann passierte es: Ich weinte. Ich konnte nichts dagegen tun. Die Tränen kamen einfach, obwohl sie Ewigkeiten nicht da waren. Sie waren anders als das schmerzerpresste Wasser, das aus den Augen fließt, wenn die schmerzleitenden Neuronen aktiv sind. Diese Tränen jetzt speisten sich aus einer Quelle, die ich längst vergessen hatte. Ich vermochte sie nicht aufzuhalten. Ich bildete mir so lange Zeit ein, nichts zu fühlen. Aber offenbar war das nicht wahr. Es war so viel Qual in mir, so viel, was ich nicht verhindern konnte, ich hatte den Eindruck, ein Staudamm brach, und ich sah mir hilflos dabei zu, unfähig, das Wasser aufzuhalten, mich zur Ordnung zu rufen. Auf den Fliesen saß ich, meine Schultern zuckten, es hörte nicht auf. Irgendwann schlang ich ein Handtuch um mich und trat in die Winterluft auf den Balkon. Da unten lag Hamburg, meine Lieblingsstadt, meine Heimat, von der sechsten Etage hier oben hatte ich einen wundervollen Blick. Ich könnte springen, dachte ich, aber warum sollte ich das tun? Mir fehlte der Mut. Und wenn ich spränge, würde alles herauskommen, und meine Familie würde niemals wieder glücklich werden, mit einer suizidalen Hure in ihrer Mitte. Den Schmerz könnte ich Mama nie antun, das wusste ich. Die Tränen kamen wieder, diesmal beweinte ich meine Feigheit. Und gleich darauf wurde ich zornig – Selbstmitleid ist das Allerletzte! Sei nicht albern, wies ich mich zurecht, niemand zwingt dich, eine Hure zu sein, also hör auf, dich zu bemitleiden! Du bist es nicht wert!

Ich errichtete mir mit Decken ein Schlaflager vor der Balkontür, vom Weinen und vom Tag erschöpft, schlief ich augenblicklich ein. Es war wie früher, ich wollte nicht in dem Bett schlafen, in dem Männer über mich gehen. Ich war nicht mehr das kleine vergewaltigte Mädchen, schon lange nicht mehr. Körperlich blieb ich in diesem Jahr jedoch weitgehend unversehrt – nie wieder musste ich einen der Ärzte aufsuchen, zu denen mich die Albaner brachten, wenn die Blutungen nicht richtig zu stoppen waren. Was aus mir geworden war, darüber dachte ich nicht nach. Auch darüber nicht, dass ich schon lange nicht mehr 50–50 arbeitete – mein Geld wanderte, bis auf ein monatliches Taschengeld, in die Brieftasche meines Zuhälters, der längst genug über mich wusste, um mich still und gefügig zu halten.

In den folgenden Tagen machte sich diese Erschöpfung immer mehr bemerkbar. Ich schlief öfter zwischendurch ein, einmal sogar unter einem Kunden, aber ich glaube, er merkte es nicht. Die Krankheit klopfte immer lauter an meine Tür, ich machte auf, perfektionierte meine Bulimie und verbrachte freie Tage nicht mehr mit Freunden, sondern nur noch im Fitnessstudio. Ich kapselte mich ab von allem. Ich begleitete Kunden auf Reisen. Es hätte ewig so weitergehen können, bis ich einfach nicht mehr aufwachte, zumindest hoffte ich das. Doch dann begegnete mir ein Kunde, der mich vor seinem ersten Besuch bei mir unzählige Male anrief. Er sprach von Dominanz und Unterwerfung, fragte sehr genau, was ich zu tun bereit war, Klammern setzen, leichte Schläge mit der Hand auf den Po, ja, ist alles okay. Anal? Nein. Wirklich nicht? Vielleicht, wenn ich dich besser kenne, sagte ich. Er machte einen Termin und rief mich dann noch ein paarmal an, um mir zu sagen, was ich anziehen sollte, gab mir ein paar Regeln auf. Ich sollte ihm Bescheid sagen, wenn ich zum

Orgasmus komme, wenn er bei mir ist. Aha. Na gut, dachte ich. Ich sollte die Augen fest geschlossen halten und mich für jede der sechs Klammern bedanken, die er mir setzen werde. Ich hörte zwar aufmerksam zu, seine tiefe, klangvolle Stimme gefiel mir, aber ich hatte gelernt, einem Kunden erst dann zu glauben, wenn er wirklich vor mir stand. Am Telefon erzählten Freier die lustigsten Sachen und trauten sich viel mehr zu – und wenn sie dann vor mir standen, hielten sie mir mit schamvoll zitternden Händen eine hastig aus dem Schmuddelheft gerissene Seite unter die Nase – «machst du das auch?», fragten sie. Das war dann der Moment, in dem ich immer erfolgreich nachverhandeln konnte. Sie hätten es auch ohne Aufschlag bekommen, aber ihre Aufregung hatte sie entlarvt. Am Telefon waren sie mutiger, da hörte es sich oft großartiger an.

Am Abend kam der fremde Kunde, André nannte er sich, er war groß, Anfang 40, hatte kurze dunkle Haare und ein angenehmes Gesicht. Er trug gute Kleidung und zahlte für drei Stunden. Ich sollte mich ausziehen, er behielt seinen Anzug an, nur die Krawatte nahm er ab. Ich legte mich auf den Rücken und schloss die Augen. Seine Hände glitten über mich. Seine Stimme trug mich, ich war zwar nervös, aber doch behaglich. Die Klammern gaben einen hellen Schmerz, als er sie langsam, eine nach der anderen, an meine Brust setzte. Nicht an die Nippel, das hatten wir vorher abgesprochen. Die gesamte Zeit wartete ich ängstlich, ob er sich an die Abmachung halten würde. Ja, er hielt sich daran. Es entspannte mich, zu wissen, wann welcher Schmerz bevorstand. Ich musste jetzt nur reagieren, nicht agieren. Er wollte keine Eigeninitiative von mir, ich musste ihn auch nicht berühren. Als er mich fickte, reichte es ihm, meine Hände mit seiner linken Hand über meinem Kopf festzuhalten. Und trotzdem war er dabei nicht brutal. Er genoss es, das sah ich ihm an, als er mir für einen kurzen Moment erlaubte, die Augen zu öffnen. Damit es für ihn interessant blieb, kündige ich meinen ersten, natürlich getürkten Orgasmus an. Es war mir peinlich, die Worte über meine Lippen zu bringen. Ich schämte mich dafür. Er bemerkte mein Schamgefühl, und es schien ihn zu freuen.

Als er ging, sagte er, ich solle ihn Kai nennen, André sei ein falscher Name gewesen. Ich würde von ihm hören, und er denke, die Bizarre Welt sei ein guter Aufenthaltsort für mich. So nannte er sein Spiel mit Dominanz und Devotion, die Bizarre Welt. Ich war fasziniert von seiner Stimme, von der Entspannung durch den Schmerz. Davon, wie gut er in meinem Gesicht zu lesen verstand. Ich blickte ihm aus dem Fenster hinterher, er fuhr einen dunklen SUV zu einer Zeit, in der das noch kein Schickimicki-Mutti-Auto war. Ich blieb nachdenklich zurück. Eine Klammer hatte er mir dagelassen, als Erinnerung. Wenn ich möchte, darf ich sie mir selbst setzen, sagte er. Ich möchte nicht. Also, ich wollte schon, aber nicht aus eigenem Antrieb.

Für gewöhnlich machte ich mein Arbeitstelefon um 21 Uhr aus. Diesmal nicht, Kai wollte mich noch anrufen. Er tat es pünktlich, fragte, was mir gefallen habe und was mir nicht gefallen hätte. Er fragte es ohne Wertung, sagte mir gute Nacht und erklärte, er werde sich in zwei Tagen wieder melden.

Den Rest des Abends war ich in Trance. Auch am Folgetag dachte ich ständig daran, war geistesabwesend, zupfte mit der Klammer an meiner Haut herum. Ich erwartete ungeduldig den Anruf von Kai. Als er sich meldete, spürte ich, dass ich ihm unbedingt gefallen wollte. Ich wollte mehr von dem, was er offenbar bereits kannte. Über SM hatte ich alles Mögliche gelesen, ich wusste schon lange, dass ich masochistische Neigungen hatte, aber gelebt hatte ich es bisher nicht, wenn man mal von den Minirollenspielen absah, die sich Kunden gewünscht hatten. Das war jedoch der Job, das war nicht ich. Kai, der dominante Mann, war natürlich auch nur ein zahlender Kunde, sagte ich mir. Und doch, es war anders als alles, was ich bisher erlebt hatte. Er erzählte mir am Telefon von seiner Vorstellung der Bizarren Welt, in der der Herr befahl und die Sklavin gehorchte. Die O, wie er sie nannte, nach der *Geschichte der O*. Ich lauschte seinen Worten, stellte Fragen, fand Antworten, wurde neugierig. Der Taxifahrer spürte, dass ich ihm entglitt. Er nahm mich mit zu sich nach Hause, in das luxuriöse Anwesen mit Elbblick, ich lernte seine blasse blonde perfekte Frau kennen, sie sprach ganz offen mit mir, redete mir ins Gewissen, ich solle meine Arbeit nicht vernachlässigen. Sie zeigte mir die Vorzüge eines Luxuslebens, ihre hübschen, klugen Kinder, ihr Haus. Sie war Anwältin, das Hobby ihres Mannes sei ihr egal, darüber, dass er auch mit mir schläft, sprachen wir nicht. Ich glaubte, dass diese Frau vollkommen knallhart und eiskalt sein konnte, wenn sie es für nötig hielt. Sie hatte ihr Nest und ihren Weg, sie ließ ihrem Mann seine Spielereien, denn beide wussten, dass gegenseitige Vernunft eine sorglose Zukunft für die ganze Familie bedeutete. Natürlich musste sie mir gut zureden, dachte ich, ich sorgte schließlich dafür, dass ihr Luxus erhalten blieb.

Der dominante Mann blieb mir treu. Behutsam nahm er Raum in meiner Freizeit ein. Er verabredete Telefontermine mit mir, die außerhalb meiner Arbeitszeiten lagen, und er hielt sie immer ein. Seine grauen Augen betrachteten mich, wenn er mir Fragen stellte, als sei er weniger an dem interessiert, was ich sagte, als an dem, was ich nicht sagte. Er sah nie überschwänglich freundlich aus – aber verlässlich. Wenn er mich berührte, dann nur, um währenddessen meinen Blick nicht loszulassen. Ich konnte seinen Blick selten lange erwidern, mir gefiel diese seltene, ruhige Farbe seiner Iris, wie warmer Asphalt, ein Untergrund unlesbarer Gedanken. Wenn ich hineinsah, verlor ich mich ein wenig darin und begann zu ahnen, dass sehr viel mehr dahinter lauerte, als ich anfangs vermutet hatte. Er bat mich, aufzuschreiben, wer ich bin, was ich mag. Nicht, weil er es lesen wollte, sondern weil er wollte, dass ich über mich nachdachte. Er besuchte mich auch und zahlte und fickte und redete und schlug – aber er schlich leise wie eine Katze um seine Beute, bis ich einem Treffen zustimmte und damit gegen die Grundregel des Taxifahrers verstieß. Bei diesem Treffen tranken wir nur Kaffee, er sprach, erzählte mir von seiner Frau, seinen Söhnen. Seiner glücklichen Ehe, in der aber seine Vorliebe von dominantem Sex keinen Platz haben konnte. Nach diesem Gespräch schrieb ich in mein Tagebuch:

Jetzt, ein Jahr später, sehe ich einen Ausweg, der besser sein wird als alle bisherigen, denn ich erkaufe ihn zwar mit meinem Körper – doch nur noch für einen einzigen Benutzer.

AUSGESTIEGEN

Was die Bizarre Welt mir verspricht, ist verlockend.
Kai, den ich dann mit «mein Herr» werde ansprechen müssen, will mich für sich allein. Ihm soll ich zur Verfügung stehen, nur ihm. Sollte mein Ausstieg ein finanzielles Problem sein, wird er es lösen. Ich werde weiter studieren können, wenn ich will, ich werde mehr Freizeit haben. Versprechungen, warnt mich meine innere Stimme, die nicht erfüllt werden müssen. Aber, und das habe ich bei den Albanern gelernt: Es kann zwar immer schlimmer kommen, aber kein erfolgsorientierter Mensch wird das endgültig zerstören, was ihm von Nutzen ist. Mein Mantra: Mit Snuff verdient man nur einmal Geld.

Ich muss mich bald entscheiden, denn ich fürchte mich davor, dass der Taxifahrer meine Grenzverletzung entdeckt. Und es geht an meine körperliche Substanz, morgens früh bereits mit Kai Kaffee und Sperma zu trinken und danach zu arbeiten und mir nachts noch Wissen über die Bizarre Welt anzulesen. Sadomasochismus fasziniert und ängstigt mich. Ich ahne, dass ich mich dort verlieren und finden kann. Ich quäle mein Tagebuch mit Nachdenkereien:

Bisher habe ich mich dafür verachtet, eine devote Persönlichkeit zu sein. Ich bin hinter starken Menschen hergelaufen, um von ihnen zu lernen, perfekt zu sein. Werde ich dies nicht mehr brauchen, wenn ich meiner Neigung folge und mich von Kai ausbilden lasse? Werde ich dann das Gefühl haben, mir Perfektion zu verdienen? Ich bin ein braves Mädchen, intelligentes Kind intellektueller Eltern, Klassenbeste, Kurssprecherin. Ich bin Prostituierte, die für Geld mit jedem schläft und jeden anlügt: Freier, Freunde, Familie. Nun bin ich erstmals etwas, auf das ich stolz bin: unterwürfige Frau, freiwillig dominiert und fremdbestimmt. Meinen Herrn habe ich gefunden, was er sagt, arbeitet in mir. Es ist wunderbar, dass er mir ermöglicht, mich auszuleben. Ich möchte nicht «ich selbst» werden, ich will die dunkle Seite ausleben, finden muss ich sie nicht mehr. Ich kenne die zwei Universen meiner Seele, aber ich habe noch nicht gelernt, wie sie sich gegenseitig respektieren könnten. Es interessiert mich, ob Kai mich verachtet. Ob ein dominanter Mensch den devoten Partner als weniger wert ansieht. Daher ist es mir so wichtig, zu prüfen, ob er wirklich intelligent ist, denn nur so kann ich ihm diese Frage stellen und seine Antwort, wie immer sie auch ausfallen mag, als wohlüberlegt akzeptieren.

Mein Herr verlangte nach einer Analyse meiner Situation. Ich solle ihm aufschreiben, was gut, und was schlecht an meinem Leben sei. Ich versuche es, und ich werde es nicht noch einmal durchlesen, sondern authentisch abgeben. Wenn ich sein Angebot annehme, soll er wissen, wer ich bin.

Negativ:
- Noch immer belüge ich Menschen, die ich liebe: meine Familie. Alles, was ich in der Vergangenheit verkehrt gemacht habe, bringe ich nur scheinbar in Ordnung.
- Ich habe keine Zeit für Familie und Freunde, auch keine Lust, mich zu verabreden, ich bin ja nur eine Prosituierte.
- Die Bulimie zerstört meine Schönheit, meinen Körper, meine Familie und meine ganz eigene Welt, ich habe keine Selbstdisziplin, ich kann und will nicht aufhören, es ist mein Anker!
- Ich bringe in die Bizarre Welt zu viel Schamgefühl mit hinein, ich habe Angst, zu viel von mir preiszugeben, Angst davor, meine Unzulänglichkeit enttarnt zu wissen.
- Mir fehlt Zeit zum Planen, zum Inszenieren von Stücken in der Bizarren Welt.

- Mein Studium geht nicht voran, mir fehlen soziale Kontakte dort, ich verliere fachlich und emotional den Anschluss.
- Ich wiege 5 Kilo zu viel.
- Der Job als Hure bestimmt meinen Alltag und setzt ein ständiges Gesundheitsrisiko.
- Ich habe keine Zeit zum Klavierspielen.

Positiv:
- Gute Leistungen in Schule und Studium freuen meine Familie – ich kann meinen Eltern ein bisschen was von dem zurückgeben, was sie für mich getan haben.
- Ich lebe meine Neigung mehr und mehr aus und lerne, mich nicht mehr dafür zu schämen.
- Ich fühle mich nicht mehr so einsam, seit es Kai gibt.
- Im Job lerne ich viel über Menschen, Sextechniken, perfekte Organisation – ich erhalte Bestätigung und das Gefühl, wenigstens ein Talent zu haben.

Meine Träume und Ziele:
- Meine Familie soll mir wieder vertrauen, und mein Bruder muss sich keine Sorgen mehr um seine kleine Schwester machen.
- Meine Eltern reden entspannt miteinander.
- Ich möchte Kai nicht enttäuschen.
- Meine Hemmschwellen abbauen
- Die Arbeit als Hure ohne Schaden an Geist und Körper überstehen (Illusion)
- 5 Kilo abnehmen
- Alleine nach Florenz reisen
- Mein Talent wiederbeleben
- Absolute Perfektion im Alltag erreichen

- Ob ich Kinder haben will, weiß ich nicht, aber ich möchte in der Lage sein, mental und finanziell die Verantwortung für ein Kind übernehmen zu können.
- Ich möchte gesund mit Nahrungsmitteln umgehen können.

Eine Weile balanciere ich unschlüssig zwischen vertrauter Routine und verheißungsvoller Unsicherheit. Dann geht es ganz schnell. Erst der eine – dann der Letzte. Der eine ist der Kunde, den ich als Einzelkämpfer bezeichnete, der schon zweimal bei mir war, ich hatte immer das Gefühl, er hielte etwas zurück, er verbarg etwas. Geschickt, aber da lauerte etwas hinter seinen Augen, als warte er nur auf eine Gelegenheit, seine Courage und seine Talente zu beweisen. Ich sollte recht behalten. Er kam am Vormittag, und er blieb etwa fünf Stunden und lehrte mich, wie viel Schmerz körperlich möglich ist, bis das Bewusstsein entkommt. Der Einzelkämpfer bewegte sich mit grausamer Grazie um mich herum, hielt mich fest. Es schien ihm keine Mühe zu bereiten, sein Gesicht war nahezu ausdruckslos, nur so etwas wie Interesse zeigte sich, als ich versuchte, mich aus seinem Griff zu befreien. Es war die Demütigung, die mir die meiste Kraft raubte. Diese mühelose körperliche Überlegenheit; dieses ostentativ unbeteiligte Gesicht, mit dem meine aussichtslosen Anstrengungen begleitet wurden, machten mir schamverzweifelt Angst. Ich versuchte, Erlerntes anzuwenden: nicht wehren, dann ist es bald vorüber. Doch der Einzelkämpfer war nicht an einer gottergebenen Puppe interessiert. Er hielt mir einen Knebel vor die Augen: «Wenn du ihn willst, darfst du mich danach fragen.»

Weitere Worte hörte ich nicht von ihm. Mal ging sein Atem etwas schneller, doch bei allem, was er tat, war sein Blick konzentriert und seine Gestik ruhig. Schnell, wenn es ihm erforderlich schien, aber präzise. Zu dem Einzelkämpfer gewandt konnte ich weder jammern noch bitten, noch flehen. Seine Zielstrebigkeit war beinahe physisch greifbar, und da ich mit Intelligenz gesegnet bin, spürte ich instinktiv, dass er sich davon weder von Worten beeindrucken lassen würde, noch Gefallen daran hätte. Ein wenig habe ich im Nachhinein den Eindruck gehabt, ein Experiment gewesen zu sein. Ein fester Druck seines Daumens zwischen meiner Nase und meinem Mund ließ mich in die Knie gehen, mein Kopf explodierte in kreischendem Schmerz, für den Knebel war ich dankbar, als er blanken Stahl aus der Jacke zog und sein Spiel begann.

Bei meiner dritten Ohnmacht weckte er mich nicht, er wird genug gehabt haben. Er war fort, als mich ein vom Taxifahrer geschickter Muskelmann weckte, der nachsehen sollte, warum die Telefone ausgeschaltet waren. Der Einzelkämpfer hatte dafür gesorgt, dass ich körperlich oberflächlich fast unversehrt war, aber nie, niemals zuvor solche Schmerzen spürte. Die Angst davor begleitet mich, sie kriecht zu mir, wenn ich einschlafen will. Am liebsten hätte ich mich dem Muskelmann in die starken Arme geworfen, ganz gleich, was er wollte, ich wollte nur Sicherheit, vertrautes Terrain, jemanden, der mich festhielt und dem Boden wieder näher brachte. *Gib mir schmerzlose körperliche Nähe, und ich fange an zu weinen vor Erleichterung – bis heute.*

Der Muskelmann des Taxifahrers schaute mich an, setzte mich auf und führte ein kurzes Telefonat.

«Da hat einer quergeschossen. Sieht verheult aus, aber sonst okay. Bisschen wacklig. Ich gebe ihr was.»

Es gibt ein paar Grundsätze, die ich nie verlassen habe: Keine Drogen, kein Alkohol, kein Sex ohne Gummi, egal, wie viel gezahlt wird. Die Pille, die der Muskelmann mir gab, verweigerte ich. Auch das Glas Sekt zum Runterspülen. Ich erklärte mich mit einer normalen, also zucker- und kalorienhaltigen Cola einverstanden, die stärkste Droge, die ich akzeptiere, und nur für den Notfall gedacht. Ich bestand darauf, dass er die Dose vor meiner Nase öffnete, in die Küche folgen konnte ich ihm nicht, da ich meinen Füßen nicht traute. Der Muskelmann war nicht lieb, aber auch nicht grob zu mir. Er fragte seine Fragen, die ihm helfen sollten, zu verstehen, was passiert war. Einem Monteur gleich, der das Auto auf die Hebebühne hebt und schaut, wie groß der Schaden ist. Als er sich überzeugt hatte, dass ich keine umfassenden Reparaturen nötig hatte, verlangte er nach einer Probefahrt. Vertrautes Terrain, TÜV bestanden.

Als der Muskelmann abgesamt wieder gegangen war, räumte ich auf, wusch mich und erwartete sehnsüchtig den nächsten Kunden, der sich angekündigt hatte – nicht nachdenken, nicht zurückschauen, Ablenkung, Ablenkung! Als ich dem Freundlichen Letzten die Tür öffnete, versuchte ich, ihm wie immer zu begegnen. Er war Stammkunde, groß, nett anzuschauen, der typische Vertriebler im Außendienst, der mich vermutlich unter meiner Postleitzahl im Terminkalender stehen hatte. Er konnte sich am Telefon mit «Ich bin's, hast du heute gegen 17 Uhr Zeit?», melden, und ich konnte sofort zustimmen, da ich seine Stimme gern erkannte. Er war einer von denen, die den Reiz des Jobs ausmachten. Es machte immer Spaß mit ihm. Etwas brutal, etwas wild, immer mal eine neue Stellung, zwischendurch mal Lachen, schneller Sex, Smalltalk. Diesmal war er vorsichtiger als sonst, er registrierte mein kurzes Zurückweichen, ich sah in seinem Blick, dass meine Verfassung von ihm nicht unbemerkt blieb. Ich hatte ihn gern, die Stunde mit ihm war immer eine Erleichterung, Entspannung, eine Auszeit. Das wurde mir an diesem Abend nur zu deutlich bewusst. Als wir hinterher nebeneinanderlagen, fragte er mich unvermittelt: «Wie lange willst du den Job eigentlich noch machen?»

Mir traten Tränen in die Augen. Ich drehte mich auf den Rücken: «Nicht mehr lange, denke ich.» Der Freundliche Letzte zog mich zu sich heran: «Ist nicht immer so lustig, oder? Ist heute was passiert? Du bist so still.»

Die Lüge lag mir auf der Zunge, aber ich sprach sie nicht aus. Ich hatte keine Kraft mehr. «Nein, es ist nicht immer lustig», sagte ich, «es tut mir leid, wenn ich heute etwas abwesend bin.» Natürlich hatte ich Angst, einen Kunden wie ihn unzufrieden zu machen. Doch ich glaube, er war zu intelligent, um sich geprellt zu fühlen, weil eine Hure heute mal keinen wilden Orgasmus vorgetäuscht hatte.

Der Freundliche Letzte drückte mir aufmunternd den Arm: «Sieh zu, dass du keinen Schaden nimmst, besonders hier», sagte er und tippte sich an die Schläfe. «Aber das weißt du vermutlich selbst.» Er stand auf und zog sich an. «Ich freue mich natürlich, wenn ich zu dir kommen kann, aber im Endeffekt ist es besser, wenn du auf dich achtest.» Ich lächelte ihn nachdenklich an, als ich ihn verabschiedete. Dann schrieb ich die O.k.-und-Feierabend-SMS, duschte, zog mich an, räumte auf und ging zu Fuß nach Hause. Kein Taxi, auch wenn das gegen die Regeln war. Ich wollte mit niemandem reden. Und ich wollte keine Blicke. Plötzlich kam ich mir entsetzlich bloßgestellt und aller Mauern beraubt vor. Ich ließ meine Jacke zurück, ich wollte frieren, mich spüren. Zu Hause angekommen, rief ich den Taxifahrer an und sagte, ich bräuchte drei Tage Pause. Wir einigten uns auf einen Tag. Zum ersten Mal ärgerte ich mich, dass ich Kai nicht anrufen konnte. Ich hatte nicht einmal seine Telefonnummer, er war schließlich verheiratet und außer über E-Mails, die er aber ausschließlich im Büro las, konnte ich nicht mit ihm Kontakt aufnehmen. In der Regel rief er mich frühmorgens auf dem Weg zu seiner Arbeit an, es ergab also keinen Sinn, ihm jetzt zu schreiben. Es gehörte auch zum Gedankenstammbaum der Bizarren Welt, dass die Sklavin für den Herrn erreichbar sein muss, er jedoch nicht für sie. Zuneigung wird ebenso zugeteilt wie Züchtigung: allein durch seine Entscheidung. Daher hatte ich ihn nie nach seiner Rufnummer gefragt – er hatte mir die Mailadresse gegeben, und ich hatte es ohne Quengelei hingenommen, bemüht, mich von Anfang an fehlerfrei zu geben.

Die Nacht war kurz. Ich weinte nicht. Ich hatte keine Schmerzen, nicht richtig. Ich hatte eine Erinnerung an das, was der Einzelkämpfer getan hatte. Sie bestimmte so sehr meine Gedanken, dass ich nur rudimentär funktionierte. Ich wägte nicht mehr Pro und Contra ab. Etwas war kaputtgegangen, auch wenn ich nicht greifen konnte, was es war. Vielleicht, weil ich meine Verletzlichkeit noch einmal gespürt hatte. Durch die Tränen, die ich beim Freundlichen Letzten gezeigt hatte, war mir bewusstgeworden, dass da noch etwas war, dass ich immer noch eine innere Schicht hatte, die lebendig war und angekratzt wirkte. Es tat in einer Tiefe weh, die ich nicht gekannt hatte und die ich eigentlich auch auf gar keinen Fall fühlen und kennen wollte. Mechanisch ordnete ich meine Sachen, machte mir eine Liste, was nun zu tun war. Vertraute, hoffte auf Kai. Machte keinen Plan B. Ich war der festen Überzeugung: Der Freundliche Letzte ist der Letzte gewesen.

Am Morgen rief Kai an. «Guten Morgen, meine O, wie geht es dir?»

«Guten Morgen, mein Herr. Ich höre mit dem Job auf. Ich kann nicht mehr.»

«Wann?»

«Sofort.»

«Bist du zu Hause?»

«Ja.»

«Ich bin um 12 bei dir. Und jetzt erzähle mir, was passiert ist.»

«Nichts», sagte ich, «ich kann einfach nicht mehr.»

Er wird gespürt haben, dass da mehr war, aber er hakte nicht weiter nach. Er erzählte von seinem Tag und beendete das Gespräch, als er in seinem Büro angekommen war. Die Stunden bis 12 Uhr räumte ich meine Wohnung auf und suchte meinen Körper ab, ob ich Spuren des Einzelkämpfers zu finden waren. Das, was ich sah, würde kaum jemand richtig interpretieren, ich hatte also keinen Grund, die Blicke meines Herrn zu fürchten. Nein, nicht einen Moment lang überlegte ich, dass mich vielleicht an dem, was der Einzelkämpfer getan hatte, keine messbare Schuld traf. Kai rief an, als er auf dem Weg zu mir war, und fragte, ob ich Sachen aus meiner Arbeitswohnung holen wolle. Ja, wollte ich. «Dann zieh dir was über und sei in zehn Minuten unten, wir fahren hin und holen alles.»

Ich packte die Arbeitstelefone ein, nahm eine große Tasche und stieg zu ihm ins Auto, ein seltenes Privileg, da meine langen blonden Haare an den Sitzpolstern ein Risiko für ihn darstellten. Ich ging angespannt und mit hochgezogenen Schultern in die Wohnung, ich hatte Angst. Ich war leise, vorsichtig, mechanisch gezielt nahm ich alles, was mir gehörte, und stopfte es in die Tasche. Das Geld von gestern ließ ich liegen, ich wollte es nicht, die Arbeitstelefone legte ich daneben. Kai sah mir wortlos zu. Er hielt mir die Türen auf und kontrollierte die Schränke noch mal. Im Hauseingang nahm er mir die Tasche ab und sagte, ich solle die Schlüssel in den Briefkasten werfen. Ich folgte seinen Anweisungen widerspruchslos. Ich schrieb an den Taxifahrer, ich würde nicht mehr zurückkehren. Direkt danach machte ich mein Handy aus. Wir kamen zurück in meine Wohnung, mein Herr wies mich an, mich auszuziehen, und nahm mich mit einer neuen Innigkeit und vorsichtiger Gewalt, dosiert, Nähe gebend, die Schläge weckten mich aus meiner mechanischen Lautlosigkeit, Schmerzen gaben Lebendigkeit zurück. Es war die einzige Form des In-den-Arm-Nehmens, die ich kannte und zuließ.

Einige Jahre später noch wunderte ich mich, dass der Taxifahrer nicht mehr unternahm, um mich zurückzuholen. Heute weiß ich, dass ich ihm vermutlich sehr viel mehr hätte schaden können, gesellschaftlich gesehen, als er mir. Er war Geschäftsmann und besonnen genug, um Schwierigkeiten zu vermeiden. Ein paarmal telefonierte er mit mir, schickte mir Nachrichten, aber er stand nie vor meiner Wohnung Vielleicht beobachtete er mich, vielleicht auch nicht. Ich stand unter dem Einfluss meines Herrn, und der Taxifahrer wird erkannt haben, dass da nichts mehr zu machen war. Mein Herr kontrollierte immer mal wieder die Anzeigen in der Morgenpost und teilte mir irgendwann mit, dass meine Arbeitswohnung neu besetzt sei. Erstaunlicherweise beruhigte mich das und nahm mir etwas von dem Schuldgefühl, meinen Arbeitgeber im Stich gelassen zu haben.

In den ersten Tagen nach meinem Ausstieg verkroch ich mich in der Sauna oder im Fitnessstudio, wenn mein Herr mich nicht gerade beanspruchte. Und ich richtete mein neues Leben ein. Suchte die Unterlagen zusammen, die ich brauchte, um meinen neuen Teilzeitjob anzutreten, den mein Herr mir besorgt hatte. Der Verdienst war in Ordnung, es war legales Geld, ein anonymes Umfeld, ich musste nur tun, was gesagt wurde, und Dinge von A nach B bringen. Genau richtig, um langsam wieder lebendig zu werden und zu begreifen, dass ich nicht mehr jeden Tag fremde Hände auf mir hatte. Komischerweise spürte ich sie nun viel mehr als in der Zeit, in der sie allgegenwärtig gewesen waren. Ich hatte Zeit zum Nachdenken, Zeit zum Lesen, zum Schreiben. Und leider nicht genug Ablenkung, um den Erinnerungen zu entfliehen.

FACHKRAFT FÜR ANGEWANDTE BULIMIE

Die Stimmen in meinem Kopf sind laut. Ich denke darüber nach, was andere über mich denken könnten. Ich halte mich offenbar für so bedeutend dass ich ernsthaft glaube, fremde Personen würden sich eine Meinung über mich bilden und mich anhand meines Einkaufskorbes verurteilen.

«Was gucken Sie so?!», will ich schreien. «Haben Sie noch nie eine Bulimikerin bei der Arbeit gesehen?»

Ich haste mit einem Korb durch die Gänge des Supermarktes. Einen Einkaufswagen würde ich nie benutzen, das sieht unmäßig aus, nach Völlerei. Paradox, fülle ich doch meinen Korb rasch mit Nahrungsmitteln, deren Nährwert weit abseits von dem liegt, was man als gesund bezeichnen würde. In meinem bevorzugten Supermarkt kommt zuerst das Brot-Kuchen-Regal. Hier muss ich bereits die erste Entscheidung treffen – will ich Käsebrot oder Nutellabrot kotzen? Brot bedeutet, ich brauche auch Eis. Brot ist nicht leicht zu kotzen. Rutscht nicht gut. Also muss ich viel Butter dazunehmen. Butter heißt aber, Messer nehmen und Brote schmieren. Alles, was über «Ich nehme einen Löffel in die Hand» hinausgeht, ist anstrengend. Kostet Zeit. Und Nerven. Und bedeutet größeres Schamgefühl, weil ich dann ja etwas «zubereite», um es danach wieder loszuwerden. Und Lebensmittel nur für mich zuzubereiten kommt mir vollkommen unbescheiden vor.

Erst mal kein Brot. Aber Fertigkäsekuchen. Und Mini-Brownies. Weiter zu den Keksen. Wikingerröllchen sind perfekt. Marzipan, Schokolade, Fettcreme, etwas Biskuit. Kann man schnell essen und schnell kotzen. Fastfood für Bulimiker. Auch Prinzenkekse? Nein. Aber diese Waffel-Schokoladencreme-Kekse, bei denen man die störende Waffel meistens rückstandslos entfernen kann. Trockenobst. Ich liebe getrocknetes Obst. Aber es hat zu viele Kalorien, um es zu behalten. Also kann ich es nur während einer meiner privaten Kotzpartys zu mir nehmen. Getrocknete Aprikosen wandern in den Korb. Weiter zu den Süßigkeiten. Katjes sind besser als Haribo. Katjes hat diese Joghurt-Dinger, bei denen einem praktischerweise auch gleich direkt schlecht wird. Zwei Packungen, unterschiedliche. Zwei Packungen desselben Lebensmittels würde ich nie kaufen. Das sieht unmäßig aus. Immer schön variieren, dann wirkt es weniger verfressen, rede ich mir ein. Ich gucke kurz über die Schokoladenregale – nein. Keine Tafelschokolade. Kinderriegel vielleicht. Die muss ich aber erst in den Tiefkühler legen. Dann rutschen sie besser, egal in welche Richtung. Choco Crossies kommen auch noch mit, und Kinder Schoko-Bons. Letztere muss man zwar auspacken, aber sämtliche Frauen, die mir später in der Klinik begegnen werden, schwören auf Kinder Schoko-Bons fürs schnelle Kotzen zwischendurch. Fünf Stück essen, kotzen, fertig, entspannen. Schoko-Bons sind Quengelware für innere Dämonen.

Die Hardware habe ich jetzt zusammen. Nun brauche ich noch Gleitmittel. Prinzipiell kann man alles erbrechen. Aber bei zwölf Kotzattacken am Tag sollte man darauf achten, die Schleimhäute in Hals, Rachen und Speiseröhre zu schonen. Je fester das Zeug im Magen, desto anstrengender ist es, es wieder loszuwerden. Das erste Mittel zum Besserflutschen auf meiner Runde im Supermarkt: Eis. Familienpackung? Never. Man kauft als Einzelperson keine Familienpackungen. Ich kann keine Literschale Eis auslöffeln. Natürlich kann ich das. Aber ich möchte nicht. Wenn ich die Literschale vor mir sehe, bekomme ich Angst vor mir selbst. Also? Eine Packung Domino-Eis und Mini-Eisbecher. Für Domino brauche ich nicht mal einen Löffel, und wenn ich die Waffeln runternehme, spare ich Kalorien. Kalorien sparen? Ja, für den Fall, das etwas hängen bleibt. Manchmal ist man ja zu langsam beim Kotzen. Zur Kontrolle hilft es, sich vor und nach dem Kotzen auf die Waage zu stellen – zur Kontrolle, ob man zumindest wieder beim Ausgangsgewicht angekommen ist. Weiter zum Kühlregal. Kinder Pingui oder Kinder Maxi King? Milchschnitte? Immer diese Entscheidungen. Es ist hilfreich, wenn Lebensmittel im Angebot sind. Das nimmt mir die Entscheidung ab.

Entscheidungen machen mich nervös. Ich werde unruhig, angespannt, will nach Hause, will kotzen. Die Entscheidung fällt meistens für Kinder Maxi King. Ist am flüssigsten. Jetzt brauche ich nur noch zwei Portionen Milchreis und Grießbrei. Milchreis ist mein Indikator. Den esse ich zuerst. Wenn ich dann nachher beim Kotzen wieder Milchreis sehe, weiß ich, dass wieder alles draußen ist. Bei Butter und Käse bleibe ich kurz stehen. Brot habe ich doch nicht mitgenommen. Käse in der Mikrowelle verflüssigen? Geht. Dann kann ich das Fett abgießen, da es sich durch die Wärme vom Käse trennt. Aber Käse heißt Messer auspacken, schneiden, Gabel ... nein, das ist wie richtig essen. Richtig essen geht nicht. Macht man nicht. Ich nehme Kräuterfrischkäse mit. Gleich geht der Weg weiter Richtung Reis und Nudeln, da kann ich Fixreis für die Mikrowelle nehmen. Den in die Schüssel, Frischkäse drüber, löffeln, kotzen. Passt.

Habe ich jetzt alles, was ich brauche? Eine Sicherheitsflasche Cola zero. Soft Drinks, die nicht zuckerfrei sind, kann ich nicht kaufen. Das darf man nicht trinken. Getränke mit

Kalorien? Warum sollte ich Getränke mit Kalorien zu mir nehmen, wenn es welche ohne gibt? Wie sieht denn das aus? Wenn ich mit richtiger Cola an der Kasse stehen würde? Ich sähe aus wie ein fettes Nilpferd, das nie, nie, nie die Kurve zum Abnehmen kriegen wird. Fett, unglücklich, minderwertig. Ertrinkend in Selbstmitleid. Cola zero muss ich nicht kotzen. Aber ich kann, wenn ich nicht genug Rutschmittel habe, mit viel Cola zero dafür sorgen, dass der Nahrungsbrei trotzdem gut wieder nach oben geht.

Jetzt nähere ich mich den Kassen. Mein Korb ist voll, beladen mit Kotzution. Mein Wort für Munition zum Essenkotzen. Manchmal kommt dann hier der «Ab-morgen-ist-alles-anders»-Hoffnungsschimmer, und ich kaufe noch Sojamilch und Müsli, damit ich mich ab sofort gesund ernähre. Aber die Auswahl eines Müslis setzt mich so unter Druck – Kalorien, Inhaltsstoffe –, das kann ich nur mit guter Planung kaufen. Sonst nehme ich irgendeines mit Schokolade, und es ist trotz der Hoffnung so gut wie sicher, dass ich auch dieses Müsli für doppeltes Essen verwenden werde. Es gibt in meinem Weltbild einfaches Essen und doppeltes Essen. Einfach bedeutet: nur essen, nicht kotzen. Das ist eigentlich Geldverschwendung, weil man das gekaufte Essen nur einmal benutzt. Essenkotzen, also doppeltes Essen, nutzt die Nahrung viel mehr aus, und vor allem bleibt sie nicht im Körper. Ich muss dann abends nicht im Bett liegen und spüren, wie sich die Fettzellen unter meiner Haut aufplustern. Wie meine Schenkel einander berühren, wenn ich die Füße geschlossen nebeneinanderhalte. Einfaches Essen ist etwas, was man sich verdienen muss. Ich bin das nicht wert.

Heute hole ich kein Müsli. Früher habe ich Müsli noch mit normaler Milch zubereitet oder zumindest mit fettarmer Milch. Aber Milch erbrechen ist eklig. Milch wird durch die

Verbindung mit der Magensäure sauer. Das macht die ganze Kotzsession unangenehmer. Dafür wurden Sojamilch oder Mandelmilch, jetzt auch in der zuckerfreien Version, erfunden. Auch diese ganzen Getreidebreis der veganen Lebensmittelindustrie sind hervorragend geeignet. Für Bulimiker, zumindest. Magenschonend.

Vor den Kassen liegen Zeitschriften. Jetzt kommt es auf meine Nerven an. Wenn mir die ganzen Kindersüßigkeiten in meinem Einkaufskorb zu peinlich sind, muss ich ein Mickymaus-Heft kaufen. Oder zumindest Comics. Dann sieht es so aus, als würde ich für «meine Kinder» einkaufen. Ich bin abhängig davon, was vollkommen fremde Menschen von mir denken, die an der Supermarktkasse neben oder vor mir stehen. Süßigkeiten, Comics, Reis (gesund), Trockenobst (gesund). Irgendeine billige Zeitung oder Frauenzeitschrift muss auch noch mit. Nur nicht zu teuer. Die Munition geht schon genug ins Geld. Aber Frauenzeitschriften sind gut, weil ich darin immer noch wichtige Abnehmtipps finde. Für den Tag, an dem ich mich wieder ohne Kotzen ernähren kann. Also ab morgen ...

An der Kasse lade ich meine Hamsterkäufe auf das Kassenband. Ich lege noch zwei Überraschungseier dazu. Zwei? Klar. Damit es danach aussieht, als würde ich nicht nur für eine Person einkaufen. Ich nehme eine Plastiktüte dazu. Plastiktüten sind gut für Notkotzsituationen (wenn sie dicht sind), und außerdem kann man in einer Plastiktüte den ganzen Müll, die ganzen Kotzverpackungen aus der Wohnung schmuggeln und muss sie nicht in den Hausmüll werfen, wo sie mich als Bulimiker – oder als Ungesund-Esser – entlarven könnten. Wenn die Schlange an der Kasse zu lang ist und ich es nicht mehr aushalte, lasse ich den Korb stehen und flüchte aus dem Supermarkt. Manchmal ertrage ich die vermeintlichen Blicke fremder Menschen nicht. Das Bewusstsein, gerade nur dafür einzukaufen, damit ich essen-kotzen-schlafen kann. Ich versuche dann, vor alldem wegzulaufen, renne ziellos durch die Gegend, immer auf der Flucht vor den eigenen Gedanken. Auf der Flucht vor den Worten von Männern, deren Stimmen ich in meinem Kopf nicht zum Schweigen bringen kann. Ich höre sie, spüre ihre Hände, sehe die Schweißperlen in ihrer Brustbehaarung, wenn ich die Augen schließe. Weg, nur weg, die Gedanken loswerden! Ich brauche ein Ventil! Es ist meine Schuld, dass mich die Bulimie nicht loslässt. Ich habe mich ausgeliefert, früher den Männern, jetzt der Krankheit. Ich bin ein Versager. Früher habe ich nichts gegen die Gewalt von außen getan, heute tue ich nichts gegen die Gewalt, die ich in mir selbst generiere. Bulimie ist Feigheit und die Unfähigkeit zur Selbstdisziplin. Wäre ich schlank und schön, bräuchte ich sie nicht, rede ich mir ein. Aber da ich nicht die Disziplin habe, perfekt zu sein, wähle ich den Weg der Kotzerei, um meinen Körper annehmbar zu halten. Damit Männer ihn weiterhin benutzen können …

Mein Ventil funktioniert immer. Es ist ein Allheilmittel. Habe ich gekotzt, hatte ich Erfolg. Erfolg macht ein gutes Gefühl, also geht es mir gut. So einfach ist das. Und so schwer. Während ich das Essen, streng in kotzgünstigster Reihenfolge, in mich hineinstopfe, lese ich. Es gibt Bücher, die ich heute nicht mehr in die Hand nehmen kann, denn ich verbinde sie nur mit der Sucht. Ich lese, bis ich eine ausreichende Menge gegessen habe. Dann kotze ich. Ohne mir den Finger in den Hals stecken zu müssen, darüber bin ich ja lange schon hinaus. Und natürlich krankhaft stolz darauf, ohne Handhilfe kotzen zu können. Dieses Spiel geht so lange weiter, wiederholt sich und wiederholt sich, bis eine Ablenkung von außen kommt oder ich erschöpft ins Bett falle. Es kann auch sein, dass ich verabredet bin, mit Freunden – ich brauche vorher eine Stunde Zeit zu Hause. 45 Minuten für mindestens zwei Kotzdurchgänge, 15 Minuten zum Duschen und Anziehen. Ich bin dann strahlend und schön und gut gelaunt, wenn ich mich mit den anderen treffe, denn ich habe ja etwas geleistet. Nicht essen macht müde und abgeschlagen, aber essen, kotzen, auf dem kalten Badezimmerfußboden den Kreislauf wieder in Schwung bringen, die Dusche, die das ganze Schlechte von mir wäscht – das alles macht stark, fühlt sich wie ein Erfolg an, die Flucht ist geglückt. Für einen Abend bin ich dann frei von dem Ballast der Vergangenheit. Die Stimmen sind still, die Hände nicht mehr da, die Bilder vor dem inneren Auge sind überdeckt vom Gefühl der Unbesiegbarkeit.

Ich erwarte nicht, dass die Menschen, die nicht an einer Sucht leiden, verstehen, was es bedeutet, den inneren Teufel zu befriedigen. Kotzen ist Belohnung und Strafe in einem. Ja, ich darf essen, was ich will, wenn ich es nur wieder loswerde. Ja, ich kann mich meinem Umfeld präsentieren, wenn ich nur vorher etwas dafür getan habe, präsentabel zu sein. Kein Sport, kein Hungern kommt an die Intensität heran, mit der Gedanken und Gefühle zum Schweigen gebracht werden, wie das Ventil, wenn die Dämme brechen und der Magen sich von all dem befreit, was in ihm steckt.

Schmerzen und Schläge kamen an dieses Gefühl heran, aber sie konnten mir nicht beim Essen helfen. Schmerzen konnten mich erschöpfen und die Angst und die Anspannung in den Hintergrund drängen, doch sie konnten nicht dafür sorgen, dass ich schön, schlank und selbstdisziplinert war. In den Zeiten mit viel SM, mit vielen Schlägen, musste ich hungern und exzessiv Sport treiben, um den Köper schlagenswert schlank zu halten. Fett will in meiner Wahrnehmung niemand prügeln. Hungern schwächt. Schwäche führte zu Kreislaufproblemen während der SM-Sessions. Dagegen half ein massiver Missbrauch von Aspirin und Grippemedikamenten. Die ließen den Schmerz verschwinden und machten den Geist munter. Sport hilft, den Körper zu formen, und machte einfaches Essen möglich. Aber die Scham darüber, einen Teller leer gegessen zu haben, eine Gabel vor den Augen anderer zu füllen, die konnte der Sport nicht heilen. Und irgendwann ist die Hungerdiät vorbei, das Gewicht um 200 Gramm gestiegen, und die Stimmen im Kopf sind so laut, dass nicht einmal der Gürtel des Herrn auf meinem Arsch sie zum Schweigen bringen konnten. Dann schreien alle Selbstzweifel, und irgendwo findet sich immer eine Möglichkeit, ein Milchshake und ein anonymes Großstadtklo, um es zu erbrechen. Und dann beginnt der Kreislauf von vorn, bis zum nächsten krampfhaft hoffnungsvollen Diätversuch, der mir helfen soll, perfekt und schlank ohne Bulimie zu sein. Ein Tag, noch ein Tag, fast eine Woche – und dann kommt der Abend alleine zu Hause, vor dem ich mich schon den ganzen Tag fürchte, und auf dem Heimweg kommt der Supermarkt, und ich verlasse ihn mit Kotzution.

Bulimie macht keinen Spaß. Aber es ist eine Zuflucht. Arbeiten, kotzen, Familie treffen. Bulimieattacken sind die einzige Version von Zeit, die ich mit mir selbst alleine aushalte. Kotzattacken waren, seit ich mit 15 von zu Hause weggelaufen bin, die einzige Form von Freizeitgestaltung, die ich kannte. Meine Form von Ruhepause. Meine Zuflucht.

DIE BIZARRE WELT

Angehörige der Bizarren Welt zu sein ist wie der Aufstieg in die Sexelite. Es war, als öffneten sich mir Türen zu einer neuen Welt, die nur wenige betreten dürfen. Arrogant, aber eindrucksvoll. Wie sonst sollte ich diejenigen bezeichnen, die wirklich auslebten, wovon andere nicht mal zu träumen wagen?

Die ganze Welt hat Sex, aber nur die wenigsten scheinen dabei ehrlich zu sich selbst zu sein. Die Phantasien, die wir, mein Herr und ich, entwickelten und auslebten, waren sicher nicht die Phantasien der meisten anderen Menschen. Aber jeder Mensch hat Phantasien, viele unterdrücken sie jedoch so weit, dass sie sie nicht mehr wahrnahmen, zumindest kam es mir so vor. Und natürlich musste ich meine eigenen Wünsche erst mal selbst verstehen. Außerdem sehnte ich mich, wie so viele andere, nach Harmonie, und war der Meinung, dass nur entweder das eine oder das andere möglich wäre: harter sadomasochistischer Sex oder eben Sicherheit und Glück. Und sich als vergewaltigtes Wesen nach Schmerzen zu sehnen erschien mir so unvereinbar, dass mich meine Neigung eher ängstigte. Kai nahm mir diese Angst. Er hörte mir zu, ermunterte mich, erzählte ein wenig von seinen eigenen Vorlieben, half mir, Worte für das zu finden, was in mir schlummerte. Ich fühlte mich bei ihm nicht mehr als sonderbares wertloses Ding, sondern anerkannt und aufgewertet, gerade durch meine abseitigen Ideen.

Mit ihm verstand ich, dass das, was wir taten, weder pervers noch krank war. Es war nicht alltäglich, es erforderte Mut, es durchbrach die alltägliche Routine – doch das durch den Grenzübertritt in die Bizarre Welt entstandene Glück war intensiver als alles, was ich bis dahin gespürt hatte. Es war ein Sieg über mich selbst, nein, es war eher die erste Zeit in meinem Leben, die nicht von allgegenwärtiger Angst geprägt war. Das Alltägliche gab ich auf für etwas, von dem ich spürte, dass es das Richtige für mich war. Aber ich konnte nicht ahnen, wie viel es mir wirklich geben würde: intensive, noch nie so sehr gespürte körperliche Lust, Stolz, Stärke, Selbstvertrauen. Und vor allem einen unwiderruflichen Wandel. Die Bizarre Welt besucht man nicht einfach. Wer sie einmal betreten hat, wird sie nie wieder verlassen.

Schön sein, begehrt sein, gehorsam sein – Anerkennung finden, nur das ist wichtig. Wer bei Wikipedia nach den klassischen Symptomen von Bulimikern sucht, findet Promiskuität als Beispiel. Auf mich trifft das zu. Es ist, als ob meine Geschichte mir nicht erlauben würde, ohne Sexualität zu sein. Und da ich Angst vor eigener Lust habe, die ich mir nicht durch Schmerzen oder Unterwerfung verdient habe, sehne ich mich danach, über Schläge Bestätigung vor mir selbst zu finden. Jeder Schlag, den ich aushalte, ist mein persönlicher Sieg über mich selbst.

Entscheidungen hatte ich nie selbst treffen müssen, da mein Leben bisher davon bestimmt gewesen war, alles, was gefordert wurde, zu tun, um Schlimmeres zu verhindern. Ich musste nicht überlegen, was ich wann tat – ich reagierte immer nur auf die Aktionen und Forderungen anderer. Jetzt war ich auf eine unheimliche Art im Alltag frei. Ich kam nicht gut damit zurecht, und ohne die Aufgaben, die die Bizarre Welt an mich stellte, wäre ich wohl sofort in einem Essen-Kotzen-Sport-Kreislauf gelandet und hätte meine Erinnerungen mit Bulimie verdrängt, ohne mich um meine Zukunft zu kümmern. Mit meiner kaputten Biographie und der verzerrten Selbstwahrnehmung war ich ein leicht zu beeinflussendes Wesen, dass alles tut und gut findet, was Sicherheit und Zuneigung verspricht. Und meine Neigung zur dunklen Seite der Sexualität hätte mich bestimmt schnell in Kreise geführt, die all dies ausgenutzt hätten. Doch mein Herr ordnete mein Leben. Er bestimmte meine Kleidung, meinen Tagesablauf, meine Sexualität. Er entschied, wann was zu geschehen hatte, schickte mich in die Sexshops der Stadt, um zu kaufen, was er an mir benutzen wollte. Er trainierte meine Leidensfähigkeit mit wohldosierten Schmerzen, er lehrte mich, mehr von dem zu verstehen, was in meinem Körper geschah, mehr zuzuhören, was Lust ist und was Angst. Welche Phantasien erfüllbar sind und welche für die Seele so gefährlich sind wie Kleider von Versace: wunderschön, aber viel zu teuer.

Die ersten beiden Jahre nach meinem Ausstieg verbrachte ich in glücklicher Unbeschwertheit. Ich hatte ein «schönes Leben». Ich arbeitete, machte Sport, traf Freundinnen, Familie. Hatte Zeit und Gefallen daran, meinen Körper zu pflegen, damit mein Herr stolz auf seinen Besitz sein konnte, damit ich immer präsentabel war für ihn. Ich legte auf seinen Wunsch hin ein in schwarzes Krokodilleder gebundenes Tagebuch an, das ich «Die Dritte Schublade» nannte. Das war seine Metapher, wenn er von uns sprach.

«Jeder Mensch hat eine Schublade für das Arbeits- und Familiengesicht, die Schublade, die für die Öffentlichkeit jederzeit zugänglich ist. Eine weitere haben wir, die wir öffnen und schließen, wenn wir Menschen treffen, mit denen wir befreundet und vertraut sind. Und du und ich, wir haben eine dritte Schublade, die im Verborgenen liegt und nur für jene sichtbar sein kann, die das Gedankengut darin verstehen.»

In meine Dritte Schublade schrieb ich:

Vor mir liegen all die Utensilien, die ich über Monate so sehr schätzen, fürchten und ersehnen gelernt habe. Es ist ein eigenartiges, schaurigschönes Gefühl, sich vorzubereiten, um durch den Herrn in der Bizarren Welt genommen zu werden. Nur noch einem gehören. Marquis de Sade sagt: «Sie atmet nur durch Seine Lust.» Ich lebe das. Zuerst war es eine Flucht, verbunden mit der Neugier. Jetzt ist es eine eigene Welt geworden. Ich bereite mich gewissenhaft darauf vor, ihm zu dienen, weil ich es will. Weil es mich erregt, die Instrumente zurechtzulegen, die Peitsche, die Gerte, die Klammern, alles verbunden mit den Fragen: Was wird er tun? Wird er Gefallen an mir finden? Habe ich etwas vergessen? Die Leidenschaft, die Erwartung, reißt alles mit sich fort, was ihr im Weg stehen könnte. Es ist ein lebendiges Gefühl, und ich bin glücklich darüber. Es ist das einzige Empfinden, zu dem ich fähig bin. Nur noch für einen einzigen Mann funktionieren zu müssen — es wertet mich auf. Ich genieße es, etwas Besonderes zu sein. Es hat seinen Ursprung darin, denke ich, dass ich die Barriere, die ich allen anderen Menschen gegenüber errichte, bei ihm niederreiße. Dennoch frage ich mich manchmal, ob es richtig ist, dass er so viel von mir weiß und ich so wenig von ihm. Sicher, es unterstreicht seine Dominanz. Aber könnte ich ihm nicht noch besser dienen, wenn ich wüsste, was in ihm vorgeht? Oder wäre der Zauber verflogen, wenn ich seine Gedanken so lesen könnte wie er die meinen?

Manchmal kam eine drohende Gedankenwolke, Zukunft genannt, aber sie verschwand gleich wieder unter dem Eindruck des Alltags der Sklavin, die ich war. «Du bist meine O, meine Prinzessin, meine Lustzofe», so nannte er mich. Ich war einfach seine Geliebte, und dass er eine private, häusliche Welt hatte, störte mich nicht. Ich dachte selten darüber nach. Alles, aber auch alles, was er tat, war so unfassbar neu und schön. Er gab sich Mühe mit mir. Das war neu. Kai versuchte, mir ein gutes Gefühl zu geben, sowohl körperlich als auch mental. Ich sollte genießen, was er an mir tat — und verstehen und mögen, warum er es tat. Er wollte nicht, dass ich unglücklich war. Die Bizarre Welt war die Sicherheit in meinem Leben, die Wand, an der ich lehnte. Er war mein Mentor, auch wenn er mich für seine Lust benutzte, denn mit ihm lernte ich, wie schön Leben sein kann. Eigentlich lud er damit auch eine Menge Verantwortung auf sich, dass er mich erst auffing, dann auf- und schließlich abrichtete. Ob er sich dessen bewusst war, als er mich in Besitz nahm? Ich sicherlich nicht, sonst hätte ich Hörigkeit wohl kaum als den einzig akzeptablen Weg zu Lust und Leben angesehen. Bei freiwilligem Sex in meinem Job hatte ich meine eigene Befriedigung, wenn überhaupt, immer nur aus dem Triumph gezogen, einen marionettenhaften Mann nach dem anderen zu vögeln, der sich im Anschluss an den Akt als der götterverdammt größte Liebhaber wähnte, weil meine schauspielerische Leistung ihm dies suggerierte. Einen Orgasmus hätte ich vermutlich irgendwann aus purem Narzissmus erlebt. Bei meinem Herrn erlebte ich eigene Lust, eigene Geilheit, spürte, was in meinem Körper geschah. Lernte den Moment zu lieben, in dem die Schmerzen sich in Lust verwandeln, die Endorphine die Schmerzleitung überbrücken. In mir wurde etwas entfesselt und losgelassen, was ich nie wieder verdrängen wollte, ein zweites, triebgesteuertes «Ich», das – zumindest in jener Zeit – vollkommen an die Macht des Herrn gebunden war. Meine Seele hatte ich irgendwo verschlossen, doch unter seinen Händen blühte meine Weiblichkeit das erste Mal auf.

Und er brachte mich dazu, zu reden. Zumindest zu sagen, wenn ich nicht reden wollte. Ich wollte nie mit ihm über die Erlebnisse im Job sprechen, da ich der Ansicht war, die Verantwortung für die Tränen jener Zeit lag ganz allein bei mir. Ich wollte nicht klagen über etwas, an dem ich selbst schuld war. Er hörte mir zu, auch wenn ich nichts sagte. Er nahm mir meine Einsamkeit und gab mir Sicherheit. Wenn er mich schlug, konnte ich sicher sein, dass er es tat es, weil er wusste, dass es mir gefiel. Er war stolz auf die Spuren seines Gürtels, weil er sah, dass ich stolz darauf war. Vielleicht waren unsere Motive unterschiedlich, da für mich der Erfolg des Durchhaltens im Vordergrund stand und für ihn die Macht, mich zum Durchhalten zu motivieren. Er sagte mir, er liebe mich. Ich wollte ihn nicht lieben, denn Liebe, so glaubte ich, verbiete es, sich so zu unterwerfen, wie ich es tat.

Manchmal nahm er mich mit auf eine Geschäftsreise; mir machten die Heimlichkeiten Spaß und das Reisen ohnehin. Einmal fuhren wir mit seinem Cabriolet von Kiel an den Gardasee und weiter nach Madrid und an die spanische Küste. Es war Sommer, meine Haare flogen im Fahrtwind, mein knappes Netzkleid hinterließ auf meiner Haut ein herrliches Muster aus Sonnenbräune. Ich war glücklich. Er strahlte, es war, als zeige er einem Kind die Spielsachen eines weltengroßen Ladens. Wenn er es befahl, spreizte ich die Beine und sorgte mich um Flecken auf dem Autositz. Wir gingen spazieren, kilometerweit am Strand, bewunderten den Yachthafen und gingen in teure Restaurants. An seiner Seite hatte ich das Gefühl, die begehrenswerteste Frau unter der Sonne zu sein. In seiner Ferienwohnung bewegte ich mich nicht frei, er kettete mich an den Tisch und holte mich, wenn er mich brauchte. Mich beeindruckte seine dominante Sicherheit, die Zügigkeit, mit der er Entscheidungen traf. Er schlug mich nie ins Gesicht. Er demütigte mich nie in der Öffentlichkeit. Er war aufmerksam und sorgfältig. Er stand vor meiner Tür und holte mich ab, um mich nach Berlin zu fahren, damit ich mir Nofretete ansehen konnte. Er schenkte mir einen Teppich, damit ich, wenn ich vor Angst nicht schlafen konnte, wenigstens weich auf dem Boden kauern konnte. An meinem Geburtstag überraschte er mich mit einem Brief:

«Meine liebe Prinzessin, ja, nun ist es so weit, die nächste Überraschung wartet auf dich. Ich denke, du wirst dich sehr freuen, und die Überraschung freut sich auch sehr auf dich!!

Du wirst nun zwei Sektgläser auf deinen Tisch stellen, und in das eine Sekt einschenken und in das andere Wasser (Wasser ist für dich, da du nicht trinken darfst).

Es wird an deiner Tür klingeln und du wirst öffnen.

Überraschung!!!!!!!!!!!!!!!»

Meine beste Freundin stand vor der Tür. Er, der nie in meinem privaten Leben außerhalb der Bizarren Welt in Erscheinung trat, er, von dem niemand wissen durfte, hatte meine beste Freundin von ihrem weit entfernten Studienort einfliegen lassen. Ich freute mich, weil ich wusste, dass er diesen Moment nur für mich geschaffen hatte. Meine Freundin, der Teppich, Nofretete – dies alles bedeute ihm nichts. Aber er tat es, weil er wusste, dass es mich berührte. Ich fühlte mich geliebt. Nicht ohne Ansprüche, nicht ohne Gegenleistung. Aber zum allererten Mal ging es wirklich um mich, um meine Persönlichkeit. Ich beantwortete seinen Geburtstagsbrief und schloss mit den Worten: «Danke, mein Herr. Deine Sklavin und glückliche Prinzessin.»

In der Bizarren Welt hatte ich ein Zuhause gefunden. Ich war nicht selbstbestimmt und doch auch nicht gefangen. Ich hatte keine Angst um meine Familie, keine Angst um meine körperliche Unversehrtheit, keine Angst, er würde einen Wutanfall bekommen oder mich an andere Menschen vermitteln. Zum ersten Mal seit der brachialen Gewalt in meinem Kinderbett schlich sich Frieden in mein Leben. Ruhe. Die Fähigkeit, zu fühlen.

Doch abgesehen von den Zukunftswolken, die mir immer mal wieder mahnend meine oberflächliche Sonne verdunkelten, wälzte sich auch die Krankheit in unruhigem Schlaf. Mal ließ sie mich tagelang in Ruhe. Mal übernahm sie das Kommando. Die Krankheit war es, die mich dazu brachte, meinen Herrn zu belügen. Ich musste mir Zeitinseln schaffen, um Essen zu kaufen und Essen zu kotzen. Ja, ich hatte jetzt mehr Zeit für meine Familie und meine Freunde – aber all dies brachte auch mehr Anspannung mit sich. Mehr Situationen, denen ich mich ohne die Zuflucht in die Bulimie nicht gewachsen fühlte. Essen, Kotzen, Duschen, Familientreffen, Essen, Kotzen, Sport, Schlafen. So sahen freie Tage aus. Immer öfter. Ein Jahr lang gelang es mir ganz gut, alles zu vereinbaren. Doch dann wurde die emotionale Bindung an meinen Herrn enger, und die Tränen aus der Vergangenheit kamen immer zahlreicher zurück. Die Logistik meiner Tage wurde schwieriger. Um das Gerüst der Studentin aufrechtzuerhalten, wurden neue, kompliziertere Lügen nötig. Um die fügsame Sklavin zu erhalten, wurde immer mehr Gewalt gebraucht. Ich erkannte das Muster: Leide ich genug unter anderen, muss ich nicht unter mir selbst leiden. Anders: Erhalte ich genug Schläge, muss ich nicht kotzen. Dann reichen der Sport und eine komplizierte Diät aus Haferflocken und Tiefkühl-Erdbeeren, um mein Gewicht zu halten und den BMI von 18 nie zu überschreiten. Aber bekam ich die Gewalt nicht, spürte ich mich nicht, hatte ich kein Ventil, um die Anspannung abzubauen, die zum Beispiel entstand, wenn ich das Haus meiner Eltern betrat oder feststellen musste, dass ich einfach nicht die Perfektion erreichen konnte, die ich mir selbst zum Ziel gesetzt hatte. Bei meinem Einstieg in die Bizarre Welt war das noch nicht so deutlich gewesen. Da ging es noch darum, die Wunden aus dem Job zu schließen und den neuen Lebensstil als Geliebte eines vermögenden verheirateten Mannes zu kultivieren.

Aber meine Rechnung ging nicht auf: Meine Krankheit ließ sich zwar kurz ablenken, aber selbstverletzendes Verhalten mit externer Gewalt gegen den eigenen Körper zu bekämpfen, konnte nicht langfristig gutgehen. Wie bei allen Suchtkrankheiten steigert sich nach und nach die Dosis, die man braucht, um den inneren Teufel zu befriedigen. Die Schmerzen, die mein Herr mir zufügte, hätten also stärker werden müssen, damit die Krankheit nicht lauter werden würde.

Aber: Sie wurden nicht stärker, sondern schwächer. Je mehr Kai mich mochte, je mehr Gefühl er für mich entwickelte, desto weniger stark konnte er zuschlagen, desto weniger strafend konnte er sein, desto mehr war ihm daran gelegen, mich lachen zu sehen und Tränen zu vermeiden. Dabei waren Tränen, die durch körperlichen Schmerz entstanden, mir stets die hilfreichsten, weil sie so viel Erleichterung brachten. Aber jemanden zu lieben soll ja eigentlich bedeuten, dass man ihm nicht weh tun will. Und ich denke, er kam dabei in eine Zwickmühle. Auf der einen Seite wurde unsere Beziehung enger, auf der anderen Seite wollten wir aber auch beide unseren sexuellen Horizont erweitern. Er organisierte eine weitere Frau für einen Dreier, es gefiel mir, aber ich hatte das Gefühl, zu viele Arme und Beine im Bett machten den Akt verkrampft. Ich glaube, meinem Herrn gefiel es, mich vorzuführen, aber ich hatte auch den Eindruck, dass er der anderen Frau gegenüber Eifersucht empfand, als sie sich in den Tagen danach mit mir alleine treffen wollte. Er untersagte es. Doch er war weiterhin daran interessiert, mich, seinen umsichtig geschliffenen Diamanten, öffentlich zur Schau zur stellen, deshalb ermunterte er mich, bei den verschiedenen einschlägigen Portalen Profile zu erstellen und die SM-Szene des World Wide Web zu inspizieren. Ich fand vor allem eines: schier unbegrenzte Möglichkeiten.

Was ich bisher nur mit meinem Herrn hinter verschlossenen Türen getan hatte, bekam hier eine breite Plattform. Ich las von anderen, knüpfte Kontakte, lernte Menschen mit den unterschiedlichsten sexuellen Vorlieben kennen. Ich lernte schnell, Qualitäten einzuschätzen. Und ich begriff langsam, welchen Stellenwert, welchen Marktwert ich mit meinem Hunger nach Perfektion und Schmerz in der Szene hatte. Anfangs erzählte ich meinem Herrn immer alles, was ich an Neuem entdeckt hatte. Traf ich mich mit jemandem aus der Hamburger Szene, in die ich rasch und unkompliziert freundlich aufgenommen wurde, bat ich vorher um seine Erlaubnis und hielt mich immer an die Regeln, die er mir für solche Treffen diktierte. Ich traf natürlich nie dominante Männer, es sei denn, sie waren auf einer der Partys oder Stammtischrunden anwesend, die ich auch besuchte. Aber ich traf dominante Frauen, devote Männer, ging mit devoten Frauen in die Sauna und über den Hamburger Dom, besuchte meine erste SM-Party. Wurde zu Filmabenden eingeladen und fand Gefallen an dem zwanglosen Miteinander. Ich konnte mit anderen über Sex reden. Erkannte, dass ich durch meine Erfahrungen teilweise viel weiter war, als ich das bisher angenommen hatte. Doch: neue Subkultur, neue Anpassungspflicht – neuer Perfektionszwang. Die Krankheit brüllte. Mein Herr stand dieser Ausweitung unserer Spielzone vermutlich auch etwas hilflos gegenüber – er konnte nicht mit, wenn ich ausging, er konnte die Menschen nicht treffen, sich nicht mit ihnen unterhalten, konnte mich nicht kontrollieren. Man hätte ihn erkennen können, und die Unantastbarkeit seiner Privatsphäre stand immer über allem, was wir taten – dies stellte ich auch nie in Frage. Es genügte mir, den anderen SMlern zu sagen, ich hätte einen verheirateten Herrn. So etwas war in dieser Szene nicht ungewöhnlich, und niemand fragte – und auch kaum jemand wilderte im Revier eines anderen Herrn, daher machte mir kaum jemand Avancen. Die SM-Szene ist, was dies betrifft, sehr einfach gestrickt: Eine Person sagt, dass sie monogam und vergeben ist – also ist die Person tabu. Es gibt genug polygames Freiwild, dominante Herren und Damen respektieren die Ansagen, die gemacht werden. Nicht alle, aber die meisten, die ich kennenlernte. Doch mein Herr lernte die Menschen nicht kennen, mit denen ich in Kontakt kam. Er musste Angst bekommen, es könne einer kommen, der mir mehr Möglichkeiten bieten würde, SM in meinen Alltag zu integrieren. Einer, der mich jede Nacht gefesselt neben sich liegen haben könnte. Einer, der mich auf Partys vorführen könnte. Einer, der mich so schlagen würde, wie ich es mir wünschte. Einer, der nicht an ein offizielles Privatleben gebunden war. Sein Begehren, mit mir anzugeben, hatte eine Kugel aus Unsicherheit am Bein.

Aus dieser Unsicherheit heraus beging mein Herr den ersten folgenschweren Fehler. Eines Tages holte er mich ab und befahl mir im Auto, eine Augenbinde anzulegen. Ich war nach seiner Anweisung mit einer Bluse bekleidet, mit einem Rock und halterlosen Strümpfen. Keine Wäsche. Stiefel und Mantel. Wir fuhren eine Weile, und als wir hielten, waren Aufregung und Erregung in mir uferlos. Wir betraten ein Haus, durchquerten einen Gang, eine Frauenstimme hieß uns an einer Wohnungstür willkommen. Ich sollte mich ausziehen und hinknien, wartend. Ich hörte zu, wie mein Herr diese andere Frau fickte. Einmal wollte ich mich selbst berühren, doch er sah mich und verbot es mir sofort. Ich weiß nicht, was mich an der Situation erregte – dass sie neu und aufregend war oder dass ich wirklich Gefallen daran fand, andere Menschen als auditiver Voyeur zu begleiten? Nach einiger Zeit wurde ich beauftragt, die Frau zu lecken, was mit verbundenen Augen nicht einfach ist, noch dazu, wenn es das dritte Mal ist, dass man so etwas überhaupt tut. Außerdem: Ich kannte meine eigene Lust zwar besser als noch ein Jahr zuvor, aber von weiblichen Orgasmen oder dem, was Frauen Spaß macht, hatte ich eigentlich keine Ahnung. Ich wusste aus Lektüre und Gesprächen, was ein Mann von einer Frau erwartet. Mich setzte diese Aufgabe also unter einen gewissen Perfektionsdruck. Meine Angst schwang mit: Die Frau könnte eine Konkurrentin sein, und wenn ich mich hier nicht perfekt verhalte, werde ich im Leben meines Herrn nicht mehr gebraucht. Er erwartet, dass ich es geil finde, was geschieht, also bemühe ich mich, jenen Anschein zu erwecken.

Wir verließen die Frau, ohne dass ich sie gesehen hatte. Als er mich heimbrachte, schwärmte er von der Situation, wie geil es gewesen sei, uns beiden zuzusehen. Ich stimmte ihm zu, was auch sonst. Ich hätte es nie gewagt, seine Lust zu schmälern, indem ich Kritik an etwas geübt hätte. Aber ich dachte eine Weile darüber nach, vor allem, weil er meinen Fragen auswich, wer sie gewesen sei.

Zwei Wochen später fuhren wir wieder zu ihr. Diesmal durfte ich sie sehen. Sie war schön, etwas älter als ich. Sie trug hohe weiße Plateau-Stiefel und Netzstrümpfe, im Zimmer war ein plüschiges großes rotes Bett, Akte an der Wand, Sexspielzeuge auf der Kommode, Spiegel an der Wand – das Zurückwerfen ihres Kopfes war perfekt inszeniert, wenn sie kam, ihre Augen leuchteten freundlich und unverbindlich. Mir war nicht mehr wichtig, wer sie war. Ich wusste, *was* sie war. Mein Herr, der so sorgfältig darüber gewacht hatte, dass ich den Job verließ, der die schriftlichen Erinnerungen an die Prostitution mit mir an Spaniens Mittelmeerküste verbrannt hatte – dieser Mann bezahlte eine Prostituierte, um einen Dreier zu verwirklichen. Ich fühlte mich vor den Kopf geschlagen. Rief mich natürlich sofort zur Ordnung, denn wer im Glashaus gesessen hat, sollte sich für nichts zu schade sein. Aber es blieb ein komisches Gefühl zurück. Im Auto auf dem Rückweg fragte ich ihn:

«Wie viel hat sie gekostet?»

«Wie kommst du darauf?»

«Sie ist eine Prostituierte. Es interessiert mich nur, was sie so nimmt.»

«Oh ja, sie hat ein Taschengeld bekommen. Aber das hat nichts mit Prostitution zu tun.»

Dieses Ausweichen weckte meine erste wirkliche Kritik an ihm. Setzte mir ein wenig die rosarote Brille ab. Es war ihm um den Dreier gegangen, und er hatte genau gewusst, dass ich dem Besuch bei einer Prostituierten trotz unseres Machtgefälles nicht zugestimmt hätte, da ich alles, was mich mit meiner Vergangenheit verband, konsequent ablehnte. Aber offenbar war ihm der Dreier wichtiger gewesen als meine Gefühle. Das brachte mich dazu, das, was er tat, in Frage zu stellen. Er hatte mir immer wieder erklärt, dass heftigere Schläge, so wie ich sie zaghaft forderte, nicht gut wären. Aber ich wollte es genauer wissen, wollte die Schläge, die Schmerzen, wollte endlich den Moment, an dem ich das Gefühl hätte, genug gelitten zu haben. Wollte eine Absolution meiner Sünden durch ausgestandene Schmerzen. Und ich erkannte, dass mein Herr mir diese Form der Vergebung nicht gewähren würde. Doch verlieren wollte ich ihn nicht – er war meine Welt. Wie also konnte ich nun in dieser Welt einen Kontinent erschaffen, der mir gab, wonach ich suchte?

In einem der Chatrooms, die ich seltener besuchte, streckte ich meine Fühler nach einem dominanten Mann aus, der, seinen Texten nach zu urteilen, auch einigermaßen belesen war. Zuerst schrieb ich nur mit ihm. Dann telefonierten wir. Dann legte ich mir eine weitere E-Mail-Adresse zu, deren Absender ein fiktiver dominanter Mann sein sollte. Sir Elixion, dem Chatpartner, erklärte ich, mein Besitzer und Gebieter würde sich wünschen, mich auch von einem anderen Mann dominiert zu sehen, da er häufig nicht in der Stadt sein könne und sein Eigentum – mich – nicht genug ausgelastet fand. Natürlich sagte ich Kai kein Wort von Sir Elixion, ich wusste, dass er meinen Plan nicht unterstützen könne, und ich wollte ihn auch nicht damit verletzen, ihm zu sagen, er schlüge mich nicht hart genug. Auf dieses Verlangen war ich ja nicht stolz, ich schämte mich dafür – meinem Herrn gegenüber hätte ich es nicht zugeben wollen aus Angst, er könne mich deshalb fallen lassen. Doch einfach so zu einem fremden Dom zu gehen und um harte Schläge zu bitten war viel zu einfach, zu billig – und zu gefährlich ohnehin. Ich wollte den Rahmen selbst bestimmen, und da eine submissive Person in der BDSM-Szene nicht selbst Regie für ihre Qualen führen kann, musste ich eine Person erschaffen, die eine glaubwürdige Inszenierung liefern konnte. Mein fiktiver Gebieter kommunizierte via Mail mit Sir Elixion. Bei unserem ersten realen Treffen hörte ich fast wortwörtlich meine eigenen in den Mails geschriebenen Worte aus Sir Elixions Mund, der mir sagte, ich wüsste sehr genau, dass ich seinen Anweisungen Folge zu leisten hätte. Sir Elixion war verheiratet und nicht gewillt, diese Beziehung zu riskieren, daher passte es ihm, dass ein fremder dominanter Mann ihm die Mitnutzung seines Eigentums anbot. Dass ich selbst dieser fremde Herr war und so das Drehbuch meiner eigenen

Qualen schrieb, merkte er nicht. Ich las in Sir Elixions Mails an den fiktiven Gebieter seine Beschreibung von mir. Las Lob und Anerkennung und Kritik – und schmunzelte, wenn ich merkte, dass Sir Elixion auch nicht immer ganz genau berichtete, wie es gewesen war – offenbar, damit der in seiner Wahrnehmung abwesende Gebieter nicht fürchtete, um sein Eigentum gebracht zu werden. Behutsam lotste ich den Mailaustausch mit Sir Elixion an den Punkt, den ich ersehnte: «Schlag sie, bis sie nicht mehr kann, und dann schlag sie weiter, bis dir die Arme lahm werden. Bring sie nach ganz unten, ich will sie grün und blau geschlagen sehen, wenn ich wiederkomme.»

Sir Elixion hatte, das wusste ich, ein Faible für Gewalt. Und ich wollte unbedingt meine körperliche Grenze überschreiten. Ich fühlte mich nutzlos, solange ich nicht litt.

Sir Elixion besuchte mich in meiner Wohnung. Ich trug, selbstinszeniert, Strapse und Pumps und einen BH, der die Brüste nur anhob, aber nicht verhüllte.

«Hilf mir aus der Jacke», sagte er, «und dann stelle dich vor deinen Schreibtisch, die Beine gespreizt, die Unterarme aufgelegt.»

Ich tat, wie mir geheißen. Er legte mir einen Text vor, eine erotische Kurzgeschichte, und wies mich an, sie laut vorzulesen. Ich zitterte, als ich hörte, dass er den Gürtel aus der Hose zog. Er begann sofort und mit voller Kraft auf meinen Arsch zu schlagen. Ich durfte nicht aufhören zu lesen. Ich durfte nicht schreien. Mein Arsch glühte, dass Leder knallte, meine Oberschenkel standen in Flammen. Meine Knie zitterten durch die angespannte Körperhaltung, meine Füße drohten, den Halt in den Schuhen zu verlieren. Las ich nicht laut und mit gleichmäßiger Stimme vor, traf mich der Gürtel zwischen den Beinen. Neben den Schmerzen faszinierte mich gleichsam die Geschichte, bis heute habe ich die Worte in meinem Kopf und vergesse nie die Aufforderung zur Unterwerfung, die zwischen den Zeilen stand. Er hatte sie sehr gut ausgewählt, denn die Spannung darin spornte mich an, weiter durchzuhalten. Trotzdem liefen mir Rotz und Wasser aus der Nase, ich traute mich nicht, nach hinten zu sehen, ich fürchtete und liebte jeden Schlag, kostete den Triumph aus, noch nicht zu betteln. Und ich bettelte nicht. Er machte weiter und weiter, es folgte Schlag auf Schlag, meine Stimme war leiser und weniger kräftig, doch ich las den Text durch meine Tränen hindurch vor. Am Ende der Geschichte angekommen, war ich in meinen Schmerzen aufgegangen wie eine kostbare Blume, ich fühlte mich unbesiegbar und gleichzeitig vollkommen am Ende meiner Kräfte. Vielleicht hätte Sir Elixion gewonnen, wäre die Geschichte länger gewesen. Doch diesen Wettkampf hatte ich selbst gewollt, ich kämpfte mit mir, mit meiner Leidensfähigkeit, meiner Daseinsberechtigung. Ich wollte nicht verlieren. Ich wollte diese Tränen, diese Freiheit, nichts anderes denken zu müssen als laut lodernden Schmerz.

«Bring mir etwas zu trinken.»

Er konnte nicht wissen, dass diese Anweisung von ihm mein innerer Sieg war: Er machte die Pause. Ich hatte nicht darum gebeten. Ich hatte nicht aufgegeben. Nach dieser Unterbrechung schlug er mich nicht weiter. Er fickte mich mit seinem Schwanz und einem Glasdildo so lange, bis Blut aus meinem Arsch auf meinen wunderbaren Teppich tropfte, ich bemerkte kaum, was passierte, zu betäubt war ich von den Schmerzen und gleichzeitig von dem Rausch der Grenzüberschreitung meiner eigenen Welt. Als er ging, sagte er: «Du solltest Salbe auf deine Schenkel streichen, einige Stellen sehen übel aus.» Als er aus der Tür war, sank ich auf dem Teppich zusammen und blieb neben dem Blutfleck liegen. Am Morgen meldete ich mich krank. Sir Elixions Mail an meinen fiktiven Gebieter beantwortete ich mit freundlicher Anerkennung und der Aussage, ich würde nun eine Weile selbst die Dienste meiner Sklavin beanspruchen. Dann behandelte ich den Teppich, doch ein Schatten blieb. Die Flecken auf mir waren großflächig und vermutlich sogar behandlungsbedürftig, teilweise war die Haut aufgeplatzt, ich strich bewundernd darüber und war stolz. Alle anderen Gefühle blieben hinter der Betäubung zurück, die mir der Schmerz verschafft hatte. Meinen Herrn Kai sollte ich erst in einer Woche wiedersehen, bis dahin hätte ich bestimmt eine Erklärung gefunden. Sir Elixion traf ich nie wieder. Einmal begegnete ich ihm zufällig, zwei Jahre später – doch ich denke, wir ließen beide wohlüberlegt die Finger voneinander. Was geschehen war, hatte Grenzen überschritten. So etwas wiederholt man nicht.

Mein Herr glaubte mir, dass ich mich selbst mit einer Gardinenstange geschlagen hatte, weil ich versucht hatte, gegen meine Krankheit anzukämpfen. Dafür war die Krankheit gut – sie lieferte immer plausible Erklärungen. Er erkannte aber auch, dass wohl etwas passieren musste, damit ich nicht zu solchen Mitteln gezwungen würde, um mich abzulenken von meinem Essen-Kotzen-Kreislauf. In den folgenden Wochen begannen wir mit dem, was schließlich unsere Bizarre Welt zum Einsturz brachte.

HERRENJAHRE

Kai und ich spürten es beide – es ging zu Ende. Die Lehrzeit war abgeschlossen, wir hatten einander gegeben, was wir konnten, hatten voneinander gelernt, uns genossen und gegenseitig glücklich gemacht. Aber nun war der Alltag eingekehrt. Und was tut man, wenn man den Anfang des Endes wahrnimmt? Man versucht, den Beginn des Ganzen wiederzubeleben. Zurück dahin, wo alles gut, alles im Entstehen war. Nur weit fort vom drohenden Ende! Obwohl doch so kein Fortschreiten möglich ist. Der Schutz ist Stillstand.

Zurück bedeutete, den Reiz der Prostitution wiederzubeleben. Für mich war es der Reiz, die Hure meines Herrn zu sein. Für ihn Geld zu verdienen. Der Reiz, begehrt zu werden. Denn er mochte, liebte mich zwar – aber die Sicherheit, die er mir gab, forderte mich nicht heraus. Früher hatte ich mich stets beweisen müssen; ich konnte die Ruhe der Beziehung nicht genießen, sie machte mir Angst. Angst vor dem Gewitter. Als er das Abenteuer «Hure» vorschlug, konnte ich nicht nein sagen; ich wollte ja, dass er stolz auf mich war. Diesmal selbstbestimmt, auf eigene Rechnung, mit ihm als stillem Beobachter, ein großer, erwachsener Spaß, so kam es uns vor. Wir suchten eine Wohnung, richteten sie ein, ich erfand eine weitere Version von mir – neben der soliden Silvia für meine Familie und meine Freunde und der hungrigen, devoten Anna der SM-Szene entwickelte ich die Hure, über die Männer in entsprechenden Foren schrieben: «Eine Stunde bei ihr ist wie Sex mit der besten Freundin – entspannt geil.»

Mein Herr hatte ebenso wie ich Spaß daran, die Wohnung einzurichten, die Anzeige zu entwerfen, das Fotoshooting für die Website zu machen, Zeitpläne zu erstellen und nach den Besuchen alles mit mir durchzugehen, über die Freier zu lachen.

Es war eine rundherum bescheuerte Idee. Die dritte Person aus mir herauszuschnitzen kostete mich viel mehr Kraft, als ich durch die Kotzerei gewinnen konnte. Aber zugeben, dass ich das alles nicht konnte, wäre mir nicht in den Sinn gekommen.

Mein Herr, der mir Halt gibt, dem ich hörig sein will, mein Retter aus meinem traurigen fremdgewaltbestimmten Leben, der Mann, der mich festhält, will, dass ich Lust daraus gewinne, für ihn für Geld mit Fremden zu ficken. Mir macht es keinen Spaß? Meine Schuld. Also muss ich etwas an mir ändern. Neue Aufgabe: Perfektioniere die Hure. Erweitere dein Repertoire. Spiel die Domina, verwöhne Frauen, stimme Sex mit zwei Männern zu. Bis du nicht mehr kannst. Nebenbei hast du eine romantische Beziehung zu deinem Herrn, der immer morgens um 7 zum Ficken vorbeikommt, damit er der Tageserste ist. Ein neues Hamsterrad. Und dazwischen chattest du mit den neuen Freunden aus der SM-Szene, weil du dich immer wieder fragst: Da muss doch noch etwas sein? Etwas, bei dem ich mich beweisen kann? Wann kommt endlich der eine Mann, der mich lehrt, perfekt zu sein? Und wann kommt der Blick zurück, das dunkelblaue Leuchten meiner Augen im Spiegel?

Mit meinem Herrn streite ich immer mehr, denn eines gibt mir dieser neue, alte Job: Selbstvertrauen. Mehr Wut. Und er führt mir vor Augen, dass ich die Intelligentere von uns bin. Ich habe das Gefühl, im Hamsterrad nur meine Zeit zu verschwenden. Ich will alleine sein und doch nicht allein. Es ist mein großes Problem – bin ich alleine, gewinnt die Krankheit die Oberhand, denn ohne die Kotzerei, die mich ablenkt, müsste ich meinen Gedanken und Erinnerungen zuhören. Dem Druck halte ich nicht stand. Bin ich unter Menschen, kann ich nicht kotzen und werde ebenfalls von den Gedanken abgelenkt. Aber ich muss mich auf die anderen einstellen und herausfühlen, welche Silvia sie gerne möchten, wie ich sein muss, um zu gefallen, wie ich perfekt für die anderen bin. Das erzeugt wieder neuen Druck, bis ich dann nur noch den Wunsch habe, alle mögen mich doch endlich in Ruhe lassen und nicht mehr an mir herumzerren. Eigentlich sollte man glauben, ich würde ein enthaltsames Leben bevorzugen und kindheitsbedingt vor jeglicher Sexualität davonlaufen. Aber das ist es ja eben: Ich habe seit meinem zehnten Lebensjahr gelernt, dass Sexualität lebensbestimmend ist. Sex und Essen. Auf Essen will ich verzichten, kann es aber nicht – und auf Sex will ich nicht verzichten, weil ich gelernt habe, mich darüber zu definieren. Leider.

Ich suche keinen Ausweg, da ich nicht gelernt habe, alleine und sexuell unabhängig zu existieren. Ich hoffe einfach, wenn ich diszipliniert und schlank und sportlich genug bin, dann wird alles gut, dann macht mir Spaß, was ich für meinen Herrn tue. Ich muss mich nur mehr anstrengen. Der Gedanke, einfach nicht weiter für Fremde die Beine breit zu machen, kommt mir nicht. Aufgeben ist keine Option, außerdem – was gebe ich denn auf? Mich? Was ist das überhaupt?

Der Ausweg findet mich. Das Traumpaar der Hamburger SM-Szene hat sich getrennt. Der *Schwabenherr*, dessen Website mit seinen Texten über Unterwerfung und Dominanz, über seine Liebe zu seiner Sklavin und sein vermeintliches Verständnis von BDSM mich seit einiger Zeit fasziniert, ist wieder allein und auf der Jagd. Und ich? Ich bin das gefundene Fressen. Mit seinen Texten und Bildern ist er einer der Promis der Szene. Noch weiß ich nicht, wie viel von dem, was er schreibt, lediglich kopiert ist. Noch halte ich ihn für unerreichbar. Vor allem, weil er nicht wirklich nach Beute sucht. Er will seine Freundin zurück, leidet unter der Trennung, sucht Ablenkung. Findet sie in mir. Von ihm beachtet zu werden ist für mich der Lottogewinn.

Wieder bricht meine Welt in Stücke. An der Uni scheitere ich, denn Kotzen, Hungern, Prostitution, Nebenjob, Geliebte und Freundin sein ist mehr, als mein Zeitplan verkraften kann, und es ist immer viel, viel wichtiger, dass die Menschen um mich herum mich mögen, als dass ich selbst in die Augen der Studentin gucken kann, die ich eigentlich sein wollte. Manchmal ertappe ich mich dabei, dass ich mir ein Leben ohne Sex, ohne Benutzung, ohne Zwang wünsche. Solche Gedanken führen eine Abwärtsspirale herbei, denn ich halte sie für geistiges Versagen. Aushalten, durchstehen, bestehen, nicht aufgeben, niemals schwach sein – ich kann vor mir selber nie bestehen. Es muss sich etwas ändern. Als der *Schwabenherr* mich für würdig erachtet, mich zu seiner sklavin auszubilden, laufe ich mit fliegenden Fahnen zu ihm über. Ich lasse alles zurück: meine Wohnung, mein Studium, meine Persönlichkeit, meinen Namen. Ich nehme die Rolle an, die er mir zugedacht hat: seine sklavin mia. (*Echte SMler schreiben selbstverständlich das Wort sklavin nur in Kleinbuchstaben, sonst könnte dem dominanten Part ja ein Zacken aus der Krone brechen…*)

Verzweifelt versuchte ich, meine Neigung und mein Leben in Regeln zu pressen, nur schnell, schnell perfekt in der neuen Rolle sein, vielleicht findet die Krankheit mich dort nicht wieder!

Der Schwabenherr ist groß, noch nicht dick, hat wunderbare malzbonbonfarbene Augen, die intensiv streng, aber auch liebevoll blicken können. Sein Schädel ist rasiert, damit die beginnende Glatze nicht sichtbar ist, und seine Kleidung ist mal angemessen, mal zu jovial. Ich mag seine Haltung und seine einfache Weltanschauung. Für ihn gibt es das noch, richtig und falsch. Schwarz und weiß. Ich habe außer Grau keine Farben, ich bin verunsichert und bemühe mich, seinen klaren Anweisungen zu folgen, damit meine eigene Welt kontrastreicher wird. Er spricht mit einem Dialekt, der mich manchmal lachen, manchmal verzweifeln lässt. Es kommt der Moment, in dem ich morgens neben ihm im Bett liege und überlege, ob ich mir das wirklich antun will – einen Mann, der «als» und «wie» nicht zuverlässig auseinanderhalten kann. Ich beschließe, dass ich es zumindest versuchen sollte. Aber ich habe Angst, dass es mich immer stören wird. Andererseits verteilt er seine Ohrfeigen immer im richtigen Moment, man muss eben eins ins andere rechnen, tröste ich mich. Und: Er ist meine Eintrittskarte in die «richtige» SM-Welt. Dort hoffe ich, ein Zuhause zu finden. Ich will sein, was die Bücher beschreiben: die richtige sklavin.

Mit Hilfe des Schwabenherrn löse ich die Modelwohnung, in der ich für und mit Kai gearbeitet habe, auf. Der Schwabe verspricht mir, nie wieder würde mir jemand «so was antun» – ich will ihm glauben, aber ich tue es nicht mehr. Was ich fühle, ist kein Vertrauen; es ist mehr die Sehnsucht, mich selbst endlich aufgeben zu können. Eines stellt er von Anfang an klar: Ich darf ihm so lange zur Unterhaltung dienen, bis seine Ex wieder vor der Tür steht. Kommt sie zurück, muss ich gehen. Ich weiß das und antworte, dass wir dann zumindest eine schöne Zeit gehabt haben werden. Er leidet unter der Trennung, ein leidender Mann vor mir, eine neue

Daseinsberechtigung für mich: ihn glücklich machen. Mich kümmern. Für andere das Leben so angenehm wie möglich zu machen gibt mir Halt. Der Schwabe gibt die Regeln vor, und ich gehorche. Der Schwabe schlägt, ich halte hin, der Schwabe spricht, ich höre zu, bereit, mich zu vergessen. Ich versuche, endlich ein Zuhause zu finden. Ich will den Schwaben lieben, weil sich das doch so gehört und weil er, den so viele in der Szene so sehr bewundern, ausgerechnet mich gewählt hat – ich bin stolz und werte mich dadurch auf. Wieder werfe ich Perlen vor die Säue und merke es nicht einmal. Wobei, so ganz stimmt das nicht, denn in mein Tagebuch schreibe ich:

So vieles lässt das Leben manchmal zur Last werden. Ich sehne mich nach der Unbeschwertheit vergangener Tage. Aber ich werde dieses nur aus eigener Kraft erreichen. Hilf dir selbst – es hilft dir keiner? Möglich. Sogar wahrscheinlich, zumindest, was die wichtigen Dinge angeht. Zurzeit muss ich stark sein. Aber meine Kraft reicht nicht für alles aus, was zurzeit notwendig ist. Gestern habe ich so deutlich gespürt, was mir fehlt, und diese Traurigkeit steckt immer noch in mir. Ich habe mir gewünscht, sie möge verschwinden, aber sie tut es nicht. Sie bleibt. Wie lange werde ich durchhalten? Ich glaube, ich steuere auf etwas Schwieriges zu – kann ich das schaffen? Werde ich den Berg abtragen, überwinden können? Ich gebe im Moment viel, viel Zuneigung und habe doch ständig das Gefühl, nicht genug zu geben. Aber langsam ... fehlt sie mir selbst. Fehlt mir das Gefühl, geliebt zu werden, mich auszuweinen. Ich habe einen Fehler gemacht. Ich habe ihm von einer der Vergewaltigungen erzählt. Das hätte ich nicht tun dürfen. Es gibt jedem Menschen die Möglichkeit, mir weniger Zuneigung zu geben, weil jemand wie ich ja mit dem wenigen glücklich sein muss. Wenn man die Hölle gesehen hat, dann sollte man ja glücklich sein, den ersten Himmel zu erreichen. Es muss ja nicht der siebte sein. Aber ich möchte doch so etwa den fünften haben. Ich möchte, dass jemand mich in den Arm nimmt, mich liebhat und mir das zeigt, mir einfach das Gefühl gibt, nicht egal zu sein. Aber Liebe, Zuneigung, kann man nicht erzwingen. Ich kann es nicht. Ich lebe in einer Beziehung, aber ich habe Zweifel daran, wie wichtig ich ihm bin. Macht es wirklich einen Unterschied, ob ich da bin oder nicht? Was gebe ich ihm, das er nicht auch von jeder anderen bekommen könnte? Mir fehlt es so sehr, dass ich ein wenig das Gefühl erhalte, wichtig zu sein. Hätte er gestern nicht gesagt, dass ich ihm guttue, ich glaube, ich hätte gestern schon meine Kraft verloren. Ich bin kein Mensch, der nach Zuneigung fragt. Ein In-den-Arm-genommen-Werden kann ich nur genießen, wenn es von dem anderen ausgeht. Wenn ich darum bitte, ist es nicht richtig. Ich kann es nicht genießen, denn es kommt nicht von Herzen, sondern auf eine Frage hin. Wer kann sich über ein Geschenk freuen, das er selbst gekauft und verpackt hat?

Inwieweit hat sich sein Leben geändert, seit ich hier bin? Gar nicht, oder? Abgesehen von einigen Annehmlichkeiten. Aber mein Leben? Das lebt er kaum mit, und ich wage es nicht und nur wenig, es mit einzubinden. Wenn wir wirklich gemeinsam leben würden, wäre es leichter, mich mehr mit einzubringen. Wahrscheinlich reagiere ich gerade über, aber ich kann es nicht ändern: Ich fühle nicht viel, das von ihm zu mir geht. Ich sehe keinen Herzchenstrom, der von ihm zu mir fließt. Daran bin zum großen Teil ich mit schuld. Durch die Dinge, die ich gesagt habe, dadurch, dass ich zugegeben habe, eine Hure gewesen zu sein.

Aber wie auch immer es ausgeht, ich werde, denke ich, mit einem guten Gewissen aus der Sache gehen ... dass ich eine Zeitlang ihm Zuneigung gegeben habe. Vielleicht wird er nach ein paar Monaten die Ex wieder an seiner Seite haben, und alles wäre, als hätte ich nie existiert. Ich glaube, das ist es, was mich gerade so traurig macht: das Gefühl, dass ich nicht wirklich eine Lücke hinterlassen würde. Ob sie es wird oder ich oder keiner von uns, das ist nicht so wichtig. Ich weiß, wie viel sie ihm bedeutet, und kann es verstehen. Es ist in Ordnung, und ich kann damit leben. Was ich nicht kann, ist, mir Liebe zu erkämpfen, zu erbetteln. Ich bin kein einfacher Mensch, aber ich weiß, dass man mich mögen kann. Ich habe ihn so lieb. Ich gebe so viel und doch nie genug. Aber ich weiß nicht, was zurückkommt. Ja, das ist es. Ich habe Angst, schnell in Vergessenheit zu geraten und nicht zu fehlen.

Was kann ich daran ändern? Wie sollte ich mich verhalten, um diese Traurigkeit abzuschütteln? Ich weiß es einfach nicht. Ich brauche mehr Kraft. Mehr ICH. Und gleichzeitig will ich mich nicht haben. Will die Therapie nicht mehr. Ich bin an einem Punkt, an dem ich noch nie war und an dem ich mich auch nicht wohl fühle. Ich möchte weit weg und viel Ruhe haben. Ich möchte die eigene Disziplin, mich nur auf mein Studium zu konzentrieren. Und ich möchte irgendwann das Gefühl haben, dass mich jemand liebhat. Bedingungslos.

Ich will diese Traurigkeit verlieren. Ich will mutig sein und stark.

Die SM-Szene beäugt uns eine Zeitlang argwöhnisch und jubelt dann. Ich jubele mit, ich habe blitzschnell gelernt, wann ich was zu sagen habe, um Bewunderung und Zustimmung zu finden. Und in der SM-Szene werden devote Frauen daran gemessen, wie weit sie sich unterwerfen, wie sehr sie sich erniedrigen lassen, wie umfangreich sie ihren Alltag von Sadomaso-Regeln bestimmen lassen, wie viel Schmerzen sie ertragen und wie blau die Striemen auf ihrem Arsch sind. Der Regelkatalog meines neuen Herrn und Meisters ist ein klassisches Beispiel dieser Welt – meine Kleidung, meine Freizeit, meine Schreibweise, der Inhalt meiner Handtasche, mein Verhalten beim Sex, meine Ansprache – alles ist Regeln unterworfen. Ich habe meinem Herrn immer mit Streichhölzern Feuer zu geben, und ich darf das Streichholz nicht auspusten, sondern muss warten, bis entweder er es tut, er es mir erlaubt oder ich mir die Finger verbrenne. Meine Hand ist sein Aschenbecher. Lauter kleine Spielereien, die auf den ersten Blick niedlich sind, in der Summe perfide, und in der Umsetzung stetig untergraben, was noch selbstbestimmt ist.

Ich mache mit und brenne darauf, mehr davon zu bekommen. Jede Regel ist für mich ein Schritt näher daran, frei von meinem alten Leben zu sein, denke ich. Jede Regel bringt mich näher daran, dass mich jemand mag, hoffe ich. Befolge ich alle Regeln, wird mich endlich jemand lieben oder mich zumindest in den Arm nehmen. Geborgenheit, das suche ich. Einen Ausweg aus der emotionalen Einsamkeit. Arme, die mich halten, ein Mensch, der mir zuhört und mir die Traurigkeit nimmt, die Erinnerungen ausschaltet und die Krankheit besiegt. Aber noch habe ich das nicht verdient – ich bin noch nicht perfekt genug, ich bin noch nichts wert.

Ich fürchte die Schläge zur Strafe, und ich liebe sie auch. Immer wieder werde ich wütend, da ich finde, dass mein Herr zu nachgiebig mit mir ist. Er soll mich an die Grenze bringen! Zerstöre mich, denn ich habe nicht die Kraft, es allein zu tun! Mach mich kaputt, stell mich auf null zurück, damit ich neu und ohne Ballast wieder anfangen kann! Hilf mir, liebenswert zu sein!

Aber der Schwabenherr hört keine ungesagten Worte. Er wandelt mich, Tag für Tag und Stück für Stück, bis von der blonden, langhaarigen Studentin Silvia nur noch Erinnerungen übrig sind.

EHEGLÜCK

Die Krankheit ist ganz leise, als ich 26, 27 Jahre alt bin. Vielleicht versteht sie, dass zwischen Erniedrigung, Schmerz und der Anstrengung, glücklich zu sein, kein Platz ist für sie. Auch für mich ist kein Platz. Für uns. Meine Freundin und engste Vertraute, die Bulimie, und mich. Es ist einsam ohne sie. Ich habe keine Zeit mehr, ich selbst zu sein. Ich nehme mir keine Zeit für meinen Sport, denn freie Zeit gehört meinem Herrn und Meister. Das einzige «Ich» findet im öffentlichen Nahverkehr statt. Durch den Umzug zum Schwabenherrn bin ich zum Pendler geworden und verbringe jeden Tag drei Stunden zwischen dem schiefen Haus hinter dem Deich, in dem wir wohnen, und meinem geliebten Arbeitsplatz im schönsten Altbaustadtteil Hamburgs. Ich lese während dieser freien Zeit, versinke in Büchern, atme sie ein, lebe die Gefühle darin nach. Träume mich in andere Welten und Wahrheiten. Nur manchmal lasse ich absichtlich einen Bus sausen, damit ich 20 Minuten Zeit habe, um bei McDonald's Pommes und Erdbeer-Milchshake zu inhalieren und sofort wieder auszukotzen. Rein, raus. Beruhigung. Ich wappne mich damit innerlich, von der Arbeitswelt zurück in die SM-Welt zu gehen. Das Kotzen gibt mir die Kraft dafür. 20 Minuten Zeit, jeder langsame Kassierer macht mich wahnsinnig, weil ich Angst habe, die Restzeit reicht nicht, um vollständig zu erbrechen. Ich wünsche mir heute oft, ich könnte mal einen Erdbeershake trinken, ohne sofort zu erbrechen. Aber ich traue mich nicht.

Der Mann, den ich heiraten werde, schläft nachts mit drei bis vier Kissen im Rücken, sodass er fast aufrecht im Bett sitzt.

Er liegt nie an mich geschmiegt, anders als in den harmonischen Beziehungen, die in Büchern, Filmen und Frauenzeitschriften beschrieben werden. Ich spüre ihn nicht, wenn ich einschlafe, ich berühre ihn kaum. Am Morgen zündet er sich zuerst eine Zigarette an und schaltet dann den Fernseher ein. Ich ekele mich vor beidem, Fernsehen am Morgen ist für mich damit vergleichbar, die BILD zu lesen. Es gehört sich für bestimmte Bildungsstufen nicht. Natürlich sage ich ihm das nicht, vor Kritik habe ich Angst. Nicht davor, kritisiert zu werden, das mache ich ja selbst ständig, sondern vor der Reaktion der Person, die ich kritisiere. Also leere ich regelmäßig die Aschenbecher und befreie den Bildschirm vom Staub. Der Schwabenherr verfügt, dass ich ihm morgens Kaffee ans Bett zu bringen habe. Oft schlafe ich auf dem Fußboden neben dem Bett. Was als demütigende Strafe einmal begonnen hat, bürgert sich schnell ein, und es gefällt mir dort unten. Der Fußboden macht mir weniger Angst als das Bett, welches trotz des Mannes darin leer und einsam ist. Der Platz zwischen dem Bett und der Wand ist schmal, und ich fühle mich geborgen und sicher, wenn ich einschlafe. Nur die Aschestreifen, die von den Zigaretten fallen, stören, doch ich rede mir ein, dass jede Unbehaglichkeit gut für mich ist. Ich habe Angst zu verweichlichen. Und Schwäche wird mich verletzlich machen. In der SM-Szene geben wir damit an, dass der Schwabenherr seine sklavin auf dem Fußboden schlafen lässt, angemessener Platz, wir ernten Bewunderung von denen, die 24/7 leben. 24/7, das bedeutet, dass man rund um die Uhr und immer mit dem Machtgefälle Herr–sklavin lebt. Oder Herrin–sklave, je nach Gusto. Einige, die finden, dass wir zu weit gehen, schweigen. Die SM-Szene ist tolerant und sehr klar in ihren Regeln – solange beiden gefällt, was getan wird, ist alles erlaubt, was keine Unbeteiligten verletzt. Drogen und Alkohol sind geächtet, und nachlässiger Umgang mit Safer Sex kommt kaum vor. Ich mag am Schwabenherrn, dass er nicht trinkt. Und dass er manchmal den besten Käsekuchen der Welt backt, sogar in Herzform. Außerdem bringt er mir bei, Dinge einfach zu tun – Motorrad fahren, auf dem Sofa sitzen und Eis essen, Trash-TV gucken oder die Heizungsrohre in Zuckerstangenringelfarben anzumalen. Und ich lerne, vollkommen bewegungslos in der Küche zu stehen, wenn bei seinen cholerischen Anfällen Stühle durch die Luft fliegen. Ich rühre mich nicht und wage kaum zu atmen. Ab und an erzählt er mir von sexuellen Phantasien, die ich entsetzlich, abstoßend und pervers finde, doch da er keine konkreten Ansagen macht, dass er es mit mir ausleben will, sage ich nichts dazu und hoffe einfach, nie in die Situationen zu kommen, die er skizziert.

Zunächst haben wir Spaß und probieren vieles aus. Wir stehen Pfingstmontag um 6 Uhr auf, damit wir in einem einsamen Wäldchen Bondage an den Bäumen machen können, ohne Feiertagsspaziergänger fürchten zu müssen. Leider sind wir nicht die einzigen Frühaufsteher, denn kaum hänge ich in den Seilen, fährt eine Gruppe Crossmotorradfahrer vorbei und hält natürlich sehr begeistert an. Sofort steigen sie ab und wollen Fotos machen, mein Herr erlaubt es, mich fragt er nicht, warum auch? Ich finde die Situation eher lustig, und wir sprechen noch wochenlang davon. Hängebondage mit Hindernissen, Stammtischgesprächsthemen der SM-Szene. Den sexuellen Aspekt von Bondage habe ich noch nicht vollkommen erfasst. Den künstlerischen Aspekt komplizierter Knotenfolgen, die Ästhetik darin, das verstehe ich. Aber sexuell? Welche Lust baut sich auf, wenn, man lange Zeit vorher bereits die Seile einweichen oder wachsen muss, wenn das Objekt stundenlang verharrt, bis jeder Knoten an der richtigen Stelle sitzt, wenn die Schultern schmerzen und die Angst geschürt wird, taube Gliedmaßen zu bekommen? Dann soll ich noch sexuell stimuliert sein, wenn mein Knie einschläft und meine Brüste unnatürlich blaurot anlaufen? Ich finde es lästig und nervig, doch ich mag die Bilder, die dabei entstehen, und dass ich keine Lust dabei empfinde, drei Stunden meinen Körper zu verrenken, sehe ich als meinen eigenen Fehler. Eine gute sklavin wäre jetzt geil, bin ich das nicht, bin ich nicht gut. Ein einfaches, immer funktionierendes System.

Ich mag es sehr, gefesselt zu sein. Ich fühle mich frei – frei, mich zu wehren, und frei, benutzt zu werden. Wenn ich gefesselt bin, trifft mich keine Schuld, wenn jemand meinen Körper benutzt. Ich kann mich wehren und unterliegen, darf Sex haben, ohne mich zu schämen, denn ich kann ja nicht anders. Früher, als die Wölfe meiner Kindheit meinen Körper zerfetzten, war ich nicht gefesselt, ich stand nicht auf und ging fort, auch später nicht, als ich mich anbot. Früher hielt ich still, weil die Angst mich festhielt. Meine Schuld? Gefesselt zu sein enthebt mich jeder Entscheidung. Ich genieße es zu kämpfen, auch wenn es aussichtslos ist. Aber dann habe ich es wenigstens versucht. Jede Verletzung, die ich dabei davontrage, baut ein Stück meiner Schuld ab, mich früher nicht gewehrt zu haben. In meinem Tagebuch steht:
Tränen sind Trophäen,
Blut Beweis der Begierde,
Spuren erbeutetes Gold.
In der Zeit mit dem Schwabenherrn verstehe ich diesen Drang, zu kämpfen, mich zu wehren, noch nicht und schäme mich dessen. Eine gute sklavin hält still und unterwirft sich ihrem Herrn jederzeit aus freien Stücken, denn sie gehört ihm. Ich merke jedoch, dass mir die Spuren an meinem

Körper sehr wichtig sind. Je mehr blaue Flecke, desto mehr meiner Schuld wird sichtbar abgebaut. Wenn mein Herr mich schlägt, schreibt er anschließend ein Datum neben die Spuren auf meinen Körper und fotografiert die ordentlich gestriemte Haut. Ich bin stolz, wenn er diese Bilder veröffentlicht, mein Ansehen in der SM-Szene steigt dadurch ebenso wie seines. Manchmal schäme ich mich aber auch dafür, weil ich denke, es sieht zu sanft aus, zu wenig, als würde ich nichts vertragen. Aber was ich auch tue, er bringt mich nie an die Schmerzgrenze, die ich spüren will. Ich weiß nicht mal, ob diese Grenze existiert – und was ich mir davon verspreche, sie zu erreichen. Ich habe das Gefühl, dass, wenn ich sie erreiche, endlich alles gut wird, ich mir dann vielleicht in die Augen sehen kann und meinen Körper nie wieder für Dinge hergeben muss, die ich nicht mag. Vielleicht wird mein Körper eines Tages genau das: *mein* Körper.

Aus meiner Bewunderung für den Schwabenherrn werden langsam Hass und Verachtung. Zuerst freue ich mich, dass er wie ich gerne Monopoly spielt und wir Sonntagvormittage mit Kaffee und Unbeschwertheit am Spieltisch verbringen. Auch wenn mir von Mal zu Mal klarer wird, was für ein schlechter Verlierer er ist und wie schwierig es ist, ihn den ganzen Spielverlauf hindurch bei guter Laune zu halten. Ich lerne, ihn gewinnen zu lassen, und gewinne selbst von Tag zu Tag mehr Distanz zu ihm. Es ist ein leiser, schleichender Prozess, der mich erschreckt. Ich will glücklich sein, will ihn glücklich machen, darf keine zweifelnden Gedanken haben. Die Nächte werden nachdenklicher, doch verlassen kann ich ihn nicht – sonst wüsste ich nicht mehr, für wen ich morgens aufstehen soll. Die Krankheit flüstert mir zu, dass ich mit ihr alleine glücklicher wäre. Ich feiere berufliche Erfolge, und jenes daraus resultierende Selbstbewusstsein stärkt meinen kritischen Blick auf den Schwabenherrn. Ich brauche mehr Regeln, um klein und devot zu bleiben. Ich füge mich nicht mehr in den Rahmen, also verenge ich ihn, schaffe neue Aufgaben und Strafen, um meine innere Stimme zu knebeln. Mitten in dieser zweifelnden Zeit habe ich eines Tages Schmerzen und Blutungen, gehe zum Arzt und höre, dass ich soeben ein Kind verloren habe. Ein Kind, von dem ich nicht wusste, dass es in mir wachsen wollte. Ich schalte augenblicklich um auf Autopilot. Drei Tage bin ich taub, stumm und blind für alle inneren und äußeren Stimmen und funktioniere wie gewohnt. Dann breche ich weinend in unserer Küche bei den Vorbereitungen für einen Abend mit Gästen zusammen. Der Schwabenherr beugt sich zu mir, entlockt mir den Grund meiner Traurigkeit. Er ist nicht traurig, aber als ich ihn frage, was denn gewesen wäre, wenn ich dieses Kind nicht verloren hätte, sagt er: «Ein Kind ist immer ein Grund zur Freude.»

Für diesen Satz liebte ich ihn erneut und denke bis heute, dass es das Einzige ist, was mich von seinen Worten in den ganzen Jahren wirklich erreicht hat.

Eine Stunde später kommt der Besuch, und ich funktioniere wieder, die Traurigkeit weggesperrt in einem Winkel meines Herzens, zu dem ich selbst nur selten Zugang finde. Doch etwas hat sich verändert, denn jetzt fange ich an, mir eine Familie zu wünschen. Da ich keinerlei Impulskontrolle besitze, arbeite ich sofort und zielstrebig an meinem neuen Wunsch. Zunächst brauche ich etwas Neues, um das ich mich kümmern kann. Ich gehe zum Arzt und lasse erklären, wie hoch meine Chancen sind, erneut schwanger zu werden. Sie sind verschwindend gering, und da der Schwabenherr mich sehr selten auf die Art beschläft, bei der ein Kind entstehen könnte, bin ich mit der sexuellen Situation unglücklicher als sonst. Da sind jetzt zwei Wünsche: eine Familie haben, und den Schwabenherrn glücklich machen. Was also ist zu tun? Die Lösung findet sich rasch – ein knappes Jahr später ist ein Hund im Haus, und wir sind verheiratet. Denselben Namen zu tragen gibt meiner Verwandlung zum Geschöpf des Schwabenherrn den richtigen Schliff. Das Büro der Standesbeamtin betrete ich mit dem Gedanken, in diesem Augenblick den größten Fehler meines Lebens zu machen. Ich soll recht behalten.

Alles Mögliche versuche ich, um unser Leben familiär und glücklich zu gestalten. Ich will mich geborgen und aufgehoben fühlen, aber je stärker ich werde und je mehr ich daran arbeite, desto weiter driften unsere Vorstellungen von Glück auseinander. Vermutlich bin ich verkrampft, doch der, der jetzt mein Eheherr ist, verliert sich im Sog der Szene, polygam sein zu müssen. Wir lernen eine ganz bezaubernde Frau kennen, die ähnlich wie ich Perfektion und Essen nicht in Einklang bringen kann. Ich fühle mich zu ihr hingezogen, zu ihrem Lachen und ihren liebevollen, leuchtenden Augen. Ich bewundere ihren schönen, zarten Körper und ihre stilsichere Kleiderwahl. Ich beneide sie ob ihrer Freiheit, sich benutzen zu lassen, von wem sie will. Wir werden ziemlich unzertrennlich, und bald merke ich, welche Wirkung sie und ich gemeinsam auf unsere Umwelt haben. Eigentlich wünsche ich mir, dass mein Eheherr sie und mich zusammen präsentiert, fickt, benutzt, mit uns auf Partys angibt. Zeitweilig tut er das, doch selbst ein Blinder muss spüren, wie unglücklich er in Wirklichkeit damit ist. Wir haben einen Freundeskreis aufgebaut, in dem es normal ist, mindestens einen weiteren Sexualpartner in der Beziehung zu haben. Mit meiner süßen kleinen Streunerin, der gemeinsamen Geliebten von meinem Mann und mir, sind wir vollwertiger. Es ist wie früher — ich entwickle keine sexuelle Lust an der anderen Frau, sondern verspüre mentale Befriedigung durch unsere Außenwirkung. Ich blühe darin auf und passe mich sofort und zu hundert Prozent den Regeln an, die für den polygamen Teil der Szene gelten. Und ich beginne, meiner süßen Streunerin zu vertrauen, langsam, Stück für Stück entlockt sie mir meine innere Traurigkeit und entlarvt meine Maske der perfekten Ehesklavin, die ihren Herrn weder bewundert noch liebt, sondern an ihm festhält, um ihm nicht weh zu tun. Die Streunerin wird mein neuer Mittelpunkt, wird das Korn vor der Kimme, und das Ziel, welches einmal war, verschwindet immer mehr.

Eines Tages sind wir alle drei auf einer privaten Party eingeladen, mein Eheherr wird einer von drei Herrn sein, die an diesem Tag zwischen sieben Frauen wählen können. Ein Werbe-Medien-Mensch mit drei Frauen ist einer der Herren, ihm gehören die Wohnung und die faszinierende Gabe, anderen in den Kopf schauen zu können. Der dritte Musketier ist ein selbstverliebter Sonnyboy, auf den man bauen und vermeintlich auch vertrauen kann, er bringt seine wundervolle Freundin mit, die ich unbedingt näher kennenlernen will. Die beiden sind für mich Sterne am Szenehimmel, und ich hoffe, von ihnen zu lernen, wie man eine perfekte Beziehung führt und gleichzeitig eine zweite Frau in den Alltag integriert. Die Spielpartnerin, die die beiden Sterne mitbringen, sieht verbraucht aus — ich sehe sie nicht lange an.

Unser Ziel ist eine stylische Wohnung im angesagten Hamburger Schanzenviertel, es sind 34 Grad im Schatten, die Fußballweltmeisterschaft beherrscht das Straßenbild vor dem Hinterhofeingang, den wir erwartungsvoll durchschreiten. Wir Frauen werden in ein Zimmer unter dem Dach gepfercht, der Ventilator läuft, wir sind nackt, bis auf zwei kenne ich alle Damen schon, uns ist heiß und langweilig, die Matratzen, auf denen wir lagern, sind klebrig von Schweiß und Sonnenmilch. Die Gespräche sind schleppend, wir werden müde und fangen an, uns gegenseitig den Rücken zu massieren, über den bevorstehenden Sex redet keine, es interessiert nicht. Die Herren unten, im kühlen, aufgeräumten Livingroom mit den steingrauen Vorhängen, brauchen ewig, um sich zu entscheiden, welche Frauen sie zuerst zu sich holen. Es trifft die Schönste von allen, den Stern, die mir mit ihrem perfekten Körper Angst macht, die ich aber ob ihrer Ausstrahlung, Intelligenz und Klarheit bewundere. Und es trifft mich. Als wir vor den drei Herrn knien und uns berühren sollen, flüstert sie mir zu: «Ich habe überhaupt keine Lust, hier eine Lesbennummer abzuziehen!» Ich weiß nicht mehr, was ich erwidere, doch mich beeindruckt ihr Mut. Ich traue mich nicht, etwas anderes zu tun als das, was die Herren verlangen – doch ich will diese wundervolle, mutige perfekte Frau auch nicht verärgern, also versuche ich, Balance zu halten, und ergreife irgendwann die Flucht nach vorn, krieche über den Teppich und versuche, den schlaffen Schwanz meines Eheherrn zu blasen. Es ist offensichtlich, dass er von der Situation überfordert ist. Er ist eben kein Open Player, ich sehe, dass ihm das alles nicht gefällt. Ich glaube manchmal, er hätte in dem kleinen schwäbischen Dorf bleiben und nie einen Fuß in die sexuellen Abgründe der Hansestadt setzen sollen. Als schwäbischer, sexuell passiver Familienvater wäre er vermutlich glücklicher geworden. Doch jetzt sind wir hier, in diesem Raum mit einem selbstverliebten Dom, der seine wunderschöne, mutige, perfekte Frau vernachlässigt und ihren Mut dadurch in Zaum hält, dass er sie unter mich zwingt. Und sie hat keine andere Wahl, als zu gehorchen – die beiden haben ja die Frau dabei, die über ihre verbrauchte

Miene hinwegtäuscht, indem sie sich für alles anbietet, und da die mutige Frau den selbstverliebten Sonnyboy-Dom liebt, muss sie sich dem polygamen Kram unterwerfen, um ihn zu halten. Ein einfaches, krankes System.

Und es funktioniert nicht. Der Sonnyboy hat kurz mal Spaß, schwitzt, fickt und kühlt sich wieder ab. Immer liegen mindestens drei Frauen untätig und gelangweilt herum. Der Medienmensch manipuliert und sperrt seine jüngste sklavin zur Strafe für irgendwelche Widerworte in ihr Zimmer, und in einem unbeobachteten Moment zieht er mich zu seinem Schwanz heran, mein Eheherr ist nicht da, um «ja» oder «nein» zu sagen, er ist im Garten und raucht seine Nervosität weg. Ich habe den fremden Schwanz im Mund und denke: So einfach ist das also – und so lächerlich. Da sitzen drei Männer und wollen eine Orgie veranstalten, und keiner von ihnen hat den Mut zu sagen, dass es nicht funktioniert, dass es zu warm ist und dass sie sieben Frauen nicht gewachsen sind. Und keine von uns gibt zu, dass sie keine Lust hat. Jede tut, was sie tun muss, um ihren Herrn bei Laune zu halten. Meine Streunerin und ich haben uns abwechselnd um den hängenden Schwanz des Schwaben gekümmert, erfolglos, und da wir beide Erfolge brauchen, um uns begehrenswert zu fühlen, sinkt unser Selbstwert mit jeder Minute. Ich will hier weg.

Ich will hier weg – dieser Satz begleitet mich vom Aufwachen bis zum Einschlafen. Wie alle anderen Teilnehmer der misslungenen Orgie gebe ich im Szenekreis damit an, ha, hört her, sieben Frauen, drei Männer, wir sind ja alle so cool und abgeklärt. Aber ich, ich will weg, und ich will jemanden, der mir die Richtung zeigt. Mein Eheherr ist es nicht, das verstehe ich mit jedem Tag mehr. Ich schlage ihm eine Paartherapie vor, versuche, die Probleme anzusprechen. Die

Streunerin bleibt an meiner Seite, versucht, mir und ihm zu helfen. Mein Eheherr will ein Haus kaufen, ich träume mich in die Zukunft mit ihm hinein – und all meine Alarmglocken klingeln, warnen mich, dass ich aus einer Hauskaufnummer nicht so einfach fliehen kann. Diesmal höre ich darauf. Kein Haus. Ich nehme meinen Mut zusammen und sage nein. Es ist erstaunlich einfach, und es stärkt mich. Das «Ich will hier weg» wird lauter, die Krankheit nimmt mich in den Arm und verspricht mir, mich zu stützen. Die Streunerin und ich knutschen an jeder Ampel und werten uns durch pfeifende Bauarbeiter auf. All dies gibt mir die Kraft, mich auch beruflich weiterzuentwickeln, Verantwortung zu übernehmen, selbständig zu werden. In meiner neuen Arbeit gehe ich auf, liebe, was ich tue, vergesse meinen Schmerz, keine Familie zu haben – ich finde ein Zuhause im Kollegenkreis und richte mich an meinem Arbeitsplatz häuslich ein, bin morgens die Erste und werde abends vom Wachmann rausbegleitet. Ich verwirkliche berufliche, künstlerische Träume. Und ich beginne, Einladungen, an denen mein Eheherr nicht teilnehmen kann, trotzdem anzunehmen. Immer nur mit seiner Erlaubnis, natürlich – aber wenn er dann nach seiner Arbeit zu Events dazukommt, stört mich seine Anwesenheit. Wir haben kaum noch Sex, und wenn er mich, weil ihn das offenbar erregt, in einen Käfig in den dunklen Keller sperrt, ziehe ich Buch und Taschenlampe unter dem lockeren Brett im Boden des Käfigs hervor, lese und sitze meine Zeit dort unten ab. Ich will nicht mehr den Regeln gehorchen – ich finde Erfüllung darin, sie zu umgehen. Meine sexuelle Lust, das wird mir nach jedem Zusammentreffen mit meiner süßen Streunerin klar, ziehe ich aus den begehrenden Blicken und der Bewunderung der anderen. Bei meinem Eheherrn bekomme ich all das nicht. So zu leben, stiehlt ihm und mir nur Lebenszeit. Er hat eine Frau verdient, die seine Blumenkästen liebevoll pflegt und sich nicht an zu kurz gebundenen Krawatten stört, die nicht sportlich und belesen sein will. Und mein Traum einer Familie – der wird sich mit ihm nicht erfüllen. An seiner sexuellen Lust will er nicht arbeiten, nimmt meinen Hunger danach nicht ernst; er will seinen Rasen mähen, in Chats über die richtige Sklavenerziehung fachsimpeln und sich in seiner Bodenständigkeit feiern. Ich gönne es ihm, aber ich bin zu jung, zu hungrig und zu intelligent für sein Lebensglück. Ich melde mich bei seitensprung.de an und entdecke, wie leicht ich nur durch ein paar wohlgewählte Worte männliche Fans finde. Einer ist dabei, der sogar klug ist und gewillt, mir zu geben, was mir fehlt.

In dieser Zeit kommen manchmal die Tränen so unaufhaltsam hoch und schreien mich an, sie drängen sich hinter meine Augen und sorgen dafür, dass ich nicht mehr sprechen kann, sie schnüren mir die Kehle zu. Es tut so unendlich weh, dass ich nicht sein kann, wie ich will. Es ist niemand da, der mich in Arm nimmt und mir sagt, dass alles gutgeht.

Irgendwann ist es so weit – der zweite Schlüsselmoment. Mein Arbeitsplatz ist mein Refugium, kommt mein Eheherr mich dort besuchen, irritiert er mich nur, jedem seiner gutgemeinten Ratschläge begegne ich mit genervter Ablehnung, ich will ihn da nicht haben, er passt nicht in die intellektuelle, kulturverliebte Welt, deren Teil ich dort jetzt bin. Er ist nicht dumm, er ist vielleicht manchmal gutmütig-einfältig, aber unsensibel ist er nicht. Er, mein Eheherr, spürt, dass ich ihm entgleite. Manchmal fragt er mich, was los ist, und meinem Schweigen steht er hilflos gegenüber. Wenn ich dort stehe, am Ledersofa im Wohnzimmer mit dem schrägen Fußboden, dann liegt die Traurigkeit wie ein abgewetzter schwerer Teppich vor mir. Einzig mein Hund tut das, was ich mir von meinem Mann gewünscht hätte: Er kommt zu mir und nimmt mich in die Arme, respektive in die Pfoten. Kluges Tier. Er weicht nicht mehr von meiner Seite, treues, schwarzes, schlankes Pfotenglück. Mein Eheherr sieht die Tränen nicht, weder die geweinten noch die ungeweinten, er wendet sich seinem Computer zu und taucht in virtuelle Freundschaftspflege ein. Mit ihm zu reden, traue ich mich nicht – was soll ich ihm sagen, was ihm nicht weh tut? Du tust mir nicht gut, ich kann dich nicht mehr ernst nehmen, ich liebe dich nicht mehr? Ich habe Angst vor diesem Schritt. Manchmal reden wir doch, ein bisschen, und immer wieder führen wir unsere Entfremdung darauf zurück, dass wir nicht genug SM im Alltag haben, dass Dominanz und Unterwerfung zu kurz kommen. Ich weiß und spüre, dass das nicht das Problem ist, aber mir fehlt der Mut, es mir und ihm einzugestehen.

Dann bekomme ich unverhofft einen Samstag frei. Meine neue Arbeit hat mich dienstags bis sonntags beansprucht, nur montags hatte ich frei. Jetzt also ein freier Samstag, der erste seit Monaten.

«Freu dich doch, dann kannst du einen ganzen Tag mit deinem Mann verbringen!», sagt ein Kollege zu mir.

Plötzlich und unvermittelt kommen die Tränen aus ihrem Versteck.

«Ich will das nicht!», schießt es mir durch den Kopf. «Ich will keinen Tag mit ihm, ich will keine Zeit mit ihm verbringen!»

Auf dem Heimweg weine ich ununterbrochen. Mir ist klar, dass es vorbei ist. Meine Ehe, mein Leben in dem kleinen, sturmschiefen Haus hinter dem Deich. Meine stille Hoffnung, irgendwann ein Kind zu haben. Das Lied, das während der folgenden drei Tage ununterbrochen im Radio läuft, *Somewhere over the rainbow*, sticht mir ins Herz und begleitet meinen Trennungsschmerz. Er tut mir leid, mein Schwabenherr. Drei Tage später sage ich ihm, dass ich die Scheidung will, kein Jahr ist vergangen, nachdem wir «ja» gesagt haben. Ich sehe seinen Schmerz, bin hilflos, aber ich schwanke nicht, innerlich bin ich schon so lange fort von ihm, es ist befreiend. Die Schuld, wieder einen Menschen unglücklich zu machen, schwappt erneut über mir zusammen, ich schultere sie und nehme sie mit, die Krankheit wird sich um die Schuldgefühle kümmern. Allen seinen Worten, seiner Wut und seiner Trauer gegenüber bin ich taub. Wir sprechen gemeinsam mit seinem Trauzeugen über das Problem, und der, ein sehr aufrichtiger, pragmatisch-gradliniger, toller Mensch, scheint mich zu verstehen und auch zu sehen, dass es da nichts zu «retten» gibt. Es ist vorbei.

Meine süße Streunerin weihe ich ein und bitte sie, sich um den Schwabenherrn zu kümmern, damit er nicht so alleine ist. Sie tut es, hört ihm zu und versucht, ihm nahezubringen, was er nicht verstehen kann, da ich in meinen Trennungsworten zu diplomatisch bin. Doch weder mit Worten noch mit sexuellen Diensten kann sie ihn ablenken, kann ihm begreiflich machen, warum ich so eiskalt und endgültig in meinen Handlungen bin. Eine Erklärung habe ich selbst nicht, und meine unmittelbare Gefühlskälte ihm und allen Argumenten gegenüber macht mir Angst. Da ist ein Wesenszug an mir zutage getreten, der mich jetzt zwar stärkt, aber auch entsetzt.

Ich gehe und vergesse ihn sofort. Meinem Hund suche ich ein neues, grasgrünglückliches Zuhause, und ziehe in ein kleines WG-Zimmer mit zusammengewürfelten Möbeln, ohne Fernseher und Aschenbecher, aber mit allen meinen Büchern. Auf einmal stellt sich heraus, welche Freunde ich selbst habe und welche nur Anhänger des BDSM-Konstruktes waren, welches der Schwabenherr und ich vorgelebt haben. Beim Umzug helfen mir Menschen, die mich offenbar als Einzelperson schätzen. Und auch glauben, ich könne als eigener Mensch funktionieren. Das ist neu für mich. Ich hatte Angst, jetzt ganz alleine zu sein. Aber es sind Menschen für mich da, und die mutige Schönheit, der Stern, schenkt mir ein Glas mit lauter Zetteln, auf die sie Zitate aus ihren Lieblingsbüchern geschrieben hat. «Für die Momente, in denen es mal schwierig wird», sagt sie. Noch nie zuvor habe ich ein Geschenk bekommen, welches so liebevoll durchdacht und auf mich zugeschnitten war. Ich bin alleine, und bin es doch nicht. Natürlich habe ich Angst vor der Zukunft. Doch ich habe keine Zeit, mir darüber Gedanken zu machen. Ich hänge meine Bilder auf, ich streiche glücklich über die staubfreie Arbeitsplatte meines alten Schreibtisches, der jetzt wieder zu Ehren kommt. Ich habe wieder eine sichere Fensterbank für die nächtlichen Ängste, aber jetzt steht das Glas von der mutigen Schönheit auch darauf. Ich habe helle, kuschelige, rauchfreie Bettwäsche. Einen richtigen Kleiderschrank, den ich mit Kleidung füllen kann, die ich auch tragen will. Ich kann Kerzen anmachen, wann und wie ich möchte. Am ersten Abend sitze ich auf dem Bett, schaue meine Bücherwand an, und es fühlt sich an, als sei ich auf einer langen Reise gewesen und nun endlich nach Hause gekommen.

Ich habe etwas richtig gemacht.

TIERE

Ich habe den Boden unter den Füßen verloren. Vielleicht stand ich auch nie darauf, balancierte auf Treibsand, hielt mich an Lianen fest, die jetzt abgerissen und verrottet sind. Ohne Alarmglocken zu hören, stürze ich mich in die Abgründigkeiten der virtuellen SM-Szene, finde den Herrn online, er nennt sich Nabokov, der mich den Tieren zum Fraß vorwirft. In den seltenen Momenten, in denen ich ehrlich zu mir selbst bin, denke ich, dass dieser ganze SM-Kram mir vollkommen egal ist, dass ich es nur mache, weil ich einen Herrn suche, der mein Essverhalten so kontrolliert, dass die Bulimie keine Chance mehr hat, mich zu beherrschen. Alle Regeln, alle Disziplinierung sollen doch nur dem Zweck dienen, mich endlich gesund zu machen.

BDSM, das steht für Bondage & Discipline, Dismission & Submission, Sadism & Masochism. Und seit kurzem auch für verschiedene Grauschattierungen in Privathaushalten. BDSM kann unfassbar vielschichtig sein. Es kann aber auch bedeuten, dass der Morgen danach einfach nie hell wird.

Es gab einen Tag, an dem mein Herr mich den Schakalen zum Fraß vorwarf. In hohen Stiefeln, halterlosen Strümpfen, schwarzem Rock, schwarzem Hemd und schwarzer Wäsche betrat ich ein Hotelzimmer der billigsten Sorte. Ich war allein, die Zimmertür hatte keinen Schlüssel, sie wurde über einen Zahlencode geöffnet, und ich wusste nicht, wer außer mir noch diesen Code besaß. Ich drapierte mich auf dem billigen Bett, legte die befohlene Augenmaske an und wartete. Nicht lange. Das Piepsen der Tür verriet den ersten

Gast. Er sagte kaum etwas und schien aufgeregt zu sein, ich hörte den Gürtel, das Öffnen seiner Jeans, spürte die Hände auf meinem Körper und bekam einen Schwanz vor die Nase gehalten, den ich sofort in den Mund stopfte, ohne darüber nachzudenken. Vertrautes Terrain, dabei konnte ich nicht viel verkehrt machen, vertrautes Terrain gab Sicherheit, und Sicherheit brachte mir die Ruhe. Der Junge, denn ich glaube nicht, dass er viel älter als 20 war, war überfordert: Er wollte mich filmen, während ich ihn blies, er wollte mich ficken, während er mich filmte, er wollte reden und cool sein und wusste nicht, wie. Eigentlich tat er mir leid, und ich denke, die Augenmaske war eher ein Schutz für ihn – mir in die Augen zu sehen, hätte er nicht gewagt. Ob deine Mutter weiß, was du hier tust, kleiner Mann? Und Allah, wie du ihn nennst?

Sein Handy klingelte und es klopfte an der Tür, er habe zehn Minuten vereinbart, sagte er, dann wollen die anderen rein. In das Zimmer, in mich.

Die Augenmaske blieb, doch ich konnte genug sehen, um lieber die Augen zu schließen. Der Raum füllte sich mit drei oder vier Männern, ich weiß es nicht, ich drehte mich dorthin, wohin die Hände mich zogen, öffnete den Mund, zog Rock und Hemd und Slip aus. Die Stiefel blieben, einer wollte es so und geriet mit einem anderen in Streit, der mich lieber barfuß wollte. Es war kein Schwanz dabei, der mir Angst machte – und gerade das ließ mich Schlimmeres befürchten. Männer mit Erektionsproblemen waren erfahrungsgemäß gefährlicher, da sie häufig ihre Phantasie anstrengten, um sich Erregung zu verschaffen. Und ein Ventil für ihre Wut brauchten, wenn er nicht stand, wie sie es wollten. Sie rauchten, telefonierten türkisch und sprachen meist deutsch, einer unter ihnen war definitiv deutsch und auch der Einzige, der etwas von BDSM verstand. War er der Ansprechpartner meines Herrn gewesen? Der, dem ich dies hier zu verdanken hatte? Er war der mit dem kleinsten Schwanz und der, der auf den Stiefeln bestand. Er war es auch, der sich, das entnahm ich den Unterhaltungen, eine Socke um den Schwanz knotete, da offenbar kein Cockring greifbar war.

Die Situation war armselig. Ich merkte schnell, dass diese Männer nicht gewohnt waren, was sie da taten. Sex, bei dem sie vollständig selbst bestimmen konnten. Vielleicht hatten sie Frauen zu Hause, die tun mussten, was sie wollten, aber sie waren zu feige, zu bürgerlich oder vielleicht zu respektvoll, um die eigene Ehefrau dafür zu benutzen. Jetzt hatten sie ein Spielzeug in ihrer Mitte, und wie die Tiere wollten sie über mich herfallen und konnten es doch nicht. Ich tat, was sie wollten, blies Schwänze, stöhnte oder schwieg, kniete mich aufs Bett oder spreizte meinen Arsch. Die Tür piepste.

«Warum stöhnt sie nicht? Sie soll stöhnen. Ich will, dass sie nicht so still ist.»

«Ey, stöhn mal.»

Herrje. Also gut. Ich bin hier, weil mein Herr mir befohlen hat, zu tun, was mir gesagt wird. Also stöhne ich und bin gleich wieder still, weil ein anderer sagt, ich soll still sein. Es scheint nicht ganz klar, wer hier der Rudelführer ist. Als der Deutsche Zigaretten und Kondome holen geht, zieht ein anderer mir die Stiefel aus. Als der Deutsche zurückkehrt, entbrennt darüber Streit. Ich höre das alles am Rande mit, während ich jemanden reite. Streitende Männer sind nicht gut, denke ich, dann könnte es doch noch eskalieren. Einer fängt an, mir auf den Arsch zu schlagen. Oder, um es in meinen Worten zu sagen: Er tätschelt. Niedlich. Und dabei soll ich jetzt stöhnen? Ich bin klug genug, mir das Lachen zu verkneifen. Wirklich, es ist zwar eklig, aber auch, na ja, niedlich.

Ich beginne zu erahnen, dass mein Herr mich mit diesem Auftrag erniedrigen will: Nicht, weil er mich von Männern durchficken lässt, sondern, weil diese Männer sonst niemals eine Chance hätten, mich außerhalb einer Sauna nackt zu sehen. Sie sind nicht meine Liga, nicht meine Gesellschaftsschicht. Ich bezweifle, dass in ihren Wohnungen Bücher stehen. Sie sind die Sorte, die mich gefickt hätten, als ich noch für die Albaner anschaffen musste, aber als ich die Hure des Taxifahrers war, hätte ich sie sofort weggeschickt. Jetzt bin ich die Hure meines Herrn, jetzt tue ich es, weil wir 24/7 leben. BDSM. Dies ist der Dismission-Teil. Was ich tue, ist Unterwerfung. Die Männer glauben, ich bin ihnen unterworfen, doch ich bin hier und lasse sie über meinen Körper laufen, weil mein Herr es so befohlen hat. Und weil ich alles tun würde, damit er mich lobt und mit mir zufrieden ist. Und mich, vielleicht, mal in den Arm nimmt, an sich drückt, mir Nähe gibt. Vielleicht.

Meine Gedanken waren zu weit weg, ich war zu mechanisch, ein Anfängerfehler, der Deutsche merkt, dass ich nicht bei der Sache bin. Er reißt mir die Augenmaske ab, und ich denke, er sieht die Verachtung und Langeweile in meinem Blick.

«Du brauchst es härter, oder? Das ist doch alles Kindergarten für dich.» Er lacht, scheint nicht mal böse zu sein. Im Augenblick bin ich auf allen vieren auf dem Bett, einer fickt mich von hinten, ein anderer streckt mir seinen Schwanz zum Blasen hin. Der Deutsche gibt dem Mann hinter mir einen Gürtel in die Hand.

«Schlag sie damit, das will sie.»

Ich gebe zu, er hat recht. Schmerzen helfen mir, mich zu konzentrieren. Eine Stimme aus dem Hintergrund sagt: «Ey, das ist zu heftig, das könnt ihr nicht bringen.»

Die Stimme klingt jung, einer, der mit der Situation überfordert ist. «Dann geh doch raus, du Mädchen.» Sagt der, der jetzt den Gürtel knallen lässt. Oder was er darunter versteht. Vielleicht sind das Schmerzen für jemanden, der keine Schmerzen gewohnt ist. Es ist lächerlich. Der junge Besorgnisträger ist Luft schnappen gegangen, der Deutsche fragt: «Was ist denn mit ihm los?»

«Der hat gerade 'ne Freundin, keine Ahnung, Mann.»

Aha, denke ich, wenn einer verliebt ist, ist er offenbar mental weniger belastbar. Das scheint auch für die anderen akzeptabel zu sein.

Aber was nun? Jeder war schon mal dran, es müssen zwei Stunden vergangen sein, den Männern wird langweilig. Während der eine vor dem Bett steht, auf dem ich knie, und filmt, wie ich ihn blase, legt mir der andere für die Kamera die Hände um den Hals und tut so, als würde er mich würgen. Ich blase unbeteiligt weiter. Auch die brennende Zigarette, die sie in meinen Arsch stecken, ist mir egal, mein BH ist verschwunden, der Gürtel hat unter fachkundiger Führung Striemen auf meine Oberschenkel gemalt, meine Fotze tut weh und ist geschwollen. Meine Arme werden lahm, ich bin müde. «Gleich kommt der Schlachter noch vorbei», sagt einer, und ich werde hellwach. Schlachter? Jetzt beginne ich, mich um mich zu sorgen. Zwei gehen vor die Tür, einer ist unter der Dusche, einer liegt entspannt auf dem Bett und lässt sich blasen, er streicht mir sogar übers Haar, die Situation ist friedlich geworden. Der Junge auf dem Bett sagt, ich soll in die Kamera lächeln, während ich seinen Schwanz blase. Er ist freundlich und der sauberste von allen. «Ey, der Schlachter ist voll okay, der heißt nur so, weil er Schlachter ist.»

Ob der Junge meine Nervosität gewittert hat?

Der Schlachter ist groß und tatsächlich nett. Als die anderen aus dem Rudel «Fick sie in den Arsch», sagen, guckt er mir in die Augen und sagt: «Will sie das denn?»

«Ey, ist doch egal», sagt einer, der es wohl gern selbst tun würde, wenn sein Schwanz denn stünde.

Der Schlachter tut es nicht, er fickt mich in der Missionarsstellung, er sieht aus wie ein normaler Kunde, der anschließend seine zwei Kinder vom Sport abholt und dann mit seiner Familie Abendbrot isst. Eine Runde vögeln, aber ohne die schmutzigen Extras der anderen. Solide. Integriert. Während ich noch über ihn nachdenke, wird den anderen die Zeit zu lang, die der Schlachter auf mir braucht. Sie fangen an, die Asche ihrer Zigaretten auf meine Füße zu streuen. Ich zucke weg. Das Bild wandelt sich. Der Besorgnisträger ist wieder da, er will mich ficken, von hinten, die Positionen wechseln, wie beim Volleyball, es wird durchgetauscht, Aufschlag und baggern. Ich knie wieder auf dem Bett, der Deutsche sieht mich an und befiehlt mir, die Augen zu schließen. «Wenn du Zicken machst, muss ich deinem Herrn berichten.»

Dann wird mein Zopf festgehalten, und der Gürtel legt sich um meinen Hals. Ich höre noch, wie der Besorgnisträger «Ey, ihr habt sie nicht alle!» ruft und meiner Fotze seinen Schwanz entzieht, dann wird es dunkel.

Der Schlachter ist gegangen, der Besorgnisträger ist fort, es sind nur noch drei Männer im Raum, als sie mich in die Dusche legen, Wasser, immer wieder Wasser auf meinem Kopf, in meiner Nase, im Mund, der Gürtel zieht sich wieder zu, ich schnappe nach Luft und atme nur Wasser, ich huste und kann doch nicht, der Gürtel lässt nicht locker, die Welt ist schwarz, die Tiere sind über mir. Längst ist die Socke ab, er wird keinen mehr hochkriegen, der Deutsche, er führt nur noch Regie.

«Das ist es doch, was du wolltest: mal wieder ganz unten

sein, oder?!», flüstert er mir zu. Sein Gesicht habe ich vergessen, ich würde ihn nicht wiedererkennen, wenn er auf der Straße vor mir stünde. Doch er würde mich erkennen. Das ist es, was mir Angst macht.

Als sie gehen, geben sie mir zehn Minuten, um das Zimmer in Ordnung zu bringen und das Hotel zu verlassen. Ich muss duschen, ich finde kein trockenes Handtuch mehr, ich trockne mich mit dem Kopfkissenbezug ab, der noch ansatzweise sauber ist, ohne Asche, Blut oder Sperma. Ich klaube Kondome und Kondomverpackungen vom Fußboden und ziehe die Sachen an, in denen ich hergekommen bin. Ein Strumpf ist kaputt, ich schmeiße beide weg. Eigentlich hatte ich «Wohlfühlsachen» für danach mitgenommen, damit ich in bequeme Kleidung schlüpfen kann, wenn meine Aufgabe erfüllt ist, Sachen, die meinen Körper streicheln. Aber ich bin es nicht wert, jetzt freundliche Stoffe auf der Haut zu spüren, ich fühle mich taub und hässlich, kein bisschen ist mehr da von dem Stolz, die Hure meines Herrn zu sein. Die Tiere werden ihm die Filme schicken und einen Bericht dazu schreiben, so sie denn schreiben können. Ich habe getan, was er verlangt hat, aber kaum ist es vorbei, überkommen mich Zweifel – hätte ich mir mehr Mühe geben müssen? Wird er zufrieden sein? Und wenn er es nicht ist, was dann?

Alles, was ich jetzt will, ist eine heiße Dusche zu Hause. Aber ich fühle mich nicht, als hätte ich das Privileg verdient, meine Zähne klappern vor innerer Kälte, der Spätsommerabend vor dem Hotel lacht mich aus. Fieberhaft fahre ich heim, nicht denken, nicht denken! Ich stürze an meinen Computer und schreibe den geforderten Begegnungsbericht für meinen Herrn. Erst dann, eine Stunde nach meiner Heimkehr, lasse ich heißes Wasser über mich laufen, weiter,

weiter, die Augen geschlossen, ich will meinen Körper nicht sehen. Tropfnass knie ich auf dem Boden, mein Telefon hat geklingelt, mein Herr ist am Apparat, er hat meinen Bericht gelesen und will sich davon überzeugen, dass es mir gutgeht. Ja, sage ich, natürlich geht es mir gut. Ich danke Ihnen für die Aufgabe, mein Herr. Als Belohnung darf ich es mir selbst machen, er erlaubt mir einen Orgasmus, ich täusche alles vor, erfolgreich. Mir ist kalt, aber ich wage nicht, ihm zu sagen, dass ich eigentlich nicht telefonieren will, ich hasse das, doch im Moment ist es das Einzige, was ich an Zuneigung, an Nähe bekommen kann. Und mein Lebensinhalt ist, ihn nicht zu verärgern.

Er ist zufrieden und beendet das Gespräch. Ich bin erschöpft. Ich setze mich auf die Fensterbank und warte darauf, dass der nächste Tag beginnt. Warum eigentlich? Die nächsten Tage werden, das weiß ich aus Erfahrung, dunkel sein. Ich werde nach der Arbeit wie ein gehetztes Tier durch Shoppingmalls streifen und abends kotzend über der Kloschüssel hängen, nachts laufen gehen und um 3 Uhr auf die Waage springen und immer noch nicht genug abgenommen haben, um glücklich zu sein. Und hoffen, dass mein Handy mir eine Mail mit einer neuen Aufgabe anzeigt, die mein Herr mir stellt. Etwas, wofür ich leben kann, etwas, was mich von meiner Sucht ablenkt, etwas, was mir die Hoffnung verspricht, dass der Herr Gefallen an mir findet.

Ich fixiere meine Handgelenke und frage mich, ob das Blut, das aus den Pulsadern hervorquellen könnte, wohl alles wegwaschen kann, was mich quält. Wenn ich doch nur mir selbst entfliehen könnte!

Bei meinem ersten Selbstmordversuch war ich 11 Jahre alt und versuchte, mich mit einem Bindfaden am Werkzeugregal meines Vaters im Keller aufzuhängen. Das ging total daneben, Physik war nicht meine Stärke. Mit 13 trug ich eine Weile Tabletten mit mir herum, die laut Packungsbeilage nicht an suizidgefährdete Personen gegeben werden sollten. Als ich 14 war, versuchte ich, einen Kran hochzuklettern, ließ es dann aber bleiben – nicht mutig genug, das Leben zu beenden. Vielleicht war auch nur der Leidensdruck nie hoch genug. Erst als die Bulimie mich so fest in den Klauen hatte, dass ich nicht mal mehr mit mir allein zurechtkam, schnitt ich mir in die Pulsadern, doch der Schnitt war nicht tief, die Narbe ist hell, ich war nicht beim Arzt, ich wollte keine Aufmerksamkeit. Nur einer hat es damals mitbekommen, das war nicht geplant, und ich bereue es sehr, denn er ist ein wirklich guter Mensch.

Jetzt denke ich, dass Selbstmord nicht der Weg sein kann. Man darf es sich nicht so leicht machen. Weglaufen ist keine Lösung, auch wenn es mir ab und an gelingt, meiner Krankheit davonzulaufen.

Eigentlich waren die Stunden unter den Tieren ein Geschenk, denn in dieser Zeit konnte ich nicht essenkotzen. Jede Stunde ohne Bulimie ist etwas, wofür es sich zu leben lohnt. Vielleicht auch jede Stunde ohne Vergewaltigung, aber noch kann ich nicht denken, dass ich das verdient hätte. Ich habe ein schlechtes Gewissen, wenn mich niemand benutzt. Müßiggang ist schließlich aller Laster Anfang, stand in meinen Kinderbüchern. BDSM kann so viele Gesichter haben, und lila Puschelpeitschengestreichel mag eines davon sein – für mich hat so etwas nichts mit echtem Schmerz und der Unterwerfung zu tun, die BDSM mir offenbarte. Es war mein Lebensinhalt, meinen Herrn zufriedenzustellen. «Ich atme nur durch seine Lust», lautete das ideale Motto über allem. So schwieg die Kotzerei, wenn ich in seinem Auftrag litt. Eine bessere Medizin kannte ich nicht, als diese, die noch zusätzlich den Selbsthass nährte – denn an selbstgewähltem Missbrauch konnte ich niemandem die Schuld geben, nur mir selbst. So trieb mich natürlich jeder Auftrag meines Herrn nur tiefer hinein in das unverrückbare Wissen, nicht gut genug zu sein. Niemals gut genug. Und wenn ich mich von triebgesteuerten Männertieren durchficken lasse, damit mein Herr zufrieden ist, dann bin ich nicht besser als sie. Und kaum bin ich bei diesem Gedanken angekommen, steigt der Druck, der Kessel pfeift, das Ventil zittert in mir, bis ich kotzend alles Denken ausblende und nur noch sehe, was mein Magen von mir preisgibt.

Den Herrn namens Nabokov, den ich im Netz gefunden habe, stoße ich fort. Da ist ein Rest Vernunft, irgendwo, im Treibsand gerade noch greifbar. Ich bin nicht von meinem Eheherrn fortgegangen, um tiefer zu sinken. Ich will aufstehen, aufwachen. Es ist nur so unendlich schwer.

LEBEN LERNEN

Es ist eine glückliche Zeit. Nachdem ich meinen Eheherrn vergessen und verlassen habe und den Herrn Nabokov, bin ich ungebunden und erstmalig in der Lage, frei zu wählen. Meine Tage selbst zu gestalten. Dienstag bis Sonntag arbeiten, montags verkrieche ich mich in der Sauna, schlafe im Ruheraum und lese, lese, lese. Wenn die Sauna leer ist und niemand zugucken kann, mache ich Sit-ups und andere Übungen auf den heißen Holzbänken, die Anstrengung befriedigt mich, und ich kann sicher sein, mehr Kalorien zu verbrennen. Jeder Schweißtropfen ist mein persönlicher Gewinn, und im Eisbecken tauche ich ganz unter und bleibe unter Wasser, bis die Kälte nicht mehr weh tut.

Nach drei solchen Saunagängen bin ich so erschöpft, dass ich bis zum frühen Nachmittag schlafe und dann das Programm wiederhole. Wenn ich Glück habe, halte ich bis zum Abend durch und kann dann gleich ins Bett gehen, ohne mir Gedanken machen zu müssen, was ich mit einem Abend alleine anfangen soll.

Mein Körper verändert sich, ich werde wieder schlank und sportlich. Ich kotze, sobald meine Mitbewohnerin das Haus verlässt. Trotzdem, oder gerade deswegen: Ich habe meine Arbeit, meinen Sport und meine Krankheit. Es fühlt sich gut an. Als ob die Krankheit dankbar ist, macht sie mir gerade das Leben nicht so schwer, sie wird fester Bestandteil des Tages, und ich komme damit zurecht. Es scheint, als könne ich gerade mal alles das gleichzeitig sein, was mich ausmacht:

literaturverliebt, sportglücklich, bulimisch, masochistisch, devot und belesen.

Ich genieße es, begehrt zu werden, und lerne, dass ich nicht jedem gehören muss. Gerade Letzteres ist jetzt sehr wichtig, denn kaum hat die Szene begriffen, dass Masters mia jetzt niemandem mehr gehört, kommen die Ratten aus ihren Löchern und landen wie Satelliten in meiner Umlaufbahn. Mein Arbeitsplatz, mein geliebter Laden, in dem ich Literatur und Glücklichkeiten vertreibe, ist frei zugänglich und an ein Café angegliedert, dort geben sich meine Jünger die Klinke in die Hand und halten mich von der Arbeit ab. Männer tauchen auf und machen mir Geschenke, wollen «nur ein bisschen quatschen» oder teilen mir mit, ich dürfe mich bei ihnen als Sklavin bewerben. Verstehen tue ich es nicht wirklich, aber es tut meinem Ego gut. Sie alle wollen etwas von mir, und ich begreife, dass ich «nein» sagen kann. Ich lerne, ihnen keinerlei Zusagen zu machen. Ich verabrede mich mit keinem, stoße aber auch niemanden direkt vor den Kopf, abgesehen von denen, die schon in der Orthographie ihrer Nachrichten durchfallen. Aber ich sonne mich darin, als Frau wahrgenommen zu werden. Und ich nehme keinen von ihnen ernst, die sich da so anbieten und anbiedern. Wenn meine kleine Streunerin mich besuchen kommt, lachen wir über die Männer, die sich «dominant» nennen und doch nur darum betteln, dass wir uns unterwerfen. Wir spielen ihnen vor, zu haben zu sein, und sind es doch nicht. Diese Spielerei stärkt mich, aber ich hasse mich auch dafür. Wenn ich abends, von der Kotzerei erschöpft, im Bett liege, wünsche ich mir Gewalt und Sex auf meinen Laken, um die Scham über mein Verhalten zu verdrängen.

Nur an manchen Tagen habe ich ein anderes Programm: Ich habe meine Affäre behalten, den großen dunklen Mann, dem ich das Schlagen beibringen kann und der sich revanchiert, indem er mir zeigt, wie viel Spaß es machen kann, dem Partner beim Sex in die Augen zu sehen. Er bringt mich sogar ein wenig dazu, meinen Körper zu mögen. Ich sehe ihn nicht oft, alle drei Wochen vielleicht, mir reicht das, ihm auch, wir wollen nichts weiter voneinander als spannenden Sex. Insgeheim nenne ich ihn meine «Lieblingsaffäre», auch wenn ich nur die eine habe. Es ist herrlich entspannt, und er beweist eine Menge Phantasie, um die Begegnungen aufregend zu gestalten.

Seinen Namen kenne ich auch nach sechs Monaten noch nicht. Auch nicht seine Telefonnummer. Wir kommunizieren ausschließlich über E-Mail, teilweise bis zu 200 am Tag. Wir treffen uns ausnahmslos in Hotels, und ich mag das spannungsgeladene Gefühl davor, die heimliche Angst, und die Erregung, wenn mein Handy eine Mail von ihm anzeigt. Er versteckt Geschenke in toten Briefkästen und schickt mir Aufgaben, die mir gefallen. Ich kann ihn aber auch als seelischen Mülleimer nutzen und einfach schreiben, was mich gerade nervt, belastet, traurig macht. Er geht nicht immer darauf ein, aber schreiben hilft, dass merke ich. Eines Tages nehme ich meine kleine Streunerin zu ihm mit, der erste Dreier meines Lebens, der mir wirklich uneingeschränkt Spaß macht. Ich fange an, meine Sexualität zu genießen. Ich schreibe mir selbst ein Leitbild, nenne es das Quid ego habitem – wie ich mich verhalten will.

Quid ego habitem

Weißt du, ob nicht gerade im Augenblick der höchsten Müdigkeit der Herr vor dir steht?

Soll er dich so sehen, asmodias Geliebte, in all deiner Erschöpfung?

Willst du ihm nicht stetig ein Bild der Freude bieten?

Er wünscht, dass du dich gerade hältst, dass dein Gesicht zwar ernst, doch lächelnd ist, dass deine Lust in jeder deiner Gesten sichtbar wird.

Du weißt nicht, wann und wo er dich unvermutet sehen wird. Doch du kannst wissen, WIE er dich zu Gesicht bekommen soll.

Darum sei aufrecht, sei stolz, sei klar im Blick!

Gerade dann, wenn es schwerfällt – denn auch in Traurigkeit kann die der Wahrheit eigene Erotik seine Seele küssen.

Kaum jemand wird verstehen, warum dir diese Disziplin so wichtig ist. Doch Er wird es verstehen, wird es fordern, wird dich dazu erziehen wollen!

Für Seinen Stolz, Sein Wohlgefallen – für Sein Begehren all dessen, was du zu geben vermagst.

Und wie hungrig bist du, sklavin, nach der Aufmerksamkeit, die Er dir schenkt!

Wie grenzenlos kommt dir die Nacht vor, wie uferlos der Tag!

Sei stark! Und nutze dein Talent!

Erschöpft und unterworfen wird er dich erst sehen wollen, sobald er dich gebrochen hat.

Den Zeitpunkt bestimmen weder Er noch du.

Senke nie den Blick – sei dir bewusst, wie schnell ein Augenblick sich wandeln kann!

Ich poste es in meinem Profil auf dem Facebook-Äquivalent der SM-Szene, der Sklavenzentrale, denn auch, wenn mein Leben jetzt endlich einmal aktiv von mir selbst gestaltet wird, ist mein Hunger nach Führung nicht unbedingt gebrochen. Aber zunächst reicht es mir, auf den einschlägigen Partys der Szene gesehen und bewundert zu werden. Es ist seltsam, früher hat man mich hässlich geredet und kleingehalten. Jetzt erkenne ich, dass ich schön und begehrenswert sein kann. Ich genieße das, aber es ängstigt mich auch. Meine Phantasien lebe ich mit meiner Lieblingsaffäre aus und mit einem, den ich meinen Jagdgefährten nenne und für den ich täglich kurze, erotische Geschichten schreibe. Die Geschichten sind gut genug, um auf SM-Events vorgetragen zu werden – ich ernte Beifall und gewinne weitere Sicherheit und Zuspruch. Ich verdiene erstmals meinen Lebensunterhalt allein mit meinen wirklichen Talenten, und ich genieße es, das Geld für schöne Kleidung auszugeben, die ich auf ebenjenen erotischen Lesungen und im Bett tragen kann. Es gefällt mir, schön zu sein.

Alles ist gut. Ich lebe, liebe aber nicht. Verbringe viel Zeit mit der mutigen Schönheit und lerne sie besser kennen. Sie wird zu einem Leitstern für mich, und wir gehen immer öfter gemeinsam laufen.

Meine Krankheit jubelt. Manchmal komme ich vom Laufen zurück und bin so erschöpft, dass ich die vier Stockwerke zu meiner Wohnung nicht hochsteigen kann, dann kotze ich draußen in der Dämmerung und weine und finde schließlich die Kraft für die Stufen hinauf. Irgendetwas stimmt immer noch nicht mit mir, denke ich. Jetzt habe ich alles, was ich wollte, die Bestätigung in der SM-Welt, die Unabhängigkeit, die Sportlichkeit, sogar richtige Freunde. Ja, die Vergangenheit ist da, aber die kann ich wegkotzen. Gefühle habe ich keine, aber das macht ja nichts, oder? Meine Lieblingsaffäre gibt mir immer weniger Schmerz, er fängt an, mich zu mögen — und, wie die Erfahrung schon gezeigt hat, wer mich mag, hört auf, mir weh zu tun. Aber ohne Schmerzen muss ich kotzen — wie sonst sollte ich meine Gedanken übertönen und Emotionen verachten können?

In dieser Zeit, in der eigentlich alles gut ist, erscheint auf einmal ein neuer Mensch auf der Bildfläche. Er spricht mich auf einer dieser Partys an, die «Kunst und Sünde» heißen, für die man sich schön macht und die man selten alleine betritt und verlässt. «Du bist doch die Schreiberin», sagt er, denn er hat mein Profil im Netz gesehen. Ich weiß, wer er ist, denn ich habe seines ebenfalls studiert, wie immer bin ich am Vortag die Gästeliste durchgegangen, um zu sehen, wer dort sein wird. In den folgenden Tagen wechseln wir ein paar Nachrichten, verabreden uns zum Mittagessen. Ich bin klüger geworden — keine Abenddates mehr, bei denen immer die Frage nach dem «Kommst du noch mit zu mir» im Raum steht. Keine Wochenend-Dates. Mittagspause ist vernünftig, zeitlich begrenzt. So sehr schütze ich mich, vor dem Gegenüber ebenso, wie vor mir selbst, denn Impulskontrolle besitze ich nach wie vor nicht. In dieser Mittagspause geschieht etwas Unerwartetes, denn ich sehe ihn an, und urplötzlich steht in meinem Kopf in großen Buchstaben «Der könnte mir gefährlich werden». Mir. Nicht der Silvia, die ich für die Öffentlichkeit sein will. Mir selbst. Meinen Gefühlen. Der könnte mich wirklich berühren.

Vier Tage später haben wir ein Nachmittagsdate, das zu einem Abenddate und schließlich zu einem ersten Kuss wird. Er wird der Liebste und bleibt es für immer.

Ich beende alle anderen Aktivitäten, wir ordnen beide unsere Angelegenheiten und werden ein Paar, ein richtiges. Mein Leben fängt an, es ist, als würde ich aufwachen.

Ich habe Herzklopfen, das erste Mal in meinem Leben. Ich sehe ihm in die Augen und weiß: Das ist der eine. Ich bin glücklich. Als ich meinen Liebsten kennenlerne, der, neben dem ich so gern einschlafe und aufwache, glaube ich eigentlich gerade, keine Beziehung zu wollen und erst recht, keine zu brauchen. Und schon gar nicht monogam.

Als ich beginne, dieses Buch zu schreiben, sind wir drei Jahre zusammen, und Polygamie ist für mich nicht mehr viel mehr als Wort ohne Verstand. Über «uns» möchte ich nichts schreiben – was ich fühle, können Worte nicht passend kleiden.

Wäre nur nicht die eifersüchtige Freundin in mir, die mich umkrallt, mir mein Glück nicht gönnt, mich nicht loslässt und in die Knie zwingen will. Trotzdem – oder gerade deswegen, weil Gefühle so unfassbar neu sind: Meine Bulimie steigt ebenso schnell, wie die Zahlen auf dem Konto meines Ladens fallen – als ich im Dezember 2011 47 Kilo wiege und mein Hausarzt von Einweisung in die Notaufnahme spricht, nehme ich bewusst zu, sorge damit aber nur dafür, dass ich immer öfter erbreche. Doch ich will nicht, dass der Liebste mich so sieht, wenn er von seiner Winterreise zurück ist – alles unter 50 Kilo hat er mir verboten.

Als meine berufliche Herzensangelegenheit, das, was mein Lebenswerk hätte werden sollen, zerbricht und mich finanziell und psychisch am Boden zerstört liegenlässt, schlägt die Krankheit zu und droht, auch meine Beziehung zu verschlingen. Sie kommt immer wieder zurück, wie sehr ich sie auch zurückdrängen will. Ich will mein Leben mit dem Liebsten, nicht mit ihr teilen. Alles versuche ich, um ihr zu entkommen. Den Schmerz darüber, meinen Laden zu schließen, habe ich nicht verwunden – es tut sehr viel mehr weh, etwas zu verlieren, was man geliebt hat, als etwas zu durchleben, was einfach nur den Körper trifft. Manchmal denke ich, dass «Leid» nur messbar ist, wenn es etwas zu verlieren gibt. Ohne dieses «Wir» mit dem Liebsten – ich hätte nicht einmal den Gedanken an Glück, Sport und Halt.

Ich ziehe mit der mutigen Schönheit zusammen in eine wunderbare Wohnung, die ich freihalten will von der eifersüchtigen Bulimie. Es gelingt nicht. Einer meiner Lieblingscousins besucht mich in Hamburg und ist verwundert, dass ich noch nicht zusammengebrochen bin angesichts meiner Situation, und dabei weiß er nicht einmal, wie krank ich wirklich bin. Ich gebe mich stark, aber ein paar Wochen später ist es dann doch so weit.

Bis ich eine neue berufliche Perspektive habe, nehme ich einen 08/15-Job an. Ich arbeite bei einer Disposition, es ist wahnsinnig stressig und gleichzeitig intellektuell vollkommen anspruchslos. Mein Auto wird mein Refugium, meine Zuflucht. Ich richte mich darin häuslich ein. Reißfeste Müllbeutel, Einweghandschuhe, Feuchttücher, Shirts zum Wechseln, Deo, Parfüm, Kaugummi, Zahnputzzeug, eine kleine Flasche Wasser. Alles, was ich brauche, um auf dem Weg zur Arbeit zu kotzen oder auf dem Weg nach Hause. Oder zum Liebsten. Oder zum Sport. Ins Auto einsteigen, am nächsten Supermarkt Kotzmunition auftanken, während der Fahrt essen, einen stillen Parkplatz aufsuchen, erbrechen, mich wiederherrichten, den Müllbeutel mit Nahrungsmittelverpackungen und Kotze gut verschlossen in den nächsten Mülleimer werfen – ein schnell erlernter, regelmäßiger Ablauf. Nur selten bekommt meine Kleidung Flecken, sodass ich Lieblingsshirts mit in die Müllbeutel stopfen muss. Die Wege zwischen meinen Stationen – der Wohnung des Liebsten, meinem Zuhause bei der mutigen Schönheit, meinem Arbeitsplatz – werden die Umschlagplätze meiner Sucht. Einem Junkie gleich sehne ich mich danach, fahren zu können; ist einer meiner stillen Parkplätze besetzt, gerate ich in Panik, ungeplante Fahrten, bei denen die Zeit zum Kotzen nicht reicht, fallen mir endlos schwer. Irgendwann reicht es nicht mehr, nur auf dem Hin- und Rückweg zu kotzen. Ich beginne, in meinen Mittagspausen zu Burger King zu rennen, die aus der Ehezeit bewährten Pommes mit Milchshake zu verschlingen und in der einsamen Schnellrestaurant-Toilette wieder zu erbrechen. Dann habe ich die Kraft für die nächste Hälfte stressiger Arbeit, glaube ich. Ich nehme Schmerzmittel und Anti-Grippe-Mittel, um mich aufzuputschen und die Müdigkeit zu verdrängen, die immer häufiger nach mir greift.

Doch Bulimie ist tückisch. Sie verarscht den Kalium-Natrium-Haushalt. Eines Tages breche ich nach einer durchgekotzten Mittagspause auf der Treppe zum Büro zusammen. Die Kollegin, die mich findet, ruft einen Krankenwagen. Als ich bei den Sanitätern auf der Bahre liege, kommen die Tränen der Erschöpfung.

«Was ist los?», fragen sie.

«Ich habe Bulimie», sage ich, «und ich lebe nur noch von Aspirin. Ich kann nicht mehr weiter.»

Meine Retter wechseln einen Blick. «Kannst du laufen? Oder ist dir noch schwindelig?»

Ich kann laufen. Ich weiß nur nicht mehr, wohin ich gehen soll. «Keine Ahnung. Ja, irgendwie schon. Ich fühle mich nur etwas wackelig.» Sie überprüfen meine Vitalfunktionen. Dann reden sie kurz miteinander, die Worte erreichen meine Ohren nicht.

«Ist es okay, wenn wir dich in eine psychiatrische Notaufnahme bringen? Du brauchst Hilfe.»

Die Kraft, etwas zu erwidern, habe ich nicht mehr. Ich nicke. Sie bleiben bei mir, bis ein Arzt kommt, der sich kurz mit mir unterhält. Leise und ohne Betonung gebe ich Antwort auf seine Fragen – ja, ich habe Bulimie, seit fast 20 Jahren. Ja, ich kotze täglich. Nein, ich habe keine Suizidgedanken. Ja, ich bin jetzt an dem Punkt, an dem ich nicht mehr aufstehen kann, nicht mehr weiß, wie es weitergehen soll. Ich kann nicht mehr.

Der Arzt zeigt mir die Station für Essstörungen, erklärt, ich könne sofort als Notfall dort bleiben. Hier kann ich gesund werden, es sind Spezialisten, sie können mir helfen. Für einen Notfall fühle ich mich nicht krank genug, er schüttelt darüber den Kopf, drängt mich aber nicht und gibt mir einen Termin für ein Erstgespräch bei einer Therapeutin in der nächsten Woche. Dann gehe ich nach Hause, mechanisch, betäubt. Zuerst sage ich meinem Freundeskreis, ich sei einfach nur zusammengebrochen. Bei meinem Liebsten schlafe ich 15 Stunden lang. Ich hülle mich in Schweigen, sage wenig über das Ausmaß des Problems. Ich warte das Erstgespräch ab.

Die Therapeutin hört mir zu, als ich erkläre, wie mein Alltag mit der Krankheit aussieht. Schließlich fragt sie, warum ich dieses Mal denke, ein Klinikaufenthalt könne mir helfen. Warum ich nach all den Jahren und dem Schmerz jetzt auf einmal gegen die Krankheit vorgehen will. «Weil ich jetzt etwas habe, wofür es sich zu kämpfen lohnt», sage ich, noch bevor ich darüber nachdenken kann. Meinen Liebsten, meine mutige Schönheit. Freunde. Vielleicht sogar für mich selbst.

PINGU AUF MALLE

Das Gespräch in der Klinik hat Kraft geraubt. Wenn ich mich kraftlos fühle, muss ich kotzen. Die Sätze der Therapeutin klingen in mir nach, während ich versuche, dem Drang danach zu widerstehen.

Wann war ich eigentlich das letzte Mal so richtig glücklich? Ohne Wenn und Aber? Glücklich mit dem Gefühl grenzenloser Freiheit und Geborgenheit zugleich? Als gehöre mir die ganze Welt? Als sei ich genau da, wo ich sein will?

Dieser Gedanke schießt mir durch den Kopf, während ich mich in die blaue Plastikschüssel auf dem Boden meines Zimmers erbreche. In einer WG zu wohnen hat Vor- und Nachteile. Vorteil: Man spart Geld. Dieses Geld kann ich dann für Kotzution – Munition zum Kotzen – wieder ausgeben. Nachteil: Es kann passieren, dass jemand das Badezimmer besetzt oder unverhofft früher nach Hause kommt. Beim Kotzen bin ich nämlich lieber alleine. Ich kann das sehr gut leise machen, kommt ein bisschen darauf an, was ich esse, je mehr Eis, desto leiser. Aber es braucht trotzdem immer eine gewisse Zeit, und damit der nachfolgende Badbenutzer keine Spuren mehr riecht oder sieht, muss ich im Anschluss sorgfältig putzen. Außerdem erbreche ich mich auch lieber in saubere Toiletten.

Jetzt dachte ich, ich bin mindestens noch eine Stunde alleine. Essen, kotzen, putzen, duschen, fertig machen, ausgehen. So der Plan. Während ich noch bei Punkt eins bin, höre ich den Wohnungsschlüssel und gleich darauf Stimmen im Flur und in der Küche. Die Küche ist neben dem Bad – jeder Anwesende könnte mitbekommen, wie lange ich mich im Bad aufhalte. Für solche Fälle habe ich vorgesorgt. Ich schlinge schnell noch den Milchreis hinunter, damit der Nahrungsbrei, der mich gleich verlassen wird, eine unkomplizierte Konsistenz hat und mit wenig Würgen herauskommt. Dann knie ich mich auf den Holzfußboden, neben mir liegen feuchte Putztücher und ein Handtuch bereit. Vor mir die blaue Rührschüssel. Eigentlich schade drum. Aber im Moment habe ich keine andere Wahl. Ich teste meine Bauchmuskulatur vorsichtig an. Wenn ich kotzen kann, ohne die Finger in den Hals zu stecken, werde ich fast unhörbar sein. Das geht aber in der knienden Position nicht so gut wie gebückt über einer Kloschüssel. Dazu die Angst, entdeckt zu werden. Ich bin angespannt. Nein, ich gehe auf Nummer sicher, wickle mir ein Feuchttuch um drei Finger der linken Hand und versenke sie in meinem Mund. Der Geruch und Geschmack des Tuches ekelt mich an. Ja, paradox – ich ekele mich vor einem Reinigungstuch, will aber gleich meinen Mageninhalt in eine blaue Rührschüssel kotzen. Logik der Bulimie.

Lautlos ergießt sich ein Strom gegessenes Essen in das Plastik. Zuallererst habe ich Lakritzschnecken gegessen, wenn ich die wiedersehe, bin ich durch und habe alles erledigt. Keine Ahnung, wie viel Liter die Schüssel fasst. Ich habe darin schon Kuchenteig angerührt. In einer anderen Zeit, in einem anderen Leben. Als sie zur Hälfte voll ist, sehne ich mich nach dem Glück, von dem ich nicht mehr weiß, wann es bei mir war. Verzweiflung steigt in mir auf. Tränen mischen sich mit dem Rotz, der mir aus der Nase läuft, wie immer, wenn eine Kotzsession länger als zweimal würgen dauert. Das mit dem Rotz hat irgendwas mit dem Druck auf die Nasennebenhöhlen während des Übergabevorganges zu tun. Übergabevorgang. Klingt besser als Kotzen. Aber welches Wort ich auch finde: Die Krankheit hält mich fest, umklammert mich, die Sucht brennt in mir, ich kann nicht aufhören, ich kann nicht, ich kann nicht!

Die Schüssel ist dreiviertel voll. Mehr wird es nicht. Meine Hände sind sauber geblieben. Zerknüllte Tempos halten meine Tränen fest. Es riecht nicht einmal besonders stark. Ist halt frisch. Ich knie auf dem Boden und wippe weinend hin und her. Bin gefangen in Selbstvorwürfen und Hilflosigkeit. Nein, kein Selbstmitleid. Ich bin ja selbst schuld. Die Schuldspirale zieht mich immer tiefer.

Ein lautes Lachen aus der Küche schreckt mich auf. Schnell jetzt, Spuren beseitigen! Sorgfältig falte ich eine reißfeste schwarze Mülltüte auf, stelle die Schüssel hinein und verknote sie. Dann ziehe ich eine weitere Mülltüte obendrüber und stelle alles ebenso vorsichtig in eine dritte Mülltüte, die ich verknote und mit Paketband verklebe. Das Kotzschüsselpaket wandert in einen normalen Müllbeutel, darauf die benutzten Tücher. Und der Lebensmittelverpackungsmüll. Ich schmeiße auch gleich den benutzten Löffel mit weg. Je mehr ich wegschmeiße, desto mehr klammere ich mich an die Hoffnung, dies alles nie wieder zu tun. Während ich das Fenster öffne, wird mir schwindelig, und ich bekomme Schweißausbrüche. Der normale Kreislaufabfall nach einer umfangreicheren Session. Wenn ich nur schnell einen Kakao im Café auskotze, ist das nicht so. Aber bei der Menge gerät der Kalium-Natrium-Haushalt aus dem Gleichgewicht. Ich lege mich auf den Boden, lagere die Füße hoch, warte, bis das Blut in mir aufhört zu rauschen. Dann angele ich nach meiner Handtasche, fische nach der Cola-zero-Flasche und trinke, trinke, trinke. Dabei denke ich darüber nach, wie sich die Kohlensäure in die mit Magensäure überzogenen Zähne frisst. Ohne mich könnte mein Zahnarzt keine Rolex tragen, glaube ich.

Wo soll das alles hinführen? Wann ging mir das letzte Mal das Herz auf? Ist das mein Leben? Essen, kotzen, ausgehen, vergewaltigt werden, Sport machen? Und dann beginnt alles wieder von vorne? Es darf nicht so weitergehen! Nein, nein, nein, ich will das nicht mehr! «Ach ja? Wie oft hast du schon ‹ich tue das nie wieder› gesagt? Morgen wird alles anders, nur noch heute?», meldet sich die leise, innere Stimme mit einem sarkastischen, gehässigen Unterton. Ich weiß. Unzählige Male. Bestimmt jede Woche in den vergangenen 15 Jahren. Aber es gab doch eine Zeit, da konnte ich das. Da konnte ich glücklich sein. Da war ich tagelang nicht abhängig von der Kotznadel. Wann zuletzt? Und was setze ich alles aufs Spiel, wenn ich mich nicht endlich in den Griff bekomme? Meine ganze Zukunft. Mein Glück.

Welches Glück? Es scheint, als erwarte meine innere Stimme eine Antwort. Als wäre sie neugierig, ob ich so einen Moment finde. Gegeben hat es sie doch, diese Momente. An welchen erinnere ich mich spontan? Pingu auf Malle. Diese drei Wörter kommen mir in den Sinn, lassen mich nicht los, lächeln mir zu, winken aus einem Jahr Entfernung. Ich hole sie näher, langsam, vorsichtig, zaghaft, wie ein Fischer, der seinen Fang nicht durch gierige Hast verlieren will. Kein Windstoß soll den Faden zerreißen, an dem die zufriedene Spinne hängt. Bilder kommen näher. Bilder von Sonne, Meer, blauem Himmel. Von ungetrübter Zweisamkeit und dem Stolz der Unbesiegbaren. Das Paar urlaubt auf Mallorca. Der Mann, dem mein Herz gehört, und ich. Wir sind sportlich, gepflegt, schön. Die Hotelgäste drehen sich nach uns um, wir sind das Glück. Er hat mich eingeladen, und er fuhr mich in einem Motorboot mitten auf das Mittelmeer. Im Wasser begann ich zu leuchten, zu strahlen, als hätte ich allen Ballast an Land zurückgelassen. Schwerelos glücklich. Ich drehe und wende und winde mich im Wasser, plansche, lasse mich treiben, genieße die Wellen in den Haaren. Er, den ich liebe, bleibt im Boot. Später sagt er mir, es gebe nichts Schöneres auf der Welt, als mein Strahlen zu sehen, wenn ich im Meer bin. Als läge alles Glück der Welt in meinen Augen. Ein paar Wochen später, die Mallorcabräune nur noch eine Ahnung auf der Haut, skypen wir. Er arbeitet gerade am anderen Ende der Erde und will mir ein Bild seiner Umgebung schicken. Ich lade den Anhang herunter. Es ist ein Bild, es heißt «Pingu auf Malle».

«Ach nee», schreibt er parallel mit drei kichernden Smileys, «dass war das falsche Bild.»

Ich öffne das Bild. Mein Fuß. Mit gespreizten, pinguinbreiten Zehen über der Reling des Bootes, über dem glitzernden Meer, darüber der endlos blaue, wolkenlose Himmel. Wir, er und ich, reden nie über Gefühle. Wir tauschen auch keine Niedlichkeiten aus. Doch aus diesem unverhofft gesandten Bild spricht so viel Herz, dass mir die Augen übergehen. Ich fühle mich geliebt.

Da ist es, das Glück, Du zweifelnde innere Stimme. Da ist es! Für diesen Moment lohnt es sich zu kämpfen. Es wird sich etwas ändern. Ich werde nie wieder kotzend auf meinem Zimmerboden knien.

Am Abend erkläre ich meinem Liebsten, dass ich in die Klinik gehen werde. Ich will ihm nicht weh tun, und es fällt mir nicht leicht, ihm gegenüber zuzugeben, dass ich dem Leben nicht gewachsen bin, solange die Krankheit in mir tobt. Sein Verständnis, seine Unterstützung wärmen mein Herz.

AUF FREMDEM PLANETEN

Den fremden Planeten betrete ich, ohne lange darüber nachzudenken. Die Klinikanlage ist groß, das Gebäude, das für die nächsten Wochen für mich Zuhause und Gefängnis zugleich sein soll, ist funktional, weder schön noch hässlich. Fünf Stockwerke, die von der geschlossenen Psychiatrie im Erdgeschoss über Angst & Zwang, Depressionen und Essstörungen bis zu den Persönlichkeitsstörungen in der obersten Etage reichen. Die Wände sind abwechselnd blau und gelb gestrichen, der typische Krankenhausatmosphäre-Reduzierversuch. Zwischen all den psychischen Störungsbildern an den Wänden lauern Hinweisschilder, die mir den Weg zur Anmeldung weisen sollen. Es ist beschämend, an einem Tresen zu stehen und der ordentlichen Personaldame zu erklären, dass man jetzt hier Patientin ist. Hier, ich bin die, die mit ihrem Leben nicht zurechtkommt. Hier, ich bin das. Ich beschließe sofort, die beste Patientin zu sein und alles richtig zu machen. Mir den Anschein zu geben, als sei alles in bester Ordnung. Kreide fressen, das Lamm zur Schlachtbank führen.

Auf einmal meldet sich eine leise Stimme in mir, die ich schon fast vergessen habe: Du musst nicht alles richtig machen. Du bist hier, damit man dir hilft. Du musst ehrlich sein. Wenigstens dieses eine Mal. Sonst kannst du gleich deinen Koffer nehmen und wieder gehen. Hab Mut!

Mut? Vor allem habe ich zu wenige Taschentücher. Keine 20 Minuten im Haus und schon in Tränen. Das kann ja heiter werden. Ich atme noch ein bisschen durch, bewaffne mich mit Papiertüchern aus den Toiletten im Anmeldebereich. Ob hier Kameras sind? Damit überwacht werden kann, ob jemand heimlich kotzt, isst, trinkt, dealt? Ich nehme mir vor, so zu tun, als seien überall Kameras. Zu meiner eigenen Sicherheit und zum Schutz vor mir selbst. Dann stelle ich mich vor die Fahrstühle. Ich muss in den dritten Stock, eigentlich hätte ich ja lieber die Treppe genommen, aber ich bin noch verunsichert, ob das Treppenhaus überhaupt frei zugänglich ist. Und ich möchte nicht gleich am Anfang einen Notausgangsalarm auslösen. Mit mir zusammen betreten vier fette Frauen den Fahrstuhl. Ich habe augenblicklich Angst. Sie sehen ungepflegt aus und tragen den Klinik-Einheitslook, Jogginghose und Latschen. Bitte, steigt nicht auf meiner Etage aus, wenn ich so was wie euch jeden Tag vor meiner Nase habe, muss ich sofort wieder verschwinden. So will ich nicht werden. Meine stille Bitte wird erhört, sie fahren weiter. Über meiner Etage gibt es nur noch Persönlichkeitsstörungen, Angst und Zwang. Waschzwang kann es bei denen ja nicht sein.

Als Erstes werde ich zu einem verhutzelten kleinen Hausarzt geschickt, der mich eigentlich nur einmal nach rechts und links wendet. Ich weiß nicht, was er sonst tut, aber er könnte auch gut mit einer Pfeife in einer Bibliothek sitzen und Tabakwolken über alten Folianten aufsteigen lassen. Sein Büro ist vollgestopft mit Akten, Büchern, Plastiken, einem antiken dunklen Schreibtisch und grün gepolsterten Stühlen – ein krasser Gegensatz zu der klinischen Atmosphäre auf dem Flur. Eigentlich schön, aber surreal. Ich höre ihm nicht zu, ich glaube, er mir auch nicht. Ich bin ja auch nicht körperlich krank. Ich habe Symptome meiner Krankheit, ja – aber nichts, worum sich ein Arzt kümmern müsste. Nachdem er mich mit irgendwelchen Worten entlassen hat, darf ich mein Zimmer beziehen. Dort steht eine Zimmergenossin, die zwölf Jahre jünger und dicker ist als ich. Was für eine Erleichterung! Ein innerer Konkurrenzkampf weniger, den ich ausfechten muss.

Da sich noch kein Therapeut um mich kümmern kann, werde ich gebeten, in einem Aufenthaltsraum zu warten. Auf einmal geht die Tür auf, und eine Ringellockenfrau in den Vierzigern betritt die Bühne, im Schlepptau etwa acht Frauen und Mädchen, von ganz dünn bis viel zu dick. Die Ringellockendame erblickt mich und hält so abrupt an, dass ihre modisch langen Ketten laut klimpern, das können auch die zusätzlichen krumpeligen Schals nicht verhindern.

«Hier ist jetzt die Essprotokollgruppe. Sind Sie D- oder S-Patientin?»

Ich gucke sie unsicher an. «Ich weiß nicht, ich bin gerade erst angekommen», stottere ich, «ich sollte hier warten.»

«Ja, aber sind Sie jetzt D oder S? Also, Depression oder Sozialisationsstörung?», meint sie. «Sie sind ja keine Essstörungspatientin, oder?»

In meinen Ohren klingt der Satz so: «Sie sind zu dick, um essgestört zu sein.»

Ich weiß vor lauter Scham nicht, was ich sagen soll.

«Sie sind noch nicht irgendwo eingeteilt?»

«Nein.» Ich will raus aus dieser Situation. «Ich warte dann mal lieber woanders.» Ich fliehe auf den Flur, bin unschlüssig, was ich nun tun soll. Die Krankenschwestern sind aber sehr freundlich, vor der Glasscheibe ihres Büros steht ein kleiner Tisch mit zwei Stühlen, da kann ich warten. Später lerne ich, dass dieser Tisch Hilfe und Fluch gleichzeitig ist – wer Angst hat, zu erbrechen oder sonst die Nahrung abzutrainieren, wer Sorge hat, sich etwas anzutun, kann sich dort hinsetzen und ist unter Beobachtung, ohne sich lange erklären zu müssen. Heute sitze ich aber ahnungslos und langsam auch mutlos da. Ich bin traurig. Alle wirken so kompetent, und ich fühle mich hilflos, weil ich nichts mit mir anzufangen weiß, nicht weiß, was erwartet wird. Traurig, weil ich dem Liebsten das antue, dass er eine Freundin hat, die jetzt in der Psychiatrie sitzt. Ich habe Angst, mein Gewicht zu verändern. Alle Fallen, die meine selbstzerfleischenden Gedanken bieten, stehen erwartungsvoll offen. Ich beschließe, keinen Besuch haben zu wollen. Hier soll mich keiner sehen. Ich lese die klugen Sprüche durch, die an der Wand hängen, und versuche, einfach nur «ich» zu sein. Ohne Perfektionsdruck. Aber ich weiß nicht genau, was dann noch übrig ist von mir.

Der erste Tag sortiert sich irgendwie, ich kann problemlos schlafen. Am nächsten Morgen werde ich gewogen, 52,3 Kilo – ein Glück! Ich hatte Angst, es wären 55. Ich male mir einen Smiley in mein Tagebuch. Prinzipiell ist das bestimmt der falsche Einstieg. Hier wird man nur einmal in der Woche gewogen, viel zu wenig, ich muss sofort eine Waage hineinschmuggeln. Einmal in der Woche, du liebe Zeit. Was da alles an Gramm passieren kann. Einmal am Tag, das kriege ich vielleicht hin. Aber ich soll ja gesund werden … ich will nach Hause. Und dann? Kotze ich den ganzen Tag. Ich muss hierbleiben. Das erste Frühstück mitmachen. Nahrung auswählen. Das ist so furchtbar schwer! Die anderen haben alle einen Essplan, an den sie sich halten können. Ich habe noch keinen, und die Entscheidung, was ich essen soll, bringt mich fast um. Der Essensraum ist nicht zu groß, ein U aus Tischen bietet Platz für die etwa 25 Patienten, die sich aus Depressionspatienten und Essgestörten zusammensetzen. Wer ist was? Nur bei den anorektischen Personen sieht man es sofort. An der Stirnseite des Raumes stehen Körbe mit

Brot und Brötchen, Platten mit Käse und Aufschnitt, Butterpäckchen, Quark, Frischkäse, Müsli, Milch. Alles abgepackt beziehungsweise einzeln zu nehmen, das macht es einfacher, das eigene Essen zu portionieren. Marmeladen, Honig und Nutella (!) stehen auf den Esstischen. Außerdem diverse Sorten Milch – laktosefrei, Soja, normal, verrückt, fettarm. Kaffee. Mich für Kaffee entscheiden ist leicht. Brötchen? Was denken die anderen, wenn ich hier am ersten Tag ein ganzes Brötchen esse? Muss ich dann wieder gehen, weil ich ja offensichtlich essen kann? Was denken die anderen über mich? Halten sie mich für verfressen? Soll ich Marmelade nehmen? Ist da nicht zu viel Zucker drin, der mich unnötig pusht? Und warum sind keine Kalorienangaben auf dem Marmeladenglas?! Ich nehme ein Vollkornbrötchen und bestreiche eine Hälfte mit einem halben Teelöffel Marmelade. Eine Betreuerin kommt und fragt:

«Sind Sie Emu?»

Nein, will ich sagen, ich bin Vogel Strauß und will den Kopf in den Sand stecken. Ich bin überfordert.

«Was ist das?»

«Essen mit Unterstützung. Kommt dann aber noch.»

Aha. Ich komme mir unglaublich dumm vor und kaue 20 Minuten auf meiner Brötchenhälfte herum, bis das Frühstück endlich vorbei ist. Beim Essen sind Gespräche über das Essen verboten. Man darf auch nicht sagen, ob es schmeckt oder nicht schmeckt – das Essen wird nicht kommentiert. Ich traue mich zu sagen, dass ich es aber sehr schwierig finde, etwas zum Essen auszuwählen, wenn ich nicht darüber sprechen darf. Meine Bemerkung bleibt unkommentiert, und ich schweige weiter, bin aber doch froh, es gesagt zu haben – ich will ja mutig und ehrlich sein.

Immer zwei Patienten haben Küchendienst, räumen ab

und stellen die Spülmaschine an. Ich will helfen, dann fühle ich mich nicht so nutzlos. Aber ich muss jetzt zur Ökotrophologin, um einen Essplan zu erstellen. Die Ökotrophologin ist die Ringellockenfrau. Heute trägt sie gestreifte Schals zu einer großen Kugelkette. Sie spricht von der Utopie, zu glauben, man könne Vollkornbrot von Roggenbrot am Geschmack unterscheiden. Und sie erklärt mir, wie wichtig es sei, ganz detailliert aufzuschreiben, was man wann isst. Also darf im Frühstücksplan nicht stehen: Brot mit Butter und Käse, sondern «2 Scheiben Mischbrot mit je einem Päckchen Butter und zwei Scheiben Käse». Als ich sage, wenn ich schon essen muss, hätte ich gerne die Vollkornvariante, rügt sie mich, «das hier sei kein Hotel». Ich glaube, wir werden keine Freunde. Ich fühle mich als Versager, und mit dem fertigen Essplan im Gepäck nimmt dieses Gefühl noch zu. Auch, dass sich hier ständig alles ums Essen dreht. Gerade davon will ich doch weg! Ich will ja die Ursache, das Problem bekämpfen! Essen will ich nicht, nur nicht mehr kotzen. Und auf keinen Fall zunehmen. Und ich will aufhören, ständig über Essen / Nichtessen nachzudenken. Ich will, ich will, ich will ... ich bin ganz schön unverschämt, denke ich. Die Panik steigt, und die dünnen Menschen um mich herum, die anorektischen, sehen aus wie anklagende Idealbilder, sosehr ich auch weiß, ich sollte es anders sehen – mein Kopf macht nicht mit. Ich habe keine Geduld. Eine Therapeutin sagt, dass ich aufhören werde, mir Gedanken über das Essen zu machen, sobald ich weiß, was ich regelmäßig essen werde. Essen befreit mich davon, mir Gedanken darüber machen zu müssen. Das ist bestimmt richtig. Aber die Angst!

Noch immer weiß ich nicht, wer letztendlich mein Therapeut sein wird – da wird gerade irgendwas umgestellt, und solange das nicht fertig ist, bleibe ich ohne Therapeutin. Das ist befremdlich. Als ich am dritten Tag aufwache, bin ich nur noch traurig. Ich will nicht hier sein. Ich will das Problem nicht haben, ich erkenne es zwar, aber ich will keine Stellung dazu nehmen. Ich habe Angst, meine Krankheit aufzugeben. Schon diese Traurigkeit geht mir auf die Nerven, Gefühle, Emotionen – sie schwächen mich! Die Trauer fühlt sich wie ein Abschiedsschmerz an. Und hier wartet so vieles, was mich dazu bringen wird, mich von vertrauten Abläufen zu verabschieden. Und ich tue es ja auch, damit meine Beziehung zum Liebsten weiter glücklich funktioniert. Vielleicht ist die Krankheit deshalb schlimmer geworden, weil ich in meiner Beziehung tatsächlich glücklich bin. Sie ist eifersüchtig, die Bulimie. In allen anderen Beziehungen war sie meine Zuflucht, ich habe gelitten unter dem jeweiligen Mann, deshalb konnte sie ruhiger sein. Erst, wenn ich dann fetter wurde und die Beziehung beendete, war sie wieder da, damit ich die emotionale Trauer wegkotzen konnte. Wenn ich glücklich werden will, muss ich die Beziehung mit Frau Bulimie beenden, denn Polygamie funktioniert für mich nicht – das sollte ich eigentlich schon wissen. Meine Mauer bröckelt schnell ob dieser Gedanken, und meine Tränen fließen schnell beim geringsten Anlass. Ich versuche, meinen Essplan zu erfüllen, aber ich kann es nicht, wenn mir Menschen beim Essen zugucken. Den Plan zu erfüllen, das heißt für mich «versagen». Sieg ist, weniger zu essen, als geplant wurde. Ob ich irgendwann die Kraft habe, es anders zu fühlen? Betrachten ja, aber auch fühlen?

Es gibt hier das Prinzip der Prime Nurse, der Krankenschwester, die für mich eine besondere Vertrauensperson darstellen soll. Meine ist die freundliche, muntere, zupackende Frau, die mich auch empfangen hat, als ich nach meinem Zusammenbruch hier strandete. Sie erkennt mich wieder und gibt mir das Gefühl, willkommen zu sein. Sie fordert mich auf, ihr bis zum nächsten Tag zwei Listen zu überreichen, eine mit meinen Befürchtungen bezüglich meines Aufenthaltes hier, und eine mit meinen Wünschen. Am Nachmittag setze ich mich hin und schreibe zuerst krudes Zeug auf, im altvertrauten Wohlgefallensmodus, überlege, was mich gut dastehen lässt. Dann streiche ich alles durch und schreibe, was mir als Erstes in den Sinn kommt. Nicht nachdenken, mutig sein, ehrlich sein. Es ist wie beim Schießen – wer zu lange zielt, fängt an zu zittern und verfehlt das Ziel. Das hier ist meine Chance, meine Möglichkeit, gesund zu werden. Ich will sie ergreifen, nicht verbauen.

Meine Befürchtungen:
1. Zunehmen und mich deshalb schlecht fühlen und nach Hause wollen.
2. Meinen Therapeuten belügen, damit er positiv von mir denkt.
3. Nur an der Oberfläche kratzen, weil alles andere zu sehr weh tun könnte.
4. Den Therapieplatz zu verlieren, weil ich normalgewichtig bin (BMI 18,5)
5. Der See unter der Oberfläche. Ich schreibe jetzt in Stichpunkten auf, damit die Punkte im Therapeutenteam bekannt sind und ich nicht in die Versuchung komme, etwas von mir zu «vergessen»:
   - Vergewaltigungen in der Kindheit und Jugend, ständiges Lügen, um alles zu vertuschen
   - Weglaufen von zu Hause
   - Prostitution
   - Sadomasochismus

- Gefühlskälte meinem Exmann gegenüber
- Mein Laden, den ich aufgeben musste
- Mich unter intellektuellem Wert verkaufen
6. Angst, wegen 5) nicht ernst genommen bzw. komisch angeschaut zu werden
7. Sobald ich hier raus bin, wieder zu erbrechen

Meine Wünsche:
1. Ich möchte wahrgenommen werden. Es ist mir daher wichtig, ein Feedback zu bekommen, nicht regelmäßig, aber eben manchmal
2. Ich möchte meine eigenen Schwächen aushalten und erleben können
   - Weinen, lachen. Glücklich und traurig.
3. Ich möchte lernen, mich nicht ständig als schuldig und egozentrisch zu empfinden, weil ich bewusst gerade jeden Satz mit «Ich» angefangen habe.
4. Ich möchte, dass das Team ehrlich zu mir ist.

Die Listen gebe ich mit Herzklopfen ab – überzeugt, sofort gefeuert zu werden. Unbrauchbarer Patient. In der Zielegruppe der Therapie sollen die Patienten ihre eigenen Therapieziele festlegen und jede Woche einschätzen, zu wie viel Prozent sie dem Ziel nahe gekommen sind oder sich wieder davon entfernt haben. Drei Ziele formuliere ich.

Ziel 1: Ich möchte meine Einstellung zu Nahrungsmitteln verändern.

Ziel 2: Ich will verstehen und auch wirklich wollen, was gesund ist, und aus Überzeugung auf Bulimie verzichten können.

Ziel 3: Ich will lernen, Schwierigkeiten anzupacken und nicht den Kopf in den Sand zu stecken.

Es wird dann gefragt, welche Verhaltensweisen dafür gesorgt haben, dass ich mich deprimiert, hoffnungslos und ängstlich gefühlt habe, und ich versuche, diese Verhaltensweisen zu identifizieren. Gedankenspiralen um Nahrungsmittel sind nicht gut für mich, außerdem habe ich Themenwechsel und Ablenkungsmanöver unternommen, um nicht deutlich erkennen zu lassen, wie krank ich wirklich bin. Und dass ich mich habe gehenlassen, hat für zusätzliche Trauer gesorgt. Immer wieder verliere ich mich in dem Wunsch, einfach nur perfekt essgestört zu sein. Einfach nur minimalistisch essen und schlank sein. Ich verstehe noch nicht, dass das Nichtessen dafür sorgt, dass die Bulimie lauter schreit. Nichtessen ist ein Verzicht, eine Unterdrückung. Und meine Waffe gegen Unterdrückung ist die Kotzerei. Es ist ein Kreislauf. Auf die Phase der minimalistischen Diät und des exzessiven Sports folgt einem Leistenbruch gleich die Darmschlinge aus Kotzen und Fressen und Nichtstun, bis der Schmerz zu groß wird und ich sie mit aller Gewalt zurückdränge. Doch nie repariere ich den Bruch, und so beginnt das Spiel von neuem.

Phase 1: Diät halten und Sportpensum erhöhen
Phase 2: Diät verschärfen und Sport weiter ausbauen
Phase 3: Die Kraft zum Sport verschwindet, die Diät wird zum Ausgleich strenger
Phase 4: Fressanfall, Erbrechen
Phase 5: Erst essen und kotzen, dann Kraft für Sport
Phase 6: Keine Kraft für nichts, Essenkotzen, im Bett bleiben, sozialer Rückzug
Phase 7: Diät entwickeln, um aus dem Tief rauszukommen
    Da capo al fine …
    Ich erkenne das Muster. Muster lassen sich verändern. Eine

Mitpatientin hat an ihrer Tür den Spruch: Wer immer tut, was er schon kann, verändert nichts!

Ich versuche, mir zu überlegen, dass eine nicht essgestörte Silvia vielleicht auch ein ganz netter Mensch ist.

Am fünften Tag auf dem fremden Planeten habe ich meine erste Einzeltherapiesitzung. Meine Therapeutin ist glücklicherweise die, die auch das Erstgespräch mit mir führte. Frau Keins ist etwa in meinem Alter, sie hat Augen, denen man ansieht, dass sie gerne lachen. Sie kommt mir so vor, wie eines der Kinder als Erwachsene sein müsste, die in Bullerbü groß geworden sind. Erwachsen, aber mit der Fähigkeit, sich zu begeistern. Sie ist etwa so groß wie ich und nicht dick, aber auch nicht total schlank. Ich glaube, sie ist normal, was ich ungeheuer beruhigend finde. Das hilft mir darüber hinweg, dass wir ungefähr gleich alt sind, aber sie bereits fertige Psychologin ist und ich gerade ein existenzieller Scherbenhaufen. Ob ich es wohl mal schaffe, nicht immer mit jedem Mitmenschen in Konkurrenz zu treten? Ihre offene Art gibt mir die Kraft, ebenso offen zu sein. Ich haue ihr all meine Probleme um die Ohren, sage mir, dass es ihr Problem ist und ich nicht für ihren Gemütszustand zuständig bin. Es ist ihr Job. Auch, wenn ich will, dass sie mich mag – sie soll mir helfen. Wie soll sie das schaffen, wenn ich nicht die Wahrheit sage? Manchmal drängen sich Tränen in meine Erzählungen, bringen den Fluss ins Stocken. Ich werde dann zynisch, und aus meinen Worten trieft böser, schwarzer Humor, der mich selbst am meisten treffen soll. Die Mauer baut sich schneller wieder auf, als ich will, die Thematik «Bedürfnisse» macht mich aggressiv, Bedürfnisse sind charakterschwach, anmaßend, unbescheiden. Ich will keine äußern. Ich will keine haben müssen. Erst, wenn ich perfekt bin, habe ich Bedürfnisse verdient. Ich weiß, dass ich meiner blonden Therapeutin mit den freundlichen Augen Phrasen um die Ohren schlage, ich will provozieren, will, dass ich mich durch ihre Erlaubnis schlagartig in einen bedürfnisorientierten Menschen verwandle. Sie geht nicht darauf ein. Sie erklärt mir, dass ich mir einen griechischen Tempel bauen soll – Säulen, auf denen mein Dach, mein Ich, stehen kann. Und die Befriedigung der eigenen Bedürfnisse ist eine tragende Säule. Trotzig denke ich, dass ich lieber nur Säulen hätte, auf denen Sport, Schönheit und Intelligenz stehen. Mein Dach darüber soll Beziehung, Job und Selbstwert sein.

Ich soll für Frau Keins aufschreiben, was mir fehlen wird, wenn die Bulimie weg ist. Es aufzuschreiben fühlt sich an wie ein Verrat an. Ich habe Schuldgefühle meiner Krankheit gegenüber, als würde ich sie im Stich lassen, nachdem sie mich so lange begleitet und mit mir gelitten hat ...

Was fehlt mir, wenn die Bulimie weg ist?
1. Ein Ventil, um Anspannung abzubauen.
2. Das Gefühl, stark und frei zu sein, weil ich eben essen und erbrechen kann, das gibt mir Überlegenheit. Das Gefühl, nicht vom Essen abhängig zu sein. Psychologisch ist das bestimmt Quatsch, aber so sieht es in meinen Gedanken aus.
3. Eine konstante Einheit meines Lebens. Außer meiner Mutter und meinem Bruder ist nichts bisher so lange an meiner Seite geblieben wie eben diese Krankheit.
4. Die am wenigsten Disziplin erfordernde Möglichkeit, Gewicht zu reduzieren.
5. Meine praktische Ausrede für alles, was schiefgeht. Eine Form erlernter Hilflosigkeit.
6. Ein Ritual, um «Alleine-Zeiten» zu bewältigen.

7. Schuldgefühle unterdrücken
8. Etwas, an dem ich meinen Tag orientieren kann.
9. Etwas, womit ich Leiden und Schwäche genießen und aushalten kann.
10. Meine bequeme Rückzugsmöglichkeit.
11. Sicherheit.

Während ich schreibe, wird die Stimme immer lauter, die sagt: Du kannst nicht ohne mich. Aber, geliebte, gehasste, gefürchtete Krankheit – ich kann auch nicht mit dir. Das ist ja das Problem. Deshalb sollte ich ja auch aufschreiben, was ich gewinne, wenn ich dich verlasse.

Was gewinne ich, wenn die Bulimie weg ist?
1. Lebensqualität, auch wenn ich das Wort sehr unbescheiden finde.
2. Zeit und Geld.
3. Mehr Erfolg im Sport. Mit Bulimie als fünfte Frau beim Halbmarathon ins Ziel zu kommen ist toll, aber ohne Bulimie schaffe ich es bestimmt aufs Treppchen.
4. Konzentration.
5. Die Chance, neue Wege überhaupt zu sehen, und die Kraft, sie auch zu gehen.
6. Ich muss mein Umfeld nicht mehr belügen.
7. Eine entspannte Beziehung. Die habe ich jetzt auch schon, denn mein Liebster geht großartig mit der Problematik um, aber wenn es keine Bulimie in meinem Leben gäbe, wären wir sicher noch glücklicher miteinander.
8. Ich bin nicht ganz sicher, aber ich glaube, eine Silvia ohne Bulimie ist vielleicht auch ein ganz prima Mensch.
9. Die Sicherheit, dass die Menschen in meinem Umfeld bei mir bleiben, weil sie MICH ganz problemlos mögen und nicht bemitleiden.

Lohnt es sich nicht, dafür das alles zu schaffen, was die Klinik hier von mir will? Je mehr Tage ich hier ohne Bulimie verbringe, umso stärker werden sämtliche Gefühle. Als ich erkenne, wie sehr mein Bruder sich darüber freut, dass seine kleine essgestörte Schwester sich endlich freiwillig in eine Behandlung begeben hat, wird mir die Sorge und die Liebe bewusst, die er mir zeigt, und ich weine vor Sehnsucht und Schmerz über all das, was ich ihm angetan habe, meine ablehnenden, verletzenden Worte, meinen Bruch mit der Familie, als ich einfach weggegangen bin, ohne etwas zu erklären. Ach, wenn du wüsstest, wie leid mir all das tut. Ich habe die Familie kaputt gemacht. Halt, Moment, das war ein «unfairer» Gedanke. Die Klinik arbeitet mit fairen und unfairen Gedanken. Damit kann ich gut umgehen, das klingt sportlich. Unfaire Gedanken sind solche, aus denen es keinen richtigen Ausweg gibt und die dafür sorgen, dass man sich schlechter fühlt. Sie untergraben das eigene Fundament. Faire Gedanken sind die, die der Situation gegenüber angemessen sind. In verschiedenen Gruppen und Übungen lerne ich, was «angemessen» überhaupt bedeutet. Ich muss feststellen, dass ich das ganz oft überhaupt nicht weiß. Angemessenes Verhalten gilt für normale Menschen, aber doch nicht für so ein amoralisches Ding wie mich? Sie geben mir hier sogenannte Skills, also Dinge, die mich ablenken können, wenn ich in hoher emotionaler Anspannung bin. Also Sachen, die das Kotzen ersetzen beziehungsweise einen erst einmal von der Hochanspannung heruntersetzen. Das können Schmerzen sein, aber das sollte ich vielleicht nicht unbedingt nutzen … es kann auch banales Herunterzählen sein, in Siebener-Schritten von 500. Oder Sudokus. Oder kaltes Wasser, das über die Handgelenke rinnt. Unbewusst habe ich bereits einige dieser Skills genutzt, jetzt lerne ich, sie zu sortieren und anzuwenden. Am besten gefallen mir Chilischoten, auf die man beißt, und das Rechnen und Zählen.

Die verschiedensten Gefühle klappen über mir zusammen, Eindrücke, Momente, Gedanken. Der Klinikalltag beschäftigt mich mit Essprotokollen, Zieleanalysen, ständig muss man irgendwas aufschreiben, das ist gut, sonst könnte ich die ganzen Farben und Formen, die mein Kampf gegen die Krankheit annimmt, überhaupt nicht aushalten. Meine Therapeutin gibt mir meine Listen zurück und sagt, ich solle mir überlegen, wie ich das, was zurzeit noch die Bulimie für mich tut, durch «nett sein zu mir selbst» erreiche. Nett sein zu mir selbst. Habe ich nicht verdient, ich mag das Wort nicht, ich habe Angst davor. Angst vor den Schuldgefühlen, die mich untertauchen werden, sobald ich meinen Kopf aus dem Selbstherabwertungssumpf strecke und Nettigkeiten atmen will. Aber wenn ich gesund werden will, dann muss ich fremde Welten beschreiten, es hilft ja nichts. Es ist vielleicht wie beim Sport. Ich hätte nie gedacht, einen Halbmarathon unter zwei Stunden laufen zu können. Und dann habe ich trainiert und trainiert und noch mehr trainiert – und es hat funktioniert! Ob es hier auch so ist? Kann ich lernen, mich für Freundlichkeiten, die ich mir selbst erweise, nicht mehr schuldig zu fühlen? Ich werde nicht herausfinden, ob ich das kann, wenn ich es nicht versuche. Laufen lernt man nur durch Training. Also gut:

Wie kann ich das, was jetzt die Bulimie für mich tut, durch nett sein zu mir selbst erreichen? Und welche unfairen Gedanken sind wirklich langfristig nützlich?

1. Die Bulimie ist ein Ventil, um Anspannung abzubauen.
   Unfaire Gedanken: *Ich habe nicht die Disziplin, darauf zu verzichten.*
   o Das erzeugt ja nur noch mehr Anspannung, so zu denken.

- Ich lerne in der Klinik Skills. Es ist keine Schwäche, Skills zu nutzen, es ist nett zu mir selbst. Ich darf mir erlauben, Hilfe zu suchen und mich abzulenken. Ich darf mir selbst zugestehen, dass ich angespannt bin und ein Ventil brauche.
2. Die Bulimie gibt mir ein Gefühl der Überlegenheit.
   Unfaire Gedanken: *Ich könnte auch einfach nicht essen. Dann wäre ich schlank und auch ohne Kotzerei überlegen.*
   - Ja, aber das kenne ich ja schon. Das geht bis 46 Kilo gut, und dann kommt wieder die Bulimie.
- Es wäre nett, wenn ich stolz auf meine Figur sein könnte, weil ich sie trotz und gerade durch das Essen halten kann. Noch netter wäre es, meinen Selbstwert nicht mit der Waage gleichzusetzen. Ich darf nett zu mir sein, auch wenn ich 53 Kilo wiege.
3. Bulimie ist eine konstante Einheit meines Lebens.
   Unfaire Gedanken: *Ich darf nicht loslassen. Loslassen ist aufgeben. Ich muss auch so einfach darauf verzichten können. Einfach nicht kotzen.*
   - Das erzeugt doch nur wieder Druck. Und jedes Mal bleibt die Krankheit länger bei mir. «Einfach» ist es eben einfach nicht.
- Es gibt Teile meines Lebens, die genauso lange bei mir sind. Ich darf sagen, dass Bücher ein Teil von mir sind, dass Sport schon lange zu mir gehört. Und ich muss mich nicht unbescheiden fühlen, wenn ich das sage. Es ist in Ordnung, Trennungsschmerz zu empfinden und Angst vor der Trennung zu haben.
4. Bulimie hilft bei der Gewichtsreduktion.
   Unfaire Gedanken: *Ich kann ja auch einfach ein Leben lang auf Müsli, Schokolade, Kuchen, Nudeln, Milchreis und Käse verzichten.*
   - Stimmt. Im Moment geht das ja auch. Aber wie schwer

ist das? Und wie sehr leide ich darunter, dass ich einiges nicht essen kann, weil ich es so sehr mit Kotzattacken assoziiere?
- Appetit haben ist okay. Sollte ich jemals wieder Gewicht reduzieren müssen, dann darf ich das ruhig und gesund tun. Ich kann mein Gewicht mit einer an meine Lebensgewohnheiten angepassten Ernährung konstant halten. Fazit: Ich darf essen, um zu leben.

5. Bulimie ist eine praktische Entschuldigung für alles, was schiefläuft.
   Unfaire Gedanken: *Stimmt. Ich sollte einfach meinen Tag planen, nicht rumgammeln und Zeit vertrödeln, sondern einfach mal richtig hart arbeiten, dann werde ich erfolgreich sein und brauche keine Entschuldigung.*
   o Super Idee. Ich habe im Oktober 220 Stunden Arbeit abgerechnet, dazu zwei Recherche-Aufträge durchgeführt und die Insolvenzverhandlung meines Herzensberufes absolviert. Und ich habe keinen Tag ohne Bulimie geschafft.
- Für die eigenen Fehler muss man geradestehen. Wenn ich es schaffe, neben den eigenen Fehlern auch die Dinge zu sehen, an denen ich nicht schuld bin, muss ich keine Ausreden mehr haben. Ich darf meine Fehler einsehen und bereuen. Und ich darf glauben, nicht an allem selbst schuld zu sein – Vergewaltigungen, Fehlgeburt, Elterntrennung. Vielleicht lerne ich einfach mal, über die Dinge zu sprechen und das Feedback, welches ich bekomme, auch zu glauben.
  Zwischenbemerkung für Frau Keins: Das ist total schwierig, das alles aufzuschreiben. Ich drehe mich ständig im Kreis, und mir fallen keine netten Verhaltensweisen ein. Und auch die netten Sätze kann ich nicht glauben, aber immerhin kann ich sie denken.

6. Erbrechen und Essen sind Rituale, um mit Alleinsein umzugehen.
Unfaire Gedanken: *Ich kann in Alleine-Zeiten ja auch einfach sinnvolle Dinge tun. Mit Essen und Erbrechen vertrödele ich nur Zeit.*
- o Ja, stimmt. Das ist mal ein unfairer Gedanke, der sogar langfristig hilft, weil ich Dinge ja erledigen muss, die wichtig sind. Meine Post öffnen, zum Beispiel. Aber durch den Gedanken lerne ich ja nicht, das Gefühl des Alleinseins auszuhalten.
- Es wäre nett, wenn ich mal ohne schlechtes Gewissen traurig sein könnte, Angst haben dürfte oder kuschelig sein. Wenn ich alleine bin, kann ich mich ja mal fragen, was ich jetzt tun WILL, und nicht, was ich noch tun MUSS.

7. Bulimie unterdrückt Schuldgefühle.
Unfaire Gedanken: *Finde einfach den Mut, dich zu entschuldigen. Dann musst du nichts mehr unterdrücken.*
- o Das Problem ist, dass ich mich nicht bei allen entschuldigen kann. Und dass einiges in mir so kaputt und zerbrochen ist, dass ich lernen muss, damit zu leben.
- Die Gefühle sind ja da. Ich muss sortieren, wo sie angemessen und wo sie unangemessen sind. Ich darf mir auch erlauben zu erkennen, woran ich nicht schuld bin.

8. Bulimie befriedigt meine masochistische Seite.
Unfaire Gedanken: *Ignoriere das Verlangen nach Schmerz.*
- o Nein. Ich war als Kind schon so. Immer diejenige, die am Marterpfahl stehen wollte, wenn wir Indianer gespielt haben. Es ist ein Teil von mir. Physiologisch ergibt das sogar Sinn. Aber ich sollte auch die andere Seite lernen, die Zärtlichkeit.
- Das Wort *Zärtlichkeit* auch nur zu schreiben erzeugt sofort Tränen und Angst. Ich bin erschüttert. Ich sollte lernen, sanft zu sein. Erlauben, Nähe zu nehmen und nicht nur

zu geben. Vielleicht sogar, sie zu genießen. Ich habe Angst davor. Kann ich das üben, erlernen, wie einen neuen Sport?

9. Erbrechen ist meine Rückzugsmöglichkeit.
   Unfaire Gedanken: *Geh doch einfach laufen, mach Sport, wenn die Anspannung zu groß ist.*
   - o Der Gedanke ist gar nicht so unfair. Es kommt nur darauf an, wie ich ihn ausspreche. Wenn ich mich dafür verachte, mal keine Lust zum Sport zu haben? Was dann?
   - Zunächst ist es nett, wenn ich erst mal eine Verhaltensanalyse schreibe, warum ich denn überhaupt den Rückzug brauche. Und danach darf ich, wenn ich auch Skills genutzt habe, ein Buch und Tee nehmen und mich zurückziehen, wenn mir danach ist. Ob das Sport oder etwas anderes ist, es ist in Ordnung, wenn ich mir Rückzugsinseln suche. Das ist keine Schwäche, es stärkt mich, auf meine Bedürfnisse Rücksicht zu nehmen.

10. Bulimie gibt Sicherheit.
    STOPP. Bei diesem Punkt kann ich die Liste nicht fortführen. Ich muss nämlich nicht jetzt und sofort komplett gesund sein. Ich kann diesem Satz noch nichts entgegenstellen, was mich sehr traurig macht. Doch ich werde das können, sobald ich meine anderen Säulen gestärkt habe, die den Selbstwert tragen. Ich bin doch noch ganz am Anfang.

Als ich alle diese Listen geschrieben habe, wird mir das Ausmaß dessen, was ich zu lernen habe, klar. Mich zu entscheiden, in diese Klinik zu gehen, war die Spitze des Eisbergs. Jetzt muss ich ihn abtauen lassen, und das wird dauern und braucht Wärme, die ich noch nicht selbst erzeugen kann, weil ich mich nicht mag. Ich werde hier lauter Werkzeuge bekommen, um den Eisberg in kleinste Stücke zu zerhacken, die schneller und leichter schmelzen. Irgendwann wird auch die Sonne scheinen und mich dabei unterstützen. Noch sind die Wolken davor. Ich verstehe, dass meine Vergangenheit hier eigentlich keine Rolle spielt. Was soll ich auch den Kindesmissbrauch analysieren? Es wird mir nicht helfen, gesund zu werden. Hier kann ich lernen, mich gesund zu verhalten. Aufarbeiten werde ich hier nichts. Das kann ich auch nicht, solange ich die Krankheit mit mir herumtrage. Vielleicht wird eine Aufarbeitung auch nicht notwendig sein, was geschehen ist, ist geschehen. Es geht ja um mein Leben jetzt, und das will ich gesund und glücklich verbringen. Meine Therapeutin sagt, es gibt eine 30-30-30-10 Regel. 10 Prozent der Patienten sterben an der Krankheit. 30 Prozent werden nie gesund. 30 Prozent bleiben chronisch krank, symptomfrei, aber nie wirklich gesund. Und 30 Prozent schaffen es, irgendwann normal und unbelastet von einer Essstörung zu leben. Ich frage sie, was ich erreichen kann.

«Sie sind ein sehr schwerer Fall mit einer sehr guten Prognose.»

Irgendein Teil von mir ist stolz darauf. Darauf kann ich jetzt aufbauen. Ich schreibe eine weitere Liste, riesig groß, die mich die nächsten zwei Jahre begleiten wird. Ich sehe sie jeden Morgen und jeden Abend an. Ganz bewusst beginne ich jeden Satz mit «Ich will». Noch fühlt sich das vollkommen unbescheiden an. Aber wie meine Mitpatientin ganz richtig sagt: Wer immer tut, was er schon kann, verändert nichts. Das schlechte Gewissen über jeden mit «ich» angefangenen Satz ist vorhanden und lässt mich nicht einfach gehen. Dass es einfach wird, hat ja auch niemand behauptet. Alles ist schwierig, bevor es einfach wird.

Was ich will:
Ich will einkaufen gehen können.
Ich will Milchreis, Grießbrei, Nudeln, Schokolade essen können.
Ich will keine Angst vor der Waage haben.
Ich will Marathon laufen.
Ich will frühstücken können.
Ich will mich schützen.
Ich will kein Sorgenpunkt in meiner Beziehung sein.
Ich will die oberen 30 Prozent.
Ich will kochen, backen und schmecken.
Ich will schön, klug, leistungsfähig und liebenswert sein.
Ich will entspannt essen können.
Ich will nie wieder nachts kotzend im Auto sitzen.
Ich will für meinen Liebsten, für meine beste Freundin, meine Familie und meine Freunde da sein.

KÜNDIGUNG

**Liebe Essstörung,
es tut mir leid, aber ich muss das Verhältnis mit dir kündigen.** Ich mag nicht mehr. Du machst mich kaputt, mich fertig, raubst mir Energie und gute Laune.
Und ständig erzählst du mir, du seist nett zu mir.
Bist du aber nicht.
Du bist nur nett zu dir.
Es ist nicht fair, dass du mir nicht die Möglichkeit lässt, mir einen Milchshake zu kaufen. Es ist gemein von dir, zu behaupten, sich zu übergeben sei notwendig und normal und die einzige Chance. Die einzige Chance, ganz unauffällig mit Freunden essen zu gehen. Vorher Gummihandschuhe, Sagrotan-Tücher und Zahnpasta im Hosenbund verstecken, vorher die Speisekarte im Internet durchlesen und bereits überlegen, was am leichtesten wieder loszuwerden ist. Spaghetti carbonara bestellen, essen, kein Brot dazu, weil das bremst. Nach dem Essen fünf Minuten warten, einen Cappuccino bestellen, dann auf Toilette gehen, Handschuhe überziehen, erbrechen, mit dem Tuch über Gesicht und Hals wischen, Zahnpasta auf die Zunge schmieren und im Mund verteilen. Dann den Cappuccino trinken, langsam, damit der leicht säuerliche Geruch vom Milchschaum von eventuellem Kotzgestank ablenkt.

Am schlimmsten ist es eigentlich, dass du denkst, du wärest die bessere Alternative zu Gefühlen. Das bist du nicht. Du bist nämlich ganz schön feige und versteckst dich hinter Angst und Traurigkeit. Sorry, junge Dame – ich will aber das ganze Paket. Mich, mit allen Säulen, auf denen ich stehen kann. Glücklich sein ist toll, aber alles andere gehört dazu. Ich muss auch lernen, wie es ist, traurig zu sein. Oder wütend. Das enthältst du mir alles vor.

Und deshalb musst du dir jetzt einen neuen Job suchen.

Du machst deinen Job nämlich nicht im Sinne des Arbeitgebers. Du denkst nicht an das Wohl der Firma, des Körpers, der Seele. Niemand mit deiner Arbeitseinstellung würde seinen Job behalten.

Ich trenne mich von dir. Ich kündige dir die Freundschaft, das Arbeitsverhältnis, die Teilhaberschaft an meinem Leben. Ja, schrei jetzt ruhig auf, fang an zu weinen und sei verzweifelt, weil du nicht ohne mich leben kannst. Kannst du auch nicht. Aber ich kann es ohne dich.

Jetzt erwiderst du, ich könnte gerade das nicht, weil ich traurig in der Bahn sitze und sinnlose Mails an wichtige Menschen schreibe, anstatt einfach zu tun, was du gerne willst. Und dass ich nach dem Senden bestimmt Angst haben werde, dass diese Menschen mich dann nicht mehr mögen, wenn sie lesen, dass ich mich nicht mit ihnen treffen kann, weil ich mal wieder Angst vor dem Essen habe. ABER: Das zu schreiben ist der erste Schritt in Richtung Mut. Und es ist ein Schritt ohne dich. Ich gehe dann lieber ohne dich mit den Freunden nur etwas trinken und lasse das mit dem Restaurantbesuch, bis ich auch da alleine hingehen kann. Ohne dich.

Weißt du was? Du hast recht. Ich habe Angst, und ich bin traurig. Aber diese Kündigung ist trotzdem besser als dein Vorschlag, dich immer als Ventil und Anstandsdame mitzuschleppen. Deinen Zorn, deine Wut, deine Lockrufe werden mich erreichen, und meine Fingerknöchel werden anschwellen, wenn ich stundenlang die Fäuste balle, um dir nicht wieder die Hand zu reichen. Doch ich werde mir nicht jedes Mal die Ohren zuhalten, wenn du mich gerade anschreist. Aber ich werde dir die Tür nicht mehr aufmachen. Du wirst bettelnd davorstehen, daran kratzen, versuchen, dich durch den Türspalt zu quetschen. Ich werde mit dem Rücken von innen an der Tür stehen, deine Schreie hören. Ich werde weinen und mein ganzes Gewicht nutzen, die Tür zuzudrücken. Wir arbeiten nicht mehr zusammen. Ich schreibe die Stelle auch nicht neu aus. Es gibt andere Optionen, die sogar Spaß machen.

Du hast jetzt ein paar Wochen Zeit, um deine Sachen zu packen.

Ich helfe dir dabei. Und dann darfst du ein Teil von mir gewesen sein.

Es tut mir leid.

Deine Silvia, gesunder Teil.

BAUSTELLEN

Auch die Elbphilharmonie wird irgendwann fertig. In Hamburg haben wir eine kunstkulturfreundliche Baustelle, die jeden Tag teurer wird und deren Fertigstellung sich täglich verzögert. So fühle ich mich auch. Der Schritt, in die Klinik zu gehen, war richtig und notwendig. Über die Notwendigkeit von Hamburgs neuem Wahrzeichen kann man streiten, aber das Prinzip ist dasselbe: Ich entdecke nach und nach die versteckten Kosten und werde vor Hindernisse gestellt, die bei der Planung nicht absehbar waren. Gefühle habe ich zum Beispiel vollkommen unterschätzt. Manchmal möchte ich alles hinschmeißen und frage mich, was zur Hölle ich mir eigentlich dabei gedacht habe, dieses Grundstück Mensch so zu bebauen, vor allem, weil ich erst mal alle alten Bauwerke abreißen muss, bevor ich hier ein Fundament gießen kann.

Manchmal zweifle ich daran, dass das Gebäude fertig werden wird und überhaupt den ersten Sturm aushalten kann. Und manchmal will ich auch einfach nicht weiterbauen. Baustopp. Streik. Keiner da, der weitere Steine heranschafft. Dann werde ich traurig darüber, dass mir so viele Fähigkeiten fehlen, die ein Architekt doch haben sollte. In meinem Patientenzimmer habe ich mir ein Bild der Elbphilharmonie aufgehängt. Also, der unfertigen. Mit Kränen und dunklen Wolken und der Elbe, die die Zufahrtswege zur Baustelle einschränkt. Wenn ich darauf schaue, wird mir wieder klar, dass ich gesund werde. Und es wird Zeit brauchen, bis ich jeden Tag gesund werden will. Es ist schwer, hier zu bauen, aber die Angst beweist ja auch den Fortschritt. Und die Traurigkeit darüber ist erlaubt und angemessen.

«Erlaubt» und «angemessen» sind Wörter aus meiner klinischen Bedürfnisbaustelle. Ich lerne hier ständig neue Wörter, auch solche, die ich schon kannte, aber nie benutzen wollte. Bedürfnis ist eines davon. In der Therapie lerne ich, dass jeder Mensch vier Grundbedürfnisse hat:

1. Das Bedürfnis nach Bindung und Nähe
2. Das Bedürfnis nach Selbständigkeit, Sicherheit und Kontrolle
3. Das Bedürfnis danach, Frustration zu vermeiden und Befriedigung zu erreichen
4. Das Bedürfnis nach Selbstwert.

Ich soll zu jedem Bedürfnis zwei Beispiele aus meiner Biographie finden. Für das Bedürfnis nach Bindung ist das einfach – die Trennung von meiner Familie, als ich weggelaufen bin; und dann wieder meine Ehe. Einmal Kappen aller Bindungen, einmal Eingehen einer neuen Bindung, um Nähe wieder zu erreichen. Bei der Selbständigkeit wird es schwieriger – meine erste eigene Wohnung, mein kleines geliebtes Refugium, war sicherlich eine Bedürfnisbefriedigung in dieser Richtung. Und dann war die aktiv gewählte Prostitution über den Taxifahrer der Versuch, Kontrolle über mein Leben zu bekommen. Vermeiden von Frustration ist wieder einfach – die Insolvenz meiner Firma habe ich bis über die Schmerzgrenze hinausgezögert, und auch mein Studium hätte ich eher abbrechen sollen, aber ich wollte den Schwierigkeiten nicht ins Auge sehen, der unmittelbaren Kapitulation. Beispiele für Selbstwert? Ich starre das Blatt an, auf das ich niederschreiben soll, und beobachte die zitternde Kugelschreiberspitze. Da ist nichts.

Um das Bedürfnis nach dem Vermeiden von Frustration zu befriedigen, blättere ich weiter zur nächsten Aufgabe und lasse den Selbstwert links liegen. Jetzt soll ich zu einem alltäglichen Ereignis die für mich damit verbundene Emotion benennen, die Handlung, die auf das Ereignis folgt, beschreiben und dann das Ganze einem der Grundbedürfnisse zuordnen. Alltägliches Ereignis? Essen. Die Emotion, die das bei mir auslöst, ist schnell erkannt: Schuld. Was tue ich nach dem Essen? Ich ziehe mich zurück und erbreche. Welches Bedürfnis sorgt für diese Handlungsweise? Das Vermeiden von Frustration durch das Schuldgefühl und, tadaa!: das Bedürfnis nach Selbstwert. Durch das Kotzen baue ich das Schuldgefühl nach dem Essen ab und steigere meinen Selbstwert, weil ich aktiv etwas gegen das Essen unternehme. So funktioniert das also!

Je mehr ich hier gezwungen bin, mit den Baustoffen Bedürfnis, Emotion, Verhalten und Analyse davon zu arbeiten, desto größer wird zwar meine Baustelle, aber desto leichter erkenne ich auch die Muster dahinter. Ich lerne, Situationen mit Hilfe der Baustoffe zu analysieren und neu zu bewerten.

Eines Tages habe ich Ausgang aus der Klinik und treffe mich mit meinen Freunden, ein vertrauter Kreis von fünf Personen, der Liebste ist nicht dabei. Das Gespräch kommt auf Prostitution und die damit verbundene Frage, ob man mit so einer Frau eine Beziehung führen könne. Die Meinung der Anwesenden ist deutlich: «Nein.» In meinem Kopf blinken Alarmglocken auf, Angst, Traurigkeit. *Hört auf, hört auf, will ich schreien, ich halte das nicht aus! Zwei von euch wissen, dass ich auch so eine Nutte war, und trotzdem reagiert ihr abwertend, wie kann das sein?!*

Doch natürlich sage ich nichts. Ich suche Nähe und finde keine, ich schweige, funktioniere, nehme mir vor, sobald ich wieder in der Klinik bin, eine Analyse der Gefühle zu schreiben, die mich gerade treffen. Die Angst, etwas zu sagen, Empörung zu zeigen. Was ist, wenn sie mich dann nicht mehr mögen und ihnen plötzlich auffällt, dass ich ihre Freundschaft nicht verdiene? Die Angst, es niemals ohne Bulimie zu schaffen, weil ich solchen Situationen nicht gewachsen bin ohne die Sicherheit, mich in meine Kotzerei zurückziehen zu können. Die Traurigkeit, dass ich nicht sein kann wie die anderen, nicht gleichwertig bin, dass ich zurück in die Klinik muss, um Lebendigkeit zu lernen, und meine Freunde dürfen einfach nach Hause und leben und Prostituierte verachten. Ich wünsche mir, dass einer von ihnen sagt, nicht alle Huren sind unbrauchbar. Ich wünsche mir Schmerzen, um die Gefühle nicht zu spüren.

Auf dem Weg zurück in die Klinik halte ich an, versuche zu erbrechen, es geht nicht, ich habe nichts gegessen. Ich sitze neben dem linken Vorderrad auf dem Boden und weine. Müsste ich jetzt nicht zurück in die Klinik, ich würde meine Laufschuhe schnüren und zwei Runden um die Alster drehen, Hamburgs schönstes gestautes Gewässer. Auf der ersten Runde hätte ich vermutlich ein paar Tränen vergossen, auf der zweiten dann Stärke gesammelt durch die Freude, die Bewegung immer auslöst. Aber dort unten neben dem Autoreifen hilft mir das gerade nicht. Ich beschließe, von nun an immer Laufsachen im Auto zu haben. Damit ich laufen statt kotzen kann, das löst zwar nicht das Problem, aber es ist hoffentlich eine Möglichkeit, neue Verhaltensweisen zu trainieren.

Zurück in der Klinik, fülle ich den Analysebogen aus, der die Überschrift «Bedürfnisanalyse unangenehmer Situationen und Gefühle» trägt. Ich schildere das erlebte Gespräch und stelle fest, dass ich hier zwei Bedürfnisse gleichzeitig angekratzt habe – das Bedürfnis nach Nähe (wäre der Liebste dabei gewesen, er hätte mich in den Arm genommen bei den verletzenden Worten, er hätte nichts gesagt, aber gezeigt, dass er die Meinung der anderen nicht teilt), und das Bedürfnis nach Abgrenzung, nach der Fähigkeit, nicht alles auf mich zu beziehen. Ich habe überhaupt keine Ahnung, wie ich diese beiden Bedürfnisse gleichzeitig befriedigen soll. Aber, das ist ja das Schöne – ich kann alles zu meiner Therapeutin geben, damit sie mir das erklärt. Ich muss die Elbphilharmonie nicht ganz alleine bauen. Ich habe Kräne und Bauleiter und Maurer. Und die Traurigkeit über die lange Bauphase ist ja ein Fortschritt, auch die Traurigkeit über die Worte, die mich verletzt haben. Es kann mich etwas verletzen, dass bedeutet doch, dass ich mir trotz allem etwas wert bin. Da ist er ja, der Selbstwert.

Nachdem ich einige Wochen lang gelernt habe, dass ich tatsächlich krank bin und dass diese Krankheit wie viele andere auch geheilt werden kann, wenn guter Wille auf die richtige Medizin trifft, darf ich langsam üben, mich normal zu verhalten und mit Nahrungsmitteln normal umzugehen. Dazu werden Nahrungsmittel-Expositionen durchgeführt, vorbereitet und analysiert. Eine Übung für mich ist ein Besuch bei McDonald's mit dem Ziel, Essen zu bestellen und so lange davor auszuharren, bis der Drang, es zu essen und vor allem dann wieder zu erbrechen, nachlässt. Der Drang, die Anspannung, wird in Prozent angegeben, wobei 100 Prozent Essen und Erbrechen bedeutet. Erst, wenn die Spannungskurve unter 30 Prozent fällt, werde ich aufstehen und gehen dürfen. Das Essen zu mir zu nehmen und zu behalten wäre natürlich sehr viel normaler, aber so weit bin ich noch lange nicht. Zum Tempel der Begierde fahre ich mit meinem Auto, auf dem Parkplatz bleibe ich eine Weile im Wagen sitzen, ich traue mich noch nicht, das vertraute Terrain zu verlassen.

Meine Anspannung liegt bereits bei 60 Prozent, wie erleichternd wäre es jetzt, den vertrauten Milchshake zu bestellen und dann einfach dem Verlangen nachzugeben! Es ist Samstag, am späten Vormittag, das Publikum besteht aus den üblichen Wochenendvätern mit Trennungskindern, und ich sehe bereits den Sonntagabend vor mir, wenn die Väter die Kinder wieder abgeben müssen und die jeweilige Mutter mit den Augen rollt, weil mal wieder nicht gesund gegessen wurde, wenn Papa sein Sorgerecht ausübt. Ich kann das sogar verstehen, beide Seiten. Kinder sind gern bei McDonald's, aber es ist ein typisches Väterding, dem Verlangen auch nachzugeben. Es zeigt diesen Wunsch, das Kind am Papawochenende so glücklich wie möglich zu machen, auch wenn es nicht gesund ist. Mich macht McDonald's überhaupt nicht glücklich im Moment, und wenn ich noch länger hier stehe und überfette Menschen in der Schlange vor mir sehe, dann wird die Anspannung nicht weniger. Ich muss nach vorne fliehen. Als ich meine Bestellung aufgebe, ein Croissant mit Marmelade und einen Cappuccino, möchte ich vor Scham im Fastfoodschuppenboden versinken. Croissant! Fett! Darf! ich! nicht!

Als ich das Essen aus der freundlichen Verpackung hole und mir der Duft knuspriger Genussverheißung in die Nase steigt, die Farbe so goldbraun glänzend wie gestohlener Schmuck, da möchte ich weglaufen und bleiben zugleich. Ich fühle den Druck der industriell perfekt gebackenen Blätterteighülle. Da ist es: Kalorien, Geschmack, Fett, Nahrung, Ablenkung, Verachtung, Kotzen, Erleichterung. Aber ich darf nicht. Ich muss es ansehen, das Mittel zum Zweck, die geweckte Begehrlichkeit aushalten, muss die herrliche Kruste mit meinem billigen Plastikmesser schlachten und Marmelade auf den weichen Hälften verteilen, bis das Croissant aussieht wie ein geschundener Leib nach der Autopsie. Es sind schon längst 20 Minuten vergangen, Butter aufstreichen kann ich nicht, je mehr Butter und Marmelade, desto besser könnte ich es wieder auskotzen, wenn ich es denn essen dürfte ... wie viel Marmelade darf denn auf eine Hälfte, bevor es unmäßig aussieht? Die Anspannung trage ich in der Kurve mit 92 Prozent ein. Es wäre jetzt so einfach! Ich lege meine Zunge an das Croissant, mir kommen die Tränen, Erinnerungen werden wach an die Zeit der Ehe, mein Bekämpfen der Angst vor meinem Zuhause mit den Blitzbesuchen bei McDonald's – essen, kotzen, gewappnet sein. Die Geräuschkulisse ist in allen diesen Etablissements die gleiche, Hintergrundmusik, Kindergequengel, Gemurmel von Unterschichtgestalten. Wie seltsam muss ich für diese Menschen aussehen – die traurige Frau vor dem bestrichenen Croissant, die es an die Lippen hebt, ohne abzubeißen, die Blätterteigkrümel zwischen den Fingerspitzen zerreibt und den zurückbleibenden Fettglanz betrachtet und der Tränen über die Wangen laufen. Ich will nicht so sein, wie ich bin. Meine Beine fangen an zu zittern, ich fühle mich meiner Sucht ausgeliefert, die innere Unruhe führt meinen Stift ungenau über die Anspannungskurve, ich verschreibe mich, und die Verzweiflung darüber macht mich vollkommen hilflos. Zu den Gefühlen finde ich keinen Zugang und keinen Ausgang, ich stelle mir die angenehme Kühle vor, die entsteht, wenn man als Letztes bei einer Kotzsession Eiscreme erbricht, die gereizte Speiseröhre findet daran Linderung – alles ist besser als das hier, meine Schrift verschwimmt, wo sind meine Baustoffe, die den Einsturz verhindern sollen?

Ich blicke auf den Vordruck Expositionsvorbereitung und sehe das Feld «Mögliche restriktive Gedanken während der Übung».

Ja, da sind sie, in meinem Kopf, sie schreien mich an – was soll ich tun? Was habe ich bei der Vorbereitung eingetragen? «Restriktive Gedanken sind nur Gedanken. Sie können mir nichts tun. Sie entstehen aus der Angst, aber es sind nur Gedanken. Gedanken lassen die Welt nicht untergehen. Ich habe bereits gezeigt, dass ich Übungen erfolgreich abschließen kann.»

Um mich aus der Hochanspannung zu bringen, wechsle ich das Objekt meiner Aufmerksamkeit und schiebe das Croissant zur Seite. Ich rieche mit geschlossenen Augen am Cappuccino und nehme die Nuancen wahr, das leicht Säuerliche der Milch, die bittere Wärme des Kaffees, die schaumige Weichheit der Crema. Ich übe mich in Achtsamkeit, die Gerüche zu beschreiben und nicht zu bewerten. Ich setze den Becher an die Lippen, bewege die Flüssigkeit im Mund hin und her und spucke sie dann wieder zurück. Heute will ich nicht schlucken, und niemand zwingt mich dazu, auch nicht die Bulimie. Meine Anspannung sinkt, es ist jetzt weit über eine halbe Stunde vergangen, ich wende mich wieder dem Croissant zu, berühre die Marmelade mit der Zungenspitze, klebrig, süß. Ich konzentriere mich auf meine Atmung, betrachte und beschreibe in Gedanken die Farbschattierungen der künstlichen Konfitüre und verspüre immer weniger Verlangen danach. Trotz der vielen Menschen um mich herum gelingt es mir immer besser, mich auf die Übung einzulassen, ich übe Druck mit den Zähnen aus, und plötzlich weiß ich, dass ich es schaffen kann. Ich muss hier nicht essen und kotzen. Nach einer Dreiviertelstunde ist meine Anspannung auf 50 Prozent gesunken, ich blicke das erste Mal auf und nehme meine Umgebung wieder wahr. Ein Vater sitzt mit seinem Kind am Tisch gegenüber und starrt mich ganz unverhohlen an als mein Blick seinem begegnet, schaut er schnell weg. Er scheint sich für sein Starren ebenso zu schämen wie ich mich für mein Verhalten. Auf einmal bin ich dankbar für die riesigen, fettgedruckten Überschriften auf meinem Papier, dadurch könnte der aufmerksame Beobachter ja darauf kommen, dass ich an etwas arbeite. Warum ist es mir eigentlich so wichtig, was vollkommen fremde Menschen über mich denken? *Halt, sagt meine innere Stimme, die jetzt mit Klinikwerkzeug bewaffnet ist, frage dich das nicht. Mit solchen Selbstvorwürfen untergräbst du dein Fundament. Bleib bei der Übung. Du machst das gut.*

Es dauert über eine Stunde, bis ich die 30-Prozent-Marke knacke. Ich warte noch ein paar Minuten, dann stehe ich auf, trage mein Tablett weg und gehe zu meinem Auto. Mein Körper fühlt sich an, als hätte ich gerade einen Wettkampf hinter mir, die Muskeln schmerzen, und meine Gedanken sind müde. Ich habe gekämpft und eine Schlacht gewonnen, aber noch lange nicht den Krieg. In meinem Formular steht, ich soll mich nach einer erfolgreichen Übung belohnen. Dem bin ich gerade nicht gewachsen, Belohnung sorgt für neue Scham und Schuld, und ich habe meine Energie gerade verbraucht. Mir jetzt Gedanken darum zu machen, dass eine Belohnung angemessen ist und ich kein schlechtes Gewissen haben muss, wenn ich nett zu mir selbst bin, ist mehr, als ich gerade verkraften kann. Meine Therapeutin wird das bemängeln, ich weiß. Aber der Beton muss ja erst aushärten, bevor man darauf weiterbauen kann.

Jede Übung macht mich ein wenig klüger und erfahrener im Umgang mit meiner Krankheit. Bei Übungen im Supermarkt lerne ich, die Zeitschriften-Ecke zu umgehen, damit mich keine Diät-Titelzeile anschreien kann und mit der Bulimie im Chor durch mein Hirn brüllt. Ich baue mir Eselsbrücken beim Einkaufen, indem ich Müsli nicht mehr nach

Kalorienangaben aussuche, sondern danach, ob die Farbe Türkis auf der Packung vertreten ist. Eigentlich sollte ich einfach das kaufen, was mir schmeckt, aber so weit bin ich noch nicht. «Eigentlich sollte ich» ist eine Formulierung, die ich mir eigentlich abgewöhnen sollte.

Manchmal bin ich wehmütig, wenn ich an all das denke, was ich nicht mehr tun darf. Und erschrecke davor, dass es Traurigkeit und Abschiedsschmerz gibt, wenn es doch eigentlich um eine Krankheit geht, die ich hier loswerden will. *Langsam, sagt die innere Stimme, langsam. Jede Übung ist Medizin. Du kannst nicht erwarten, dass Arznei umgehend hilft. Durch das Laufen weißt du, dass Verletzungen Zeit brauchen, um auszuheilen. Irgendwann ist Richtfest auf deiner Baustelle, und dann wird es dir nicht mehr leidtun, die Bulimie nicht einzuladen.*

Nach drei Monaten in der Klinik habe ich Nahrungs-Expositionen, Übungen zum Umgang mit Ängsten und Müttern, Verhaltensanalysen und Ablenkungsmanöver erlernt und durchgeführt. Ich habe erkannt, dass es Dinge in meinem Leben gibt, die die Bulimie nicht beeinflussen kann. Meine gute Laune in den frühen Morgenstunden bleibt. Ich mag es, wenn ein neuer Tag anfängt. Meine Freude an Sport und Bewegung bleibt ungebrochen. Meinen Therapeuten habe ich beigebracht, dass ich Sport als Ausgleich nutze und sie keine Angst haben müssen, ich würde nur eine andere Sucht zum Kalorienabbau nutzen. Meine Therapeuten haben mir beigebracht, dass mein hohes Schlafbedürfnis daraus resultiert, dass ich Emotionen, wenn ich sie nicht wegkotzen kann, wegschlafe. Ich habe nicht damit gerechnet, dass ich emotional so verkrüppelt bin, dass mich liebevolle Worte wichtiger Menschen zutiefst verunsichern. Mich macht das traurig, und es fällt mir schwer, diese Traurigkeit auszuhalten. Vielleicht bin ich irgendwann so weit, mich über Gefühlsäußerungen anderer wirklich zu freuen, statt nur neue Schuldgefühle dadurch aufzubauen, weil ich denke, diese Liebe nicht verdient zu haben. Für den Anfang muss es mir genügen, mein Muster zu erkennen und zu akzeptieren, dass mein Gegenüber mich tatsächlich mag.

Während der Klinikzeit habe ich weder über die Vergewaltigungen und Prostitutionsdesaster, noch über meine masochistische Neigung oder die devote Selbstausbeutung gesprochen. Ich fürchte, dass sich das irgendwann rächen wird, doch die Arbeit daran, mein krankes Verhalten im Umgang mit Nahrung und Gefühlen ließ weder Kraft noch Zeit für analytische Therapie. Vielleicht brauche ich auch keine – ich will nach vorne blicken, nicht zurück, Analysen werden die Vergangenheit nicht ändern.

Kurz bevor ich mit meinem Werkzeugkoffer beladen in die Welt entlassen werde, muss ich noch mal an die Selbstwertbaustelle heran und in verschiedenen Kategorien drei Punkte auflisten, die ich an mir mag. Zuerst will ich das nicht tun. Dann benutze ich für die schwierigste Kategorie – Was mag ich an meinem Körper? – meinen Krückstock aus Sarkasmus und fange an:

- Kategorie Körper: Ich mag meinen Bauch und meine Taille. Fast 20 Jahre Bulimie, das gibt Bauchmuskeln ohne Ende! Außerdem sind meine langen Wimpern ganz okay. Und die Haare.
- Kategorie Umgang mit anderen: Obwohl ich so viel Schwierigkeiten mit Emotionen habe, scheine ich empathisch zu sein und gehe auf andere zu, kann zuhören und Verständnis zeigen.
- Kategorie Beziehung: Ich will meinen Liebsten nicht

ändern. Ich versuche, da zu sein und Rückendeckung zu geben, ihm zu zeigen, wie wichtig und einzigartig er für mich ist.
- Kategorie Persönlichkeit: Ich mag meinen Sinn für Ästhetik und alles Schöne, und es gefällt mir, dass ich oft versuche, meine Intelligenz zu nutzen. Außerdem habe ich eine Stehauf-Mentalität. *Das erkenne ich jetzt, als ich darüber nachdenke, erst richtig. Ja, ich darf das von mir behaupten. Doch, doch.*
- Kategorie «Wie andere mich sehen»: Woher soll ich das wissen? Ich glaube, andere halten mich für humorvoll, und da sie oft mit ihren Problemen zu mir kommen, scheinen sie mich als freundliche Person und Ratgeberin zu schätzen.
- Kategorie tägliches Leben: Im Moment gefällt mir meine rasche Auffassungsgabe für das, was ich hier lernen soll. Und mir gefällt der Mut, der in mir wohnt.
- Kategorie «Sonstiges»: Ich mag meine gedankliche Kreativität und meinen Ideenreichtum. Und mein Strahlen, wenn ich im Meer schwimme.

Nach dem Schreiben lege ich den Kopf zwischen die Knie und beiße auf Chilischoten herum, bis mir die Tränen kommen und ich Erleichterung verspüre. Es ist so schwierig, Positives von sich selbst zu behaupten und danach nicht das gewohnte Ventil zur Entschuldigung zu nutzen. Mir fällt das Aufschreiben schwerer als das Vortragen vor der Gruppe der Mitpatienten. Eine andere Patientin hingegen zittert und weint, als sie versucht zu sagen, dass sie offensichtlich intelligent ist, wenn sie trotz ihrer langen Krankheitsphasen ein gutes Abitur gemacht hat. Sie einigt sich auf «ich kann mir Sachen gut merken», das Wort «intelligent» hat sie zwar geschrieben, bringt es aber nicht fertig, es auch auszusprechen. Ich bin erschüttert von der Situation und verstehe einmal mehr, wie sehr unsere Krankheit uns hemmt. Es wird Zeit, sich von den Fesseln zu befreien. Auf uns wartet doch noch so viel Leben da draußen.

Meine Therapeutin schenkt mir zum Abschied aus der Klinik eine laminierte Karte, auf der ein Handlungsweg für schwierige Situationen verewigt ist. Wenn ich in Situationen der Anspannung gerate, kann ich daran ablesen, wie ich vorgehen muss, um Ess-Brech-Anfällen auszuweichen. Eine der wichtigsten Stationen des Handlungsweges ist, dass ich mir das Ziel bewusstmache, mein gesundes Verhalten zu stärken. Dazu kann ich auf die Stärken vertrauen, die ich bereits habe. «Ich bin mutig und querdenkend», steht auf meiner Karte, das Wort «querdenkend» hat meine Therapeutin ausgewählt, sie empfindet mich so, und ich schaffe es, mich darüber zu freuen, es passt zu mir. Sie wird mich als ambulante Patientin behalten, weil sie mich und meinen Krankheitsfall spannend und lehrreich findet. Ich finde das positiv lustig. Ich mag sie, und dass ich weiter mit ihr an mir arbeiten darf, macht mich im Hinblick auf die Entlassung gelassener.

Als ich den fremden Planeten verlasse, ist mein Gepäck leichter geworden. Ich habe Angst vor den Schritten draußen, außerhalb der Glasglockenklinik, aber ich habe meine Handlungswegkarte, ich bin mutig und querdenkend, mein Leitstern ist zu Hause, mein Liebster an meiner Seite und die Laufschuhe warten auf die nächste Alsterrunde. Für die ersten Konzerte in der Elbphilharmonie werden bereits Karten verkauft, obwohl sie noch lange nicht fertig ist. Das ist Optimismus und zeigt Vertrauen der Bauherren in die eigenen Fähigkeiten. Ich will mir ein Beispiel daran nehmen. Es kann ja auch gutgehen, denke ich.

ZORN

AN DIE WÖLFE:
Zunächst – ihr seid keine Wölfe. Wölfe sind stolz und stark und gefährlich. Ihr seid Monster und Kellerasseln. Als ich ein kleines, unschuldiges Kind war, habe ich die Steinplatten angehoben, die vor unserem Haus die Terrasse locker begrenzten. Darunter waren Asseln, die sofort in alle Richtungen davonflohen. Eklig. Ich habe mich erschrocken und die Platte sofort fallen gelassen. Nachtgetier, das vor dem Licht flieht. Ekliges Zeug unter der Oberfläche. Nicht fähig, außerhalb der Dunkelheit zu bestehen. Als Kind konnte ich nicht wissen, dass mir das Getier nichts tun kann. Es war fremd und abartig und plötzlich da. Ich wusste noch nicht, dass es mehr Angst vor mir haben muss als umgekehrt.

Ich bin stärker als ihr und mutiger. Solltet ihr dieses Buch in den Händen halten, werdet ihr ab sofort Angst haben. Jeden einzelnen verdammten Tag. Ihr werdet euch fragen, was geschieht, wenn jemand euch in den Zeilen erkennt. Ihr werdet euch fragen, ob ich nicht doch irgendwann mit dem Finger auf euch zeige. Lebt ruhig damit. Ich tue es auch.

Ihr habt mir mein Lachen genommen, meine Fröhlichkeit. Mein Leben, eine Zeitlang. Fünf Jahre lang habt ihr mich gequält, benutzt, zerstört. Mein Fundament unterhöhlt, meine Persönlichkeit, die gerade entstehen wollte, im Keim erstickt und umgelenkt. Ich hasse euch dafür.

Ich hasse euch dafür, dass ihr mir die Möglichkeit genommen habt, Nähe zu entdecken.

Ich hasse euch dafür, dass ich kein erstes Mal haben konnte.

Ich hasse euch dafür, dass ihr mir den Glauben an mich selbst genommen habt.

Ich hasse euch für all die Momente, in denen ich angstverzweifelt auf meiner Fensterbank saß.

Ihr habt mir meine Unbeschwertheit genommen. Die Fähigkeit, Liebe und Nähe zu entdecken und sie als kostbares Geschenk zu geben. Die vielen Momente, in denen ich gerne Vertrauen gefasst hätte und es nie konnte. Zu groß die Angst, die Scham.

Ich hasse euch für die hilflose Wut, den stumm brüllenden Zorn, die Verzweiflung.

Ich hasse euch dafür, dass ich noch immer nicht verstehen kann, dass mein Körper mir gehört und ich selbst darüber bestimmen kann, was damit geschieht.

Ich hasse euch dafür, dass meine Familie auseinandergebrochen ist. Sicher wäre sie das auch so irgendwann, aber ohne euch und das, was ihr getan habt, wäre es weniger schlimm gewesen.

Gerne wäre ich ein normales Kind gewesen. Ein normaler Teenager. Hätte gerne die Probleme gehabt, mit denen Heranwachsende kämpfen, die erste Liebe, der erste Liebeskummer. Das Abnabeln von den Eltern aus reinem Unabhängigkeitswillen heraus. Nicht als Mischung aus Flucht und Dickköpfigkeit.

Ich hasse euch für die vielen Tabus in meinem Leben. Für jeden Moment, in dem ich zusammenzucke, weil in den Medien über irgendeinen Vergewaltigungsfall berichtet wird. Immer habe ich Angst, entdeckt, entlarvt zu werden, selbst einer dieser Fälle zu sein. Dafür hasse ich euch am meisten, für dieses Gefühl, durch das, was ihr getan habt, weniger liebenswert zu sein.

Ihr habt es geschafft – ich kann euch nicht vergessen. Der

Hass hilft dabei nicht, auch nicht die Wut. Auch nicht der Versuch, meinen Körper als gleichgültige Ware herzugeben. Ihr seid da. Kellerasseln. Unter dem Stein, den ich nicht mehr umdrehen werde. Niemals. Erstickt ruhig da unten, werdet alt. Ihr hattet mich fünf Jahre, je älter ich werde, desto geringer wird der Prozentsatz an Zeit, den ihr in meinem Leben einnehmt.

Es macht mir nichts mehr aus, dass ihr ein Teil meiner Biographie seid. Es macht nichts. So ist das mit Biographien, sie prägen den Menschen. Und eigentlich möchte ich kein anderer Mensch sein als die, die ich bin. Ich hätte mir das Leben weniger schmerzhaft gewünscht, aber offensichtlich war das nicht der Plan. Was aus mir geworden ist, ist annehmbar und ausbaufähig.

Aber etwas habe ich, was ihr nie haben werdet. Die Freiheit, zu entscheiden, was ich mit meinem Leben machen möchte. Ich kann entscheiden, ob ich ständig auflisten will, was alles kaputtgegangen ist, oder ob ich etwas Neues aus den Scherben basteln will. Überlegt mal, ob ihr das könnt. Oder ob eure abartigen Gelüste euch nicht ständig zu einem Schattendasein zwingen. Ich kann Sex haben, wann ich will und mit wem ich will. Könnt ihr das? Kriegt ihr überhaupt den Schwanz hoch bei einer erwachsenen Frau? Habt ihr nicht ständig Angst, dass eure Kinder die Bilder finden, die ihr auf euren Festplatten verborgen habt? Muss schwierig sein, immer Nachschub für das zu finden, was euch kickt. Armselig, wenn ihr da in eure Tastaturen wichst und das Netz absucht, auf der Suche nach Befriedigung. Ich war eine leichte Beute für euch. Ein schüchternes Kind, das sich vor Asseln erschreckt. Wie fühlt es sich an, etwas zu sein, was außer euch jeder Mensch widerlich findet? Und, steht ihr nicht manchmal alleine vor dem Spiegel und seid erschrocken über euch selbst?

Manchmal wünsche ich mir fast, einen von euch auf der Straße zu sehen. Und glaubt mir, ich würde das Duell der Blicke gewinnen. Denn Angst habe ich keine mehr. Ihr könnt mir nichts anhaben. Doch wenn ihr mich anseht, werdet ihr euch schämen und nicht verstehen können, dass ich ein richtiger Mensch geworden bin. Im Gegensatz zu euch.

MARATHON

Auf einmal ohne Essstörung zu laufen fühlt sich viel schwerer an. Als hätte ich Blei an den Füßen. Zumal sie immer hinter mir herflüstert, mit ihr sei ich leichter und schneller. Das Laufen ist mir zur zweiten Natur geworden, und selbst wenn ich mich nicht aufraffen kann, macht es doch Spaß, eine Läuferin zu sein. Eine Subkultur zu haben, zu der man gehören kann. Eine, die nichts mit Sex und Gewalt zu tun hat, höchstens manchmal mit der Gewalt gegen sich selbst. Laufen fordert und fördert mich. Ich kann dabei den Gedanken davonlaufen, und ich kann sie ebenso mitnehmen und untersuchen, während ich Kilometer in meine Sohlen fresse.

Ich laufe gerne bei Regen, ich spüre der Luft nach, wenn es kalt ist. Manchmal merke ich auch von alldem nichts, höre ein Hörbuch und genieße es, mich zu bewegen. Lesen kann ich kaum noch, zu nah ist dann die Krankheit, zu einfach wäre es, beim Lesen Schokolade zu essen und dann doch wieder Zuflucht in der Kotzerei zu finden. Aber Hörbücher beim Laufen, das geht. Das schaltet den Kopf aus und den Körper an. Ich darf mir keine Pläne machen, Spaß muss es machen, das Laufen – stelle ich Trainingspläne auf, setze ich mich unter Druck, und unter Druck freut sich die Bulimie, die immer noch vor der Tür steht und lärmt. Aber ich mache ihr nicht auf.

Vier Monate nachdem ich die Klinik verlassen habe, bereite ich mich auf meinen ersten Marathon vor. Vor der Wohnungstür stehen meine Wolkenschuhe, mein Asphaltglück, die Laufschuhe, die der Liebste mir geschenkt hat. Hamburg hat, und da bin ich ganz sicher, die schönste Laufstrecke überhaupt: die Alster, das herrlichste Gewässer weltweit. Ja, ich prahle. Aber ich bin verliebt in diese Stadt. Ich bin hier zu Hause. Der Blick auf die Alster, das Wasser, das Glück, die weißen Villen der Patrizier am Ufer, das viele Grün – ich kann nicht unglücklich sein, wenn ich laufe. Oder – wie sollte ich unglücklich sein, wenn ich laufen kann?

Wasser im Blick und Bewegung im Körper, nichts, wirklich nichts lässt mich so sehr strahlen. Die Alster fordert nichts von mir, sie verlangt nichts, sie ist einfach da und schenkt mir Glück, Runde um Runde, Kilometer fliegen vorbei, ich darf mich freuen.

Beim Marathon in der fremden Stadt ruft mich bei Kilometer 26 der Liebste an, die Tränen kommen vor Glück und Erschöpfung, ich will nach Hause, zu ihm, zu meiner Alster. Mir wird bewusst, wie sehr ich jeden Tag kämpfe, um gesund zu sein. Ich habe ein schlechtes Gewissen, dass ich ihm keine bessere Partnerin sein kann, eine ohne zerfetzte Vergangenheiten und ohne Essstörung unter der Oberfläche. Eine, die nicht weint, während sie Marathon läuft.

Hey, sagt die innere Stimme liebevoll, *Du bist gerade bei Kilometer 31. Niemand kann bei einem Marathon ins Ziel laufen, der hier nicht vorbeigekommen ist. Jeder muss einen Weg zurücklegen, um anzukommen. Deiner hat eben ein paar Kurven gehabt, die andere nicht haben. Das ist nicht schlimm, es gibt dir einen größeren Erfahrungsschatz. Niemand kann Marathon laufen, der nicht trainiert hat. Und der Großteil der Menschen verbringt sein Leben, ohne jemals Marathon zu laufen. Setze einen Fuß vor den anderen und blicke nicht zurück.*

Bei Kilometer 35 überlege ich, dass es jetzt ja eigentlich nur noch eine Alsterrunde ist, die ich laufen muss. Das kann ich. Ich führe mir meine Handlungswegekarte vor Augen und sage mir, dass ich mutig und querdenkend bin. Die Krankheit erwartet, dass ich den Kopf senke und aufgebe. Um sie zu überraschen, muss ich etwas tun, womit sie nicht rechnet. Ich hebe den Kopf und nehme den ganzen Ballast der Vergangenheit mit mir. Es bleibt nichts auf der Strecke zurück. Ich bin nicht nur Krankheit, nicht nur vergewaltigtes Mädchen, nicht nur Läuferin. Ich bin alles zusammen. Das Ziel erreicht man als Team, egal, wie gut man sich versteht. Es gehört alles zu mir, jeder Fetzen Glück, jede Unze Gewalt, jeder mutige Traum.

Im Ziel hängen mir lachende Frauen eine Medaille um. Sie wissen nicht, für wie viel mehr sie mich hier gerade auszeichnen. Alles, was geschehen konnte, ist passiert – jetzt ist die Bühne frei für mich.

Ich habe sie gesammelt –
  die Guten, die Schlechten, die Traurigen, die Glücklichen.
  Die, deren Bilder Lust und Glück heraufbeschwören, und jene, die Angst und Tränen bringen.
  Keine, auch die schrecklichsten nicht, möchte ich missen.
  Sie haben mich von der Marionette zum Menschen gemacht.
  Alle.
  Die Erfahrungen.

DANKE

Beim Schreiben hatte ich ab und an Zweifel, ob es wirklich eine gute Idee sei, dieses Projekt zu einem Ende zu bringen. Zeitweilig war es, als zerbräche ich mit jedem geschriebenen Wort ein weiteres Mal in Stücke. Aber nun sind alle Puzzleteile zusammengesetzt und ergeben ein Ganzes, und alleine hätte ich das wohl kaum entstehen lassen können.

In der Therapie wurde mir gesagt, ich soll mich nicht immer bedanken. Aber jetzt sage ich Katrin Brinkmann danke, weil sie als Erste mein Talent und das Potenzial meiner Worte erkannt, gefördert und gefordert hat. Sie hat mich bei der Entwicklung dieses Buches in unnachahmlicher Weise unterstützt.

Danke an das Team des Rowohlt Verlages! Als ich den Mut fand, meine Texte einem Verlag anzubieten, konnte ich nicht ahnen, dass ich mit einer so positiven und fröhlichen, klugen Lektorin verbunden werde. Susanne Frank hat mir nie das Gefühl gegeben, dass ich aufgrund meiner Biographie seltsam bin. Und sie hat die richtigen, ermutigenden Worte gewählt, um mir die Angst vor dem Projekt «Buch» zu nehmen.

Danke an den Liebsten, der immer der Eine sein wird. Du verdienst nur das Beste, weil du das Beste zu geben vermagst.

Danke an die mutige Schönheit, die mich Prinzessin nennen kann. Mit dir zu leben, zu lachen und zu laufen soll bitte nie aufhören. Du hast mich beflügelt.

Danke an den Titelhelden, der so unmittelbar ins Schwarze getroffen hat. Danke an den Lieblingslehrer, der vermittelt und E-Mail-Probleme gelöst hat – sonst wäre dieses Buch ja wirklich nie entstanden! Danke an den Dritten im Bunde, der mir gesagt hat, ich dürfe stolz auf das Buch sein – dir konnte ich es glauben. Jungs, Danke für eure Geduld mit mir während der Synonymsucherei.

Danke an die Pfauenkönigin, deren selbstloses Interesse und kluge Ratschläge genau zum richtigen Zeitpunkt kamen.

Danke an die Menschen, die mir gezeigt haben, was ein Zuhause alles bedeuten kann.

Danke an meine Therapeutin, ja, ich höre jetzt auf mit der Dankerei. Ich hoffe, Sie behalten recht und ich werde wirklich irgendwann vollkommen gesund. Ich wünsche Ihnen, dass Sie immer glücklich sind, wenn Sie den Zaun vor Ihrem Haus streichen.